THEORETICAL FOUNDATIONS OF BUREAUCRACY

관료제의
이론적 기초

임의영

박영사

들어가며

행정학 분야에서 관료제는 오랜 전통을 가진 주제이다. 관료제 이론은 조직의 원리뿐만 아니라 정부의 활동을 이해하는 데 매우 중요한 안내판이 되고 있다. 관료제 이론이 갖는 특징은 행정학의 다른 어떤 분야보다도 학제적인 성격이 강하다는 것이다. 정치학, 경제학, 사회학, 경영학, 법학, 심리학, 철학, 문학 등 많은 분야들과 관련이 있다. 관료제 이론은 다양한 학문적 관심을 불러일으키기에 충분한 특성을 갖는다고 하겠다. 관료제 이론이 갖는 중요성에 대해서는 특별히 논의할 필요가 없을 것이다.

나는 지난 25년 동안 관료제 이론을 강의하면서 교재가 나오기를 기대하고 기다렸다. 그러다 보니 강의는 내가 모은 유인물과 자료들을 중심으로 진행되었다. 그러나 불행하게도 사용할 만한 교재를 만나지 못했다. 최근 코로나 사태를 겪으면서 비대면 강의를 진행하면서 교재의 필요성이 더욱 절실하게 되었다. 그래서 나는 나의 강의를 위해 교재를 만들기로 결심하였다. 교재를 저술하는 과정에서 참고할 만한 선례가 거의 없기 때문에 고민이 크지 않을 수 없었다. 나는 관료제 이론 일반과 관료제의 주요 원리 그리고 관료제 비판과 탈관료제화를 교재의 큰 틀로 구성하였다. 사례와 한국의 관료제나 다른 국가들의 관료제를 넣을 것인지 말 것인지를 고민하였으나, 교재의 분량이 과도하게 될 것을 우려하여 그 부분은 과감하게 배제하였다. 사례와 한국의 관료제 및 다른 국가들의 관료제와 관련해서는 교수자의 재량에 맡기는 것이 좋을 것 같다. 막상 원고를 완성하니 아쉬운 곳이 없지 않다. 그럼에도 불구하고 나는 일단 출판하여 강의하면서 수정하고 보충하는 길을 선택하였다. 많은 관심과 비판을 기대한다.

원고 작업에 집중할 수 있었던 것은 어처구니없게도 사람들과의 접촉을 허용하지 않는 지독스러운 코로나 바이러스의 덕분이라면 덕분일 것이다. 원고 집필이 안 되었더라도 바이러스가 빨리 퇴치되었으면 더 좋았을 것이다.

원고 집필을 핑계로 꼼짝 안하는 나에게 집안에서 삼시세끼를 꼬박꼬박 챙겨준 아내 김미애 씨에게 미안하고 고마울 따름이다. 게다가 원고의 교정까지 봐주었으니 이 책의 반은 아내의 것이라고 해도 과장은 아니다. 나는 이 책을 아내에게 바친다. 이것이 조금이라도 보상이 되었으면 하는 바람이다.

마지막으로 여건이 어려운 상황에서도 이 책을 출판해 주신 박영사에 감사를 드린다.

2020. 8.
저자 임의영

목 차

PART I

관료제 이론

PART Ⅱ

관료제의 주요원리

CHAPTER 04 합리성의 원리 ··· 69

PART Ⅲ

관료제 비판과 탈관료제

PART

I

관료제 이론

CHAPTER 01

예비적 논의

 관료제에 대한 생각들

　　관료제, 관료주의, 관료적 등과 같은 말은 과연 사람들에게 어떤 의미로 받아들여질까? 그리고 어떤 느낌이나 감정을 불러일으킬까?

　　행정학자로서 중앙인사위원회 위원장을 역임한 김광웅은 관료주의에 대해 다음과 같이 신랄하게 말한다. "일부의 문제를 갖고 전체를 매도하는 건 위험하지만 공무원 사회가 구조적으로 기회주의적 속성을 갖고 있다는 데에는 전적으로 동의한다. 아무리 똑똑한 사람도 정부에 들어가면 어리석은 자로 둔갑한다고 하지 않던가. 관료는 그저 규격화된 규정을 따르고 미리 정해놓은 목표를 달성하는 것에만 매달린다. 실제로 일을 하다 보면 예상치 못한 변수가 생겨도 그걸 제어하는 데에는 관심이 없다. 문제를 해결하느라 드는 위험보단, 일 안 하고 욕 안 먹는 게 진급에 훨씬 효율적이기 때문이다. … 민주주의의 적은 공산주의가 아니다. 바로 관료주의다. 무엇보다 정부가 공공성을 지키고 있다는 건 착시다. 관료 집단은 상당부분 이익집단화 돼있다."(중앙일보, 2017.1.5.) 인용문에서 관료주의의 특징을 나타내는 키워드는 기회주의, 어리석음, 규정, 위험회피, 진급, 반민주주의, 이익집단화 등이라고 할 수 있다. 실제로 많은 뉴스보도에서 관료제, 관료주의, 관료적이라는 표현은 부정적으로 사용되는 경우가 대부분이다.

　관료제와 관련되어 가장 많이 인용되고 있는 언명들을 추려보았다. 이들 언명들이 갖는 의미에 대해 생각해보자.

1. 관료제의 정체

　미국의 소설가이자 비평가인 메리 맥카시(Mary McCarthy)에 따르면, "관료제, 즉 무인(無人) 지배는 현대적인 형태의 전제(despotism)이다." 일반적으로 전제는 가시적인 독재자에 의한 통치를 말한다. 관료제는 전제이기는 하지만, 사람의 지배가 아니라는 점에서 전통적인 전제와 다르다는 것이다. 프랑스의 소설가인 오노레 드 발자크(Honore de Balzac)에 따르면, "관료제는 난쟁이들에 의해 작동되는 거대한 기계이다." 난쟁이가 상징하는 것은 넓고 멀리 볼 수 있는 시야를 확보할 수 없는 사람들이다. 그들은 자신들이 하는 일이 궁극적으로 무엇을 위한 것인지도 모르면서 그저 눈앞의 일만을 열심히 하는 데 몰두한다. 그렇게 돌아가는 거대한 기계가 바로 관료제라는 것이다. 아일랜드의 극작가이자 소설가이며 시인인 오스카 와일드(Oscar Wilde)에 따르면, "관료제는 팽창하는 관료제의 욕구를 충족시키기 위해 팽창한다." 실제로 관료제는 꾸준하게 팽창한다. 사람들은 서비스의 향상을 팽창의 명분으로 생각할지 모르겠지만, 인력으로는 통제하기 어려운 관료제 자체의 관성 때문에 팽창이 이루어진다는 말이다. 피터의 법칙(the Peter Principle)[1]으로 유명한 캐나다의 교육학자인 로렌스 피터(Laurence J. Peter)에 따르면, "관료제는 유지하려는 현상태가 이미 한물갔음에도 불구하고 현상태의 유지를 옹호한다." 이는 관료제가 변화를 싫어하고 심지어는 그것에 저항하는 속성을 갖고 있음을 지적한다. 무인지배, 거대한 기계, 자기팽창, 그리고 현상유지는 관료제의 이미지를 전체적으로 보여주는 말이라고 하겠다.

---

1) 피터의 법칙은 계층조직에서 모든 구성원들은 자신이 감당할 수 없는 수준까지 승진하는 경향이 있다는 것이다. 이 법칙에 따르면, 결국 계층조직 상의 모든 직위는 그 직무를 감당할 수 없는 무능한 사람들로 채워지는 경향이 있다는 것이다.

2. 관료제의 수행

미국의 경제학자이자 사회이론가이며 정치철학자인 토마스 소웰(Thomas Sowell)에 따르면, "관료에게는 절차가 가장 중요하고 결과는 별로 중요하지 않다는 사실을 깨닫게 될 때 비로소 관료제를 제대로 이해할 수 있다." 이는 관료제가 행동의 결과보다는 규칙과 절차를 더 중요하게 여김으로서 목표와 수단의 우선순위가 전도되어 있음을 지적한다. 체코 출신의 소설가 프란츠 카프카(Franz Kafka)에 따르면, "관료제에서는 일하는 데는 시간을 점점 더 적게 들이고 보고하는 데 점점 더 많은 시간을 들이기 때문에 문서작업이 증가한다." 이는 관료제에서는 실질적인 업무수행보다는 부수적이어야 할 문서작업이 더 큰 비중을 차지하고 있음을 지적한다. 영국의 시인이자 화가인 윌리엄 블레이크(William Blake)에 따르면, "공공기록물이 진실일 것이라고 생각하는 것보다 더 한심한 경우는 세상에 없을 것이다." 이는 관료제에서 생산하는 기록물들이 객관적인 진실을 담고 있지 않다는 불신을 표현한다. 영국의 철학자이자 정치경제학자인 존 스튜어트 밀(John S. Mill)에 따르면, "관료제를 괴롭히고 죽음으로 몰고가는 병은 루틴(routine)이다." 루틴은 일반적으로 절차에 규정된 판에 박힌 일을 의미한다. 그러니까 밀의 말은 변화도 창의성도 요구하지 않는 절차가 결국은 관료제의 본질적인 특성이면서 동시에 관료제를 죽음으로 몰고간다는 역설적 상황을 지적하는 것이다. 절차, 문서, 보고, 기록, 루틴은 관료제가 작동하는 모습을 묘사하는 핵심 용어들이라고 하겠다.

3. 관료제의 권능

자비어 살체도(Javier P. Salcedo)에 따르면, "관료제는 가능한 것을 불가능하게 만드는 예술이다." 이는 "정치는 가능한 것의 예술이다."라는 비스마르크(Otto von Bismarck)의 말을 떠올리게 한다. 이는 정치는 옳은 것 혹은 최선의 것보다는 실제로 얻을 수 있는 것에 초점을 맞춘다는 말이다. 그러니까 현실적으로 원하는 모든 것을 얻는 것은 불가능하다. 원하는 것을 얻기 위해서는 타협을 해야 하며 만일 타협을 거부한다면 어떠한 것도 얻을 수 없다는 것이다. 실용주의와 융통성은 타협의 전제조건이며, 타협은 원하는 것을 얻기 위한 방법이다. 관료제는 경직성으로 말미암아 실용주의와 융통성을 발휘하기 어렵기 때문에, 가능한 것을 불가능하게 만든다는 것이다. 그러다 보니, 쿠바 출신 작가인 폴 라모스 이 산체스(Raul Ramos y Sanchez)의 말대로, "관료제의 가장 위대한 능력은 똑똑한 사람들로 하여금 멍청하게 행동하게 만들고, 착한 사람들로 하여금 악하게 행동하게 만드는 것이다." 그럼에도 불구하고 그러한 관료제의 구성원인 관료들은 자신을 방어하는 탁월한 능력을 발전시킨다. 미국의 연극비평가인 브룩스 앳킨슨(Brooks Atkinson)에 따르면, "완벽한 관료는 어떻게 해서든 아무런 결정도 하지 않고 모든 책임을 회피하려는 사람이다." 이처럼 결정하지 않고 책임지지 않기는 관료들의 기본적인 태도라고 하겠다.

4. 관료제에 대한 공포

앳킨슨에 따르면, "관료조직들은 공적인 일을 수행하기 위해 설계된다. 그러나 일단 관료조직이 만들어지면, 그것은 나름대로의 생명력을 갖게 되고, 공중을 그 적으로 여기게 된다." 관료조직이 본래는 공중을 위해 만들어지지만, 공중이 관료조직에 방해가 된다고 인식되면, 공중을 적으로 대하게 된다는 것이다. 칼 마르크스(Karl Marx)에 따르면, "관료들에게 세계는 단지 자신들이 조작할 수 있는 대상에 불과하다." 관료들은 사람들에게 봉사하기보다는 관료제의 권능에 의존하여 사람들을 인격이 아니라 조작과 통제가 가능한 대상으로 격하시킨다는 것이다. 영국의 소설가 조셉 콘라드(Joseph Conrad)는 관료조직을 상징하는 사무실을 이렇게 묘사한다. "사무실의 분위기는 인간적인 숨결을 모두 사라지게 한다. 희망이나 공포와 같은 것들은 종이와 잉크 속으로 사라진다." 관료제에서 모든 사람들은 업무의 대상으로 혹은 일거리로 인식될 뿐이다. 사람들의 다양한 사연들은 사무실에서 처리하는 문서에 반영되지 않는다. 영국의 소설가 클라이브 스테이플스 루이스(Clive Staples Lewis) 역시 사무실의 분위기를 다음과 같이 묘사하고 있다. "나는 관리의 시대, 즉 행정의 세계에 살고 있다. 가장 거대한 악은 … 깨끗하고 카펫이 깔려있으며, 따뜻하고 조명이 밝은 사무실에서 화이트 컬러의 옷을 입고, 손톱을 손질하고 수염을 잘 깎은 얼굴을 하고 있으며 굳이 자신들의 목소리를 낼 필요가 없는 조용한 사람들에 의해 명령되고 집행된다. 따라서 너무나 자연스럽게 지옥에 대한 나의 이미지는 경찰국가의 관료제나 완전히 불쾌한 사업에만 몰두하는 사무실과 같은 어떤 것이다." 깨끗함과 나쁨은 잘 어울리지 않는다. 그러나 깨끗함을 배경으로 이루어지는 악은 더러움을 배경으로 이루어지는 악보다 더욱 두렵고 끔찍한 감정을 불러일으킨다. 미국의 해군장교 하이먼 릭오버(Hyman Rickover)의 언명은 관료제에 대한 두려움의 극단을 표현한다. "당신이 죄를 짓게 되거든, 신에게 죄를 지을지언정 관료제에게는 죄를 짓지 말라. 신은 당신을 용서하겠지만, 관료제는 용서하지 않을 것이다." 그래서 미국의 정치가 유진 요셉 맥카시(Eugene J. McCarthy)의 역설적인 언명은 설득력이 있어 보인다. "관료제의 비능률만이 우리를 구원한다. 능률적인 관료제는 자유에 대한 가장 커다란 위협이다."

Ⅱ 관료제의 어원[2]

1. 관료제 용어의 등장

어떤 용어는 그 용어가 등장할 당시의 정치, 경제, 사회, 문화적 배경을 담고 있다. 관료제라는 용어 역시 그러한 배경을 담고 있으며, 정부의 시장 개입에 대한 현대적 논쟁의 기원으로 보아도 손색이 없다. 그렇다면 관료제라는 용어는 어떻게 등장하게 되었을까?

관료제라는 용어는 18세기에 프랑스에서 등장하였다. 당시 프랑스는 정부의 강력한 규제를 토대로 제조업과 외국무역을 통해서 부국강병을 도모하는 중상주의 (mercantilism) 정책을 강력하게 추진하고 있었다. 중상주의 정책은 기본적으로 농업 부문의 희생을 전제로 하는 것이었다. 당시에 귀족과 지주에 의한 농민에 대한 착취는 극에 달했으며, 정부는 농민들에게 무거운 세금을 부과하였다. 농산품 시장은 공산품 시장에 비해 매우 위축되었다. 이러한 중상주의 정책에 대한 반발로 등장한 것이 '중농주의(physiocracy)'이다.

중농주의자들은 정부가 자연적인 경제법칙의 작용에 간섭해서는 안 되며, 토지가 부의 원천이라고 주장하였다. 일반적으로 중농주의는 학문적으로 최초의 경제학파로 간주되고 있다. 중농주의를 의미하는 프랑스어 physiocratie는 고대 그리스어의

---

2) Albrow(1970: 16-32)를 참조하여 기술함.

자연을 뜻하는 physike와 지배를 뜻하는 kratia가 결합된 말로서 '자연의 지배'를 의미한다. 중농주의자들은 자연적인 경제법칙과 도덕법칙이 온전하게 작용하는 사회, 그리고 실정법이 자연법과 조화를 이루는 사회를 지향하였다. 또한 그들은 무엇보다도 농업사회를 희구했으며, 따라서 엄청난 경제적 규제를 시행하고 제조업과 외국무역에 역량을 집중하는 중상주의 정책에 대해 매우 비판적이었다. 중상주의자들은 부국강병을 위해 정부의 경제에 대한 간섭이 확대되어야 한다고 생각한 반면, 중농주의자들은 정부의 간섭이 있어서는 안 된다고 주장하였다. 중상주의자들은 금과 은이 부의 근본이라고 생각한 반면, 중농주의자들은 부는 오직 토지의 생산물에 의해서만 실현될 수 있다고 주장하였다.

Vincent de Gournay
1712-1759

중상주의에 대한 반발로 등장한 중농주의는 관료제라는 말이 등장하는 사상적 배경이라고 하겠다. 뱅상 드 구르네(Jacques Claude Marie Vincent de Gournay, 1712-1759)는 프랑스의 경제학자이며 상무대신(intendant du commerce)을 역임하였다. 그가 자유방임(laissez faire)이라는 말을 만들었다는 주장도 있다. 구르네는 프랑소아 케네(François Quesnay)와 함께 '중농주의 학파'의 리더였다. 그는 저작을 남기지는 않았지만 많은 중요한 이론가들과의 대화를 통해서 프랑스의 경제사상에 큰 영향을 미쳤다. 구르네는 1751년에 상무대신으로 임명되어 정부규제를 반대하였다. 정부규제가 상업의 발달을 방해한다는 신념을 가지고 있었기 때문이다. 그는 정부의 규제가 상업의 발달을 방해하는 상황을 묘사하기 위해 '관료에 의한 지배'라는 냉소적인 의미를 담고 있는 관료제(bureaucratie)라는 말을 만들었다.

프랑스의 철학자 그림(Baron de Grimm)은 1764년 7월 1일자 편지에 다음과 같은 말을 남겨놓았다. "우리는 규제의 이념에 사로잡혀 있다. 당국자들은 국가에는 정부가 관여해서는 안 되는 수많은 일들이 존재한다는 사실을 이해하려들지 않는다. 구르네는 다음과 같이 말하곤 하였다. '우리 프랑스에는 엄청난 혼란을 불러일으키는 병이 있는 데, 그것은 관료조증(bureaumania)이다.' 때때로 그는 관료제라는 네 번째 혹은 다섯 번째의 통치형태를 찾아냈다고 말하곤 하였다." 일 년 뒤 그림은 다음과 같은 글을 남겼다. "프랑스의 실질적인 법의 정신은 구르네가 엄청나게 불만을 토로했던 바로 그 관료제이다. 여기에서 직원들, 서기관, 비서관, 조사관, 감독관들은 공익을 위해 임용된 것이 아니다. 사실 공익이 직원들을 위해 존재하는 것처럼 보인다." 이처럼 구르네는 중상주의 정책을 강력하게 추진하면서 자신들의 특권을 향유하는 데 열을 올리는 관료들에 의해 지배되고 있는 프랑스 정부를 비판하기 위한 냉소적인 용어로 관료제라는 말을 만들었다.

2. 구르네의 관료제 용어가 갖는 의의

첫째, 관료제라는 용어는 고대 그리스의 통치형태론을 환기시킨다. 고대 그리스에서는 지배 주체에 따라서 통치형태를 분류하였다. 군주 일 인에 의해 지배가 이루어지는 통치형태를 군주제라고 하고 소수의 귀족들에 의해 지배가 이루어지는 통치형태를 귀족제라고 하였다. 그리고 다수의 인민에 의해 지배가 이루어지는 통치형태를 민주제라고 하였다. 관료제는 이러한 통치형태 이외에 관료가 지배하는 새로운 유형의 통치형태로 제시된 것이다. 구르네가 18세기의 프랑스 통치형태를 군주제의 실패작이라고 할 수 있는 참주제(tyranny)로 인식하고 있는 것은 아니다. 그는 관료제라는 말을 통해서 새로운 지배집단과 통치방식의 등장을 드러낸 것이다. 새로운 지배집단에 대한 비판은 그 집단이 자신들의 권한을 넘어 무법적으로 행동한다는 데 초점을 맞추고 있는 것이 아니라 통치행위 자체가 목적이 되어버린 것처럼 보이는 현상에 초점을 맞추고 있다. 고전적인 통치형태론에 관료제를 더한 것은 개념적인 혁신으로 볼 수 있다.

둘째, 관료제라는 용어에 대한 대중적 관심이 크다는 것이다. 18세기 프랑스어에서 '뷰로(bureau)'는 탁자를 의미할 뿐만 아니라 이미 직원들이 일하는 장소를 의미하였다. 여기에 '지배'를 의미하는 그리스어를 어미로 첨가함으로써 다른 문화권에도 침투할 수 있는 강력한 용어가 되었다. 그리스의 통치형태론은 이미 유럽의 거의 모든 국가들에서는 익숙한 것이었다. 따라서 관료제는 민주제나 귀족제처럼 쉽게 받아들여졌다. 그것은 급속하게 국제적인 정치용어가 되었다. 프랑스어 bureaucratie는 빠르게 독일어 Bureaukratie(후에 Bürokratie), 이탈리아어 burocrazia, 그리고 영어 bureaucracy가 되었다.

3. 관료제 용어의 대중화와 전파

Honoré de Balzac
1799-1850

관료제 용어가 프랑스 중농주의자 구르네에 의해 만들어지고 사전편찬자들에 의해 수용되었음에도 불구하고, 그 용어는 주로 논객들과 소설가들에 의해 사용되었다. 소설가 발자크는 프랑스에서 관료제 용어가 대중화되는 데 크게 기여하였다. 그의 소설 ≪공무원(1836)≫은 마치 관료제에 관한 논문을 읽는 것 같은 인상을 줄 정도로 탁월한 통찰력을 보여준다. "1789년 이후 … 난쟁이들에 의해 작동되는 거대한 기계인 관료제가 세상에 등장하게 되었다. 나폴레옹은 한동안만, 즉 강제로 모든 상황과 모든 사람들이 자신의 의지에 따르게 할 수 있는 동안만 자신의 영향력을 연장시킬 수 있을 것이다. … 그러나 관료제는 입헌정부 하에서 평범한 사람들을 친절하게 대하는 것을 당연하게 여기고, 말과 보고를 명확하게 하는 것을 선호하며, 작은 가게의 여주인처럼 야단스럽고 간섭하기 좋아하는 정부로 명확하게 조직되었다." 발자크에 따르면, 아무리 강력한 정치가라도 그 영향력이 한시적일 수밖에 없지만 관료제의 조직화된 영향력은 지속적이라는 것이다.

Wilhelm von Humboldt
1767-1835

발자크의 영향력 때문이었는지는 모르겠으나, 1896년 프랑스의 정치학사전은 관료제 용어가 독일에서 만들어졌고, 발자크에 의해 프랑스에서 대중화된 것으로 설명하기도 하였다. 이는 그리 놀랄 일은 아니다. 프랑스 혁명 기간 동안 독일의 신문들은 프랑스에서 벌어진 사건들을 보도하면서 부가적인 설명 없이 관료제에 대해 언급하였다. 독일의 언론 이외의 분야에서 관료제 용어를 처음 사용한 사람은 칸트의 동료였던 크리스티안 크라우스(Christian Kraus)였다. 그는 1799년의 편지에서 다음과 같이 썼다. "프러시아 국가는 … 관료제로 나라를 지배한다." 빌헬름 폰 훔볼트(Wilhelm von Humboldt)는 1792년의 에세이 ≪국가의 효과성의 한계 결정을 위한 시론≫에서 관료제 용어를 직접 사용하지는 않았으나 의미 있는 진술을 남겨놓았다. 그는 국가 권력의 증대가 행정의 증식을 수반할 것이며 따라서 국가가 기계가 되고 사람들이 그 부속품으로 전락하고 말 것이라는 두려움을 언급한다. 이러한 생각은 이후에 관료제를 비판하는 논객들에게는 상식이 된다. 훔볼트의 두려움은 프라이헤어 폼 슈타인(Freiherr vom Stein)의 1821년의 편지에서 공명한다. 슈타인은 1806년 프러시아가 나폴레옹에게 패하기 전에 자신이 관리하고 개혁했던 체제를 비판하는 데 거리낌이 없었다. 그는 관료(bureaucrats)보다는 사무관(Büralisten, clerk)이라는 용어를 사용하면서 이렇게 단언한다. "사무관들이 세상을 지배한다." 프러시아에서 도피한 급진주의자인 칼 하인젠(Karl Heinzen)은 1845년 프러시아 관료제에 대한 논박에서 폼 슈타인의 주장을 그대로 따르지만 사무관이라는 표현 대신 관료라는 표현을 처음으로 사용한다. 요한 괴레스(Johan Görres)의 ≪유럽과 혁명(1821)≫은 아마도 19세기 초에 독일에서 관료제 개념을 알리는 데 가장 큰 기여를 했을 것이다. 그는 관료제를 군대와 유사한 민간 제도로 보았다. 요컨대 그는 군대와 마찬가지로 관료제가 규율, 승진, 집단명예와 집권 등의 원리 위에 세워진 것으로 보았다. 그에 따르면, 지배자와 피지배자 간의 불신으로 인해 생긴 틈을 채우는 행정기법은 국가의 원리가 되었으며, 관료제는 예속의 원리를 발전의 기초로 삼는다는 것이다. 관료제는 그 원리를 조직에서부터 일반 국민에게까지 확장하는 데 성공한다. 국민은 단지 숫자로만 파악되는 무리들로 전락하고, 사람들의 가치는 인격이 아니라 사회적 지위에 의해 평가된다.

4. 관료제 용어의 등장과 전파과정에서 볼 수 있는 특징

첫째, 관료제라는 용어는 정부를 냉소하거나 비판하는 용도로 등장하였다. 어원에 따르면, 관료제는 말 그 자체가 부정적이다. 오늘날에도 사람들은 관료제라는 말을 비판적으로 사용하는 것이 일반적이다. 이것은 어원이나 그 용어의 대중화 과정과 무관하지 않은 것으로 보인다.

둘째, 관료제라는 용어의 등장 배경을 보면 정부의 시장개입에 대한 현대적 논쟁의 맹아가 배태되어 있다. 중상주의와 중농주의의 대결은 기본적으로 부의 근원에 대한 이견 그리고 부를 추구하는 방법론에 있어서 정부의 개입에 대한 이견에서 비롯된 것이다. 이러한 측면에서 보면 관료제를 단순히 조직형태로만 보는 좁은 시각을 넘어 보다 넓은 시각에서 음미할 필요가 있다.

Ⅲ 관료제의 용법들[3]

1. 합리적 조직으로서 관료제

기술적, 중립적 관점에서 관료제를 합리적 조직으로 보는 경향이 있다. 기술적인 차원에서 합리성이라는 말은 일반적으로 어떤 목적을 실현하는 데 가장 적합한 방법이나 수단을 선택하여 이용하려는 경향성을 말한다. 관료제를 합리성의 화신으로 설명하는 대표적인 경우는 막스 베버(Max Weber)에게서 찾아볼 수 있다. "순수하게 관료제적인 형태의 행정조직, 즉 단일지배적인 유형의 관료제는 기술적인 관점에서 보면, 최고 수준의 효율성을 성취할 수 있다. 이러한 의미에서 그것은 인간에 대해 지배를 행사하는 형식적으로 가장 합리적인 수단이라고 하겠다. 그것은 정확성, 안정성, 규율의 엄격성 그리고 신뢰성에 있어서 다른 어떤 형태의 행정조직보다 우월하다. 그것은 조직 활동의 결과에 대한 조직 수장의 그리고 조직과 관련하여 행동하는 모든 사람들의 계산능력을 상당한 수준으로 높여준다. 궁극적으로 그것은 효율성의 측면에서 우월하며, 형식적으로 모든 종류의 행정 과업에 적용 가능하다(Weber, 1968: 223)." 이러한 의미에서 관료제는 행정에서 능률을 극대화하는 조직 또는 목표의 실현을 위해 합리적으로 규정된 활동들을 배치한 조직이라고 하겠다.

2. 비능률적인 조직으로서 관료제

관료제는 비능률의 대명사로 사용되기도 한다. 일반적으로 능률성이란 투입 대비 산출의 비율을 극대화하려는 경향성을 말한다. 그러한 의미에서 보면, 관료제가 비능률적이라는 말은 어떤 목적을 이루기 위해 들이는 투입 혹은 비용 대비 산출 혹은 편익의 비율이 적게 나타나는 경향이 지배적이라는 것이다. 그 이유는 여러 측면에서 찾을 수 있겠지만, 무엇보다도 관료제의 경직성이 상황의 변화에 대한 적응능력을 저하시킴으로써 문제해결을 어렵게 한다는 데서 결정적인 이유를 찾을 수 있다. 구조적 경직성은 수직적으로는 소통을 어렵게 하는 상하 간의 경직된 권력관계와 수

---

3) Albrow(1970: 84-105)를 참조하여 기술함.

평적으로는 부문 간의 소통을 어렵게 하는 할거주의적인 분업에 기인한다. 이러한 경직성 때문에 조직은 학습능력이 현저하게 떨어지게 된다. 관료제는 오류에 대한 학습을 통해 행동을 수정할 수 있는 능력이 결여된 조직이라고 하겠다. 따라서 관료제는 너무 많이 먹으면서 움직임이 굼뜬 공룡이 될 가능성이 매우 높다.

3. 관료에 의한 지배로서 관료제

관료에 의한 지배라는 관념은 구르네가 관료제 용어를 처음 만들어 사용할 때를 기원으로 한다. 관료제는 정치적인 차원에서 일종의 통치유형으로서 군주제, 귀족제, 민주제와는 다른 새로운 유형으로 제시된 것이다. 《사회과학백과사전(1930)》에서 해롤드 라스키(Harold Laski)가 정의한 관료제 개념은 대표적인 예라고 하겠다. "관료제는 관료들이 완전하게 통제력을 쥐고 있는 통치체제이며, 그들의 권력은 평범한 시민들의 자유를 위험에 빠뜨린다." 관료에 의한 지배로서 관료제는 관료를 사회의 특권계급으로 세우고 관료의 이익을 최우선으로 추구할 가능성이 높다. 그렇게 되면 시민들의 자유와 권리가 후순위로 밀리게 된다.

4. 정부조직으로서 관료제

일반적으로 공공행정은 공공주체가 공공의 목적을 실현하기 위해 인적·물적 자원을 합리적으로 조직·관리하는 협동적 행위를 의미한다(Waldo, 1955). 공공주체는 국가, 정부, 공공기관, 공무원, 공적 피고용인 전체를 포함한다. 공공의 목적은 국방, 치안, 개발, 복지 등 공동체가 공동으로 해결해야 할 문제들을 말한다. 합리성은 문제해결에 최선의 대안을 찾아 적용하는 것이다. 협동적 행위는 분업과 협력이 유기적으로 이루어지는 것을 의미한다. 공공행정은 정부조직에서 이루어지는 것이다. 관료제를 공공행정이 이루어지는 정부조직으로 규정한 대표적인 사례는 테일러 코울(Taylor Cole)의 《캐나다 관료제(1949)》에서 볼 수 있다. "관료제라는 용어는 … 공동체가 본질적인 것으로 생각하는 특정한 기능들을 수행하는 사람들 혹은 피고용인들의 집단을 의미한다." 여기에서 관료제는 공적 기능을 수행하는 사람들, 즉 공적 피고용인들의 집단으로 정의되고 있다. 즉 관료제는 공공행정이 이루어지는 정부조직으로 설명되고 있다.

5. 관료에 의한 행정으로서 관료제

베버는 관료제를 (이념형 관료제와 다른 차원에서) 임명직 관료들이 수행하는 행정과 같은 의미로 사용한 바 있다. 이러한 개념은 조직분석을 위한 틀과 관련이 있다. 조직분석의 틀에서 일반적으로 조직은 상, 중, 하의 삼층 구조로 되어 있는데, 그 가운데 일상적인 권한을 행사하는 중간층의 행정 간부들이 핵심적인 부분이라는 것이다. 이러한 행정 간부들이 임명직으로 구성된 경우를 관료제라고 부를 수 있다는 것이다. 조직 안에서 행정으로 알려진 특수한 기능에 초점을 맞춘 이 개념을 베버의 관료제 이론의 핵심으로 보는 것이 타당하다. 관료들에 의한 행정으로서의 관료제 개념은 특히 유럽의 문헌들에서 많이 발견된다. 아마도 이는 베버의 영향만큼이나 유럽대륙 행정의 속성에서 기인한 것이라고 할 수 있다.

6. 대규모 조직으로서 관료제

일반적으로 관료제는 대규모 조직과 같은 의미로 사용된다. 탈코트 파슨즈(Talcott Parsons)는 ≪근대사회의 구조와 과정(1960)≫에서 다음과 같이 말한다. "그러한 사회의 가장 핵심적인 구조적 특성들 가운데 하나는 특수한 기능을 하는 상대적으로 거대한 규모의 조직, 즉 대략 관료제라 불리는 것의 현저함이다." 하이네만(C.S. Hyneman)에 의하면, "추상적으로 관료제는 거대한 조직이며, 모든 거대한 조직은 구체적으로 관료제이다."

7. 현대사회의 특성으로서 관료제

현대사회를 관료제사회(bureaucratic society)로 보는 경향이 있다. 관료제사회는 사회가 관료제화(bureaucratization)되는 경우를 말한다. 관료제화는 두 가지 측면을 갖는다. 하나는 관료제화를 관료제의 성장으로 보는 것이다. 이는 집단, 조직, 사회가 관료제의 구조적 특성을 갖게 되는 경향을 의미한다. 예컨대 정부조직이나 기업조직

은 물론 학교조직이나 교회조직, 심지어는 사회 자체가 관료제의 형태를 띠는 경향
이 지배적이라는 것이다. 다른 하나는 관료제화를 관료들의 성향과 태도가 사회구성
원 전체에 일반화되는 경향으로 보는 것이다. 도구적 합리성에 기초한 사고방식이
사회의 구성원들에게 전파되고 내면화되는 경우를 예로 들 수 있다.

Ⅳ 관료제의 발전

1. 관료제의 기원[4]

　사회과학자들에 의해 관료제 이론이 등장한 것은 상대적으로 새로운 것이라고
할 수 있다. 왜냐하면 관료제라는 개념이 등장하기 아주 오래전부터 관료제라는 조
직 자체는 이미 존재하였기 때문이다. 로마제국이 어떻게 관리되었는가를 이해하기
위해서는 관료제라는 개념을 사용하는 것이 도움이 될 것이다. 고대 이집트에서 피
라미드와 관개시설의 건축이 어떻게 가능했는가를 이해하기 위해서도 관료제라는 개
념을 사용하는 것이 유익할 것이다. 고대 중국 역시 몇 천 년 전에 관료제를 통해서
통치체제를 유지하였다.

　역사적으로 관료제는 공식성이 떨어지는 시스템으로는 효율적으로 기능할 수 없
을 정도로 행정의 규모가 성장하면서 발생하는 문제들에 대한 반응으로 많은 나라에
서 독자적으로 발명되었다. 효율성의 수준은 일정하지 않다. 행정실패의 비용이 능률
성의 수준을 결정하는 본질적인 요소로 고려되었을 것이다. 조세 징수에 있어서 효
율성의 수준과 군사조직에 있어서의 효율성의 수준은 별개의 것이다. 물론 사회의
다양한 부문들에서 관료제화되는 정도가 완전히 서로 무관하다는 의미는 아니다. 아
마도 한 부문에서 관료제화가 이루어지면 다른 부문에서도 그것이 채택될 가능성이
높아질 것이다. 그 이유는 유사성이 적응 비용을 줄이거나 관료제화 과정 자체가 동
일한 체제에 있는 다른 조직들이 공동의 규칙과 절차에 순응할 것을 요구하기 때문
이다.

---

4) Garston(1993: 6-9)을 참고하여 기술함.

로마 관료제의 발전방식은 그러한 과정을 이해하는 데 도움이 될 것이다. 로마가 소규모 도시국가였을 때, 법은 공화정 이전에는 군주에 의해서 그리고 이후에는 집정관이 이끄는 원로원에서 제정되었다. 정책은 행정관들에 의해 또는 종종 원로원의 구성원이면서 노예나 자유민을 포함하여 소규모의 지원인력의 도움을 받는 장군들에 의해 집행되었다.

로마공화국은 정복 전쟁에서 성공을 거두면서 점점 더 큰 규모의 영토와 인구를 지배하게 되었다. 로마공화국은 소규모로 이미 작동하고 있던 제도들을 복제하는 방식으로 통치하였다. 요컨대 지역 평의회를 제도화하여 로마 원로원의 일반적이고 구체적인 정책들의 범위 내에서 지역의 정책을 만들고 행정을 운영하게 하였는데, 행정은 주로 평의회 구성원들이 담당하였다. 동시에 이러한 제도들은 총독 제도 아래서 운영되어야 했다. 제국의 영토가 최대로 확장되었을 때, 어떤 지역에는 총독의 명령을 받는 감독관들이 배치되었다.

일반적으로 최고위 행정관은 원로원 의원들이 맡았다. 그들은 자신의 방식대로 자신에게 충성하는 사람들로 행정인력을 구성하였다. 특히 군 인력을 그러한 방식으로 구성하게 되면서 정치적 경쟁이 내전으로 비화될 가능성이 커졌다. 반복되는 내전으로 인해서 통치 구조를 효율적으로 재편하게 되었고 그 결과 원로원에 의한 통치가 황제에 의한 통치로 대체되었다.

로마공화국의 몰락부터 제국이 등장하기까지의 기간 동안 권력은 원로원에 또는 당시에 주요한 직책을 담당하고 있던 사람들에게 있었다. 그러나 원로원에는 공식적인 인력도, 일반 행정이나 외교 행정도 존재하지 않았다. 그래서 대사가 파견될 때, 원로원 이외에는 보고할 곳이 아무데도 없었다. 한마디로 로마에는 공식적인 조직, 즉 관료제는 없었다. 로마가 광대한 영토를 지배하기 위해서는 공식적인 조직, 즉 관료제가 필요했음에도 불구하고, 그 시기의 로마에는 그러한 조직이 없었다.

초기의 제국에서는 공화국 때의 행정구조가 그대로 유지되었다. 즉 초기의 황제들의 치하에서 행정은 아마추어 수준에 머물러 있었다. 정부의 고위층은 대체로 황제에 의해 임명된 원로원의 구성원들이 차지하였고, 그들은 여전히 사적인 인력을 유지하고 있었다. 제국의 행정체제가 지속적으로 발전하고 지방이 더 작은 단위로 나누어짐에 따라 총독들은 사적인 인력이 아니라 공적인 인력의 지원을 받게 되었다. 그리고 일반 행정과 군사 행정이 완전히 분리되어 서로를 감시하는 것이 용이하게 되었다. 이로써 공식적인 관료제가 자리를 잡게 되었다.

다른 많은 국가에서 관료제가 부상하게 된 역사는 로마 사례와 비슷하다. 창업기업에서부터 좀 더 오래되고 대체로 좀 더 거대하며 좀 더 전문적으로 관리되는 기업의 관료제가 발전하는 과정에서도 유사한 사례를 볼 수 있다.

2. 유럽의 근대적 관료제의 발전에 관한 관점들

마코프(J. Markoff, 1975)는 유럽에서 근대적 관료제가 발전하게 된 이유를 설명하는 관점으로 체제의 필요성, 권력투쟁, 구조적 친화성 등 세 가지를 제시한다.

1) 체제의 필요성

관료제화는 체제의 필요성에 의해 이루어진다. 체제에서는 문제들이 발생할 수밖에 없다. 체제는 그러한 문제를 해결하기 위한 방법들을 모색하게 된다. 관료제는 그러한 문제들의 해결에 효율적인 해결책으로 선택된다는 것이다. 물론 관료제에 대한 필요성은 조직의 차원에서 발생할 수도 있고, 사회 전체의 차원에서 발생할 수도 있다.

헥셔(Eli F. Heckscher)는 ≪중상주의 *Mercantilism*(1955)≫에서 중상주의시대의 정부에서는 국내의 거래장벽을 허물고, 도량형과 화폐 그리고 법률을 통일하는 등 일련의 정책들을 수행하기 위해 특정 영역에서의 행정개혁이 필요하였다고 주장한다. 이 모든 조치들은 직접적으로는 행정의 합리화를 증진시켰을 뿐만 아니라 전문지식이 정부에 결합될 수 있도록 각종 위원회와 부처들을 세우는 결과를 가져왔다. 경제발전을 위한 중상주의적 프로그램과 관련하여 가장 많은 비판의 대상이 되고 있는 품질 통제와 조사 및 벌금의 엄밀한 체계를 통한 산업체에 대한 강력한 감독과 규제 역시 행정 합리화를 가져왔다. 이러한 조치들이 산업에 도움이 되었건 그렇지 않았건 상관없이 중요한 것은 조사체계가 세워져야 했고, 산업에 대한 적절한 지식을 가진 인사체제가 구성되어야 했으며, 정부가 특정한(경제적) 목적을 이루기 위해 의식적으로 자신을 조직화하려 했다는 사실이다.

2) 권력투쟁

권력투쟁론은 지배 엘리트가 경쟁자들과의 권력 투쟁과정에서 행정 구조를 관료제적인 방향으로 변형시킨다는 것이다. 한마디로 관료제화의 원인을 권력투쟁에서 찾는다. 그러한 권력투쟁은 봉건사회에서 독자적인 세력을 쌓아온 지방 세력들과 중앙정부 간에 이루어진다. 더욱 강력한 중앙정부에 의해 독립적인 지방 세력들이 와해되고, 행정 참모들에 대한 정부의 통제력이 강화되면서 관료제화가 촉진되었다는 것이다. 일반적으로 권력투쟁론은 체계 필요론과 배타적인 관계에 있는 것으로 보지 않는다. 관료제가 어떤 문제들에 대한 합리적이고 효율적인 해결책을 제공한다는 것에 더하여 인적 요소들이 고려될 수 있다. 관료제적 조직은 조직 안에 있는 사람들에게, 특히 계층상의 상위에 있는 사람들에게 지위와 통제력을 제공한다.

3) 구조적 친화성

구조적 친화성은 조직과 환경의 관계를 일종의 생태이론의 관점에서 보는 것이다. 조직이 관료제화하는 이유는 조직을 둘러싸고 있는 사회의 구조나 문화적 특성에 적응하는 과정에서 이루어졌다는 것이다. 요컨대 사회구조와 문화적 요소가 관료제화를 촉진하는 원인으로 작용한다는 것이다. 전근대사회에서 근대사회로 이동하는 과도기적 상황은 정부조직이 근대적 관료제로 진화하는 환경적 요인이라 할 수 있다. 베버는 이러한 관점에서 관료제가 발전하게 된 이유를 설명한다. 화폐경제의 발달로 정부조직이 안정된 재정적 기반을 확보할 수 있게 된 것, 정부가 해야 할 일이 양적으로나 질적으로 엄청나게 증가하고 다양화된 것, 행정수단의 집중이 가능해진 것, 사회적으로 평등규범과 관행이 일반화되기 시작한 것 그리고 관료제적 조직이 그러한 환경에서 매우 효율적으로 작동할 수 있었다는 점 등이 관료제화를 촉진하는 계기가 되었다는 것이다.

조직의 이해를 위한 관점들

관료제를 하나의 관점으로만 볼 수는 없다. 실제로 학자들은 관료제를 다양한 관점에서 보고 있다. 여기에서는 스콧과 데이비스(Scott & Davis, 2007)가 제시한 합리적 체계, 자연체계, 개방체계의 관점을 소개한다.

1. 합리적 체계(rational system) 관점

합리적 체계로서 조직은 구체적인 목표를 추구하고, 비교적 고도로 공식화된 사회적 구조를 가진 집단이다. 합리적 체계이론가들은 목표의 구체성과 공식화에 초점을 맞춘다. 일반적으로 테일러(F. Taylor)의 과학적 관리법, 베버의 관료제이론, 사이먼(H.A. Simon)의 행정행태론 등이 합리적 체계이론에 해당된다.

1) 목표의 구체성

목표는 바람직한 상태에 대한 관념이다. 이러한 관념들은 바람직성의 기준의 정확성과 구체성의 정도에 따라 다르다. 구체적인 목표는 활동을 선택하기 위한 명확한 기준을 제공한다. 목표는 결과의 가치를 표현하는 효용함수 또는 선호도로 번역된다. 명확한 선호순서가 없다면, 합리적인 평가나 선택이 불가능하다.

구체적인 목표는 활동을 선택하기 위한 기준을 제공할 뿐만 아니라 조직구조 자체를 설계하는 방법을 결정하는 데 지침을 제공한다. 그것은 수행할 작업, 채용할 인사유형 및 참가자에게 자원을 할당하는 방법을 지정한다. 목표가 일반적이거나 산만할수록 목표를 추구하기 위한 구조를 설계하는 일이 더 어려워진다.

주목해야 할 점은 조직에 따라서는 모호하고 일반적인 목표를 추구하는 경우가 있지만 실제의 일상적인 운영은 활동을 선택하고 조직구조 자체를 설계하기 위한 기준을 제공하는 비교적 구체적인 목표에 따라 이루어진다는 것이다.

2) 공식화

합리적 체제이론가들은 공식화된 구조가 존재하며 그것이 중요하다는 것을 전제로 한다. 행동을 지배하는 규칙이 정확하고 명시적으로 공식화되는 정도와 역할과 역할의 관계가 개인의 특성이나 현직자들 간의 관계와 독립적으로 규정되는 정도만큼 구조가 공식화된다. 공식화는 행동을 표준화하고 규제함으로써 행동을 보다 예측가능하게 하려는 시도로 볼 수 있다.

2. 자연체계(natural system) 관점

자연체계로서 조직은 참여자들이 다양한 이해관계, 즉 서로 다른 이해관계와 공통의 이해관계를 동시에 추구하지만 조직을 중요한 자원으로서 영속시키는 것의 가치를 인식하는 집단이다. 자연체계이론가들은 목표의 복잡성과 비공식적 구조에 초점을 맞춘다. 메이오(E. Mayo)의 인간관계론, 버나드(C. Barnard)의 협동체제론, 셀즈닉(P. Selznick)의 제도적 접근 등이 자연체계이론에 해당된다.

1) 목표의 복잡성

조직의 목표와 참여자의 행동 간의 관계는 합리적 체계이론가보다 자연적 체계이론가에게 훨씬 중요한 문제이다. 이는 자연체계이론가들이 행동에 더 많은 주의를 기울이고 따라서 조직의 규범구조와 행동구조 간의 복잡한 상호연관성에 대해 더 많은 관심을 갖기 때문이다. 두 가지 일반적인 주제는 조직 목표에 대한 자연체계이론가들의 견해를 잘 보여준다. 첫째, 조직에 의해 공언된 목표와 실제 목표 사이에, 즉 공식적으로 천명된 목표와 참여자들의 활동을 지배하는 실제목표 또는 운영목표 사이에 차이가 존재하는 일이 종종 있다. 둘째, 자연체계이론가들은 공언된 목표를 실제로 추구할 때조차도 그 목표들이 참여자들의 행동을 지배하는 유일한 목표는 아니라는 점을 강조한다. 그들은 모든 조직이 산출목표 외에 조직의 생존 또는 유지라는 목표를 추구한다고 지적한다. 어떤 조직도 제품이나 서비스를 생산하는 데 모든 자원을 투입하지 않는다. 조직은 자신을 유지하는 데에도 에너지를 사용한다.

2) 비공식적 구조

자연체계이론가들의 관점에서 조직이 설계된 목적이 순수하고 단순하며 구체적이지 않은 것처럼, 목표를 달성하기 위해 존재하는 구조 역시 순수하고 단순하며 구체적이지는 않다. 자연체계이론가들은 조직 내에 고도로 공식화된 구조의 존재를 부정하지는 않지만, 그것이 참가자의 행동에 미치는 영향의 중요성에 대해서는 의문을 제기한다. 구체적인 목표에 기여하도록 행동을 규제하기 위해 의도적으로 설계된 공식적 구조는 비공식적 구조에 의해 크게 영향을 받는다. 즉 공식적 구조가 비공식적 구조에 의해 보완, 잠식, 변형될 수 있다. 공식적 구조는 개별적인 행위자들의 특성과 무관하게 작동하도록 설계된 규범과 행동패턴이다. 비공식적 구조는 구체적인 참여자들의 개인적인 특성 및 관계에 기초한 것이다. 공식적 권위는 감독자나 교사와 같이 특정한 직위를 점하고 있는 사람들이 이용할 수 있고 행사할 수 있는 통제권을 의미한다. 반면에 비공식적 권위는 특정한 감독자나 교사가 특별한 자질이나 인간적인 관계로 인해 갖게 된 통제권을 의미한다. 어떤 상황에서 공식적 요소와 비공식적 요소를 경험적으로 구별하는 가장 분명한 방법 중 하나는 인사변동이 있을 때 신념과 행동에 어떤 변화가 일어나는지 관찰하는 것이다.

3. 개방체계(open system) 관점

개방체계로서 조직은 더 넓은 물질 자원과 제도적 환경 안에 둘러싸여 있는 유동적인 참여자들을 연결하는 상호의존적인 흐름과 활동의 덩어리이다. 개방체계이론가들은 조직과 환경의 관계, 조직 내 구성요소들의 때로는 밀접하고 때로는 느슨한 관계, 즉 유동적인 관계에 초점을 맞춘다. 시스템설계론, 상황이론, 와이크(K. Weick)의 사회심리학적 조직화이론 등이 개방체계이론에 해당된다.

1) 개방체계 관점의 특성

① 조직과 환경의 관계

합리적 체계이론과 자연체계이론은 조직을 환경과 분리되고 안정적이고 쉽게 식별되는 일련의 참여자를 둘러싸고 있는 폐쇄체계로 간주하는 경향이 있다. 그러나 조직은 폐쇄체계가 아니며 경계가 있지만 외부의 인력, 자원 및 정보의 흐름에 개방적이며 의존적이다. 개방체계 관점에서 환경은 조직을 형성하고 지원하며 침투한다. 외부 요소와의 관계가 내부 요소들 간의 관계보다 더 중요할 수도 있다. 개방체계의 관점에서 체계의 유지, 다양성, 변화의 원천은 환경이다. 즉 환경의 조건과 체계의 특성 간에는 밀접한 관계가 있다. 예를 들어, 복잡한 체계는 단순한 환경에서 그 복잡성을 유지할 수 없다.

② 유동적 참여자

개방체계이론가들은 개인들이 다양한 충성도와 정체성을 가지고 있다는 점을 강조한다. 그들은 이해관계에 따라 조직에 합류하거나 조직을 떠나거나 조직과의 관계를 지속적으로 유지한다. 이러한 관점에서 볼 때 참가자는 공통의 목표를 가지고 있다거나 일상적으로 조직의 생존을 추구한다고 가정할 수 없다. 따라서 대부분의 조직화 작업은 정서적 유대와 공통의 해석체계를 만들 때 뿐만 아니라 참여자들이 관계를 재형성하려고 할 때 어려운 협상이 진행된다.

③ 상호의존적인 연계체계

개방체계이론가들은 공식적인 구조와 비공식적인 구조를 구별하는 데에는 관심이 별로 없다. 그들은 조직을 상호의존적인 활동체계로 간주한다. 이러한 활동 가운데 어떤 활동들은 밀접하게 연결되어 있고, 또 어떤 활동들은 느슨하게 연결되어 있다.

④ 문화적, 인지적 요소에 대한 관심

개방체계 관점은 조직의 구성에 있어서 문화적, 인지적 요소의 중요성을 강조한다. 조직은 문화의 수프에서 헤엄치면서 의도적으로 또는 우연적으로 인지 모형들을 지속적으로 채택하고 적용한다.

2) 보울딩(K.E. Boulding)의 체계유형과 개방체계의 위상

보울딩(1956)은 체계를 9개 단계의 유형으로 분류한 바 있다.

1. 틀(frameworks): 수정체의 원자들의 배열이나 동물의 해부학처럼 정태적인 구조들로 구성된 체계

2. 시계태엽(clockworks): 시계나 태양계처럼 미리 결정된 운동을 하는 단순한 역동적 체계

3. 사이버네틱 체계(cybernetic systems): 온도조절장치처럼 외적으로 결정된 기준에 따라 자기조절을 할 수 있는 체계

4. 개방체계(open systems): 살아있는 세포처럼 환경으로부터 흡수한 자원을 처리하여 자신을 유지할 수 있는 체계

5. 청사진 성장체계(blueprinted-growth systems): 복제에 의해서가 아니라 도토리-참나무의 체계나 계란-닭의 체계처럼 발전을 위해 사전에 프로그램화된 명령을 포함하고 있는 씨앗이나 계란의 생산에 의해 재생산이 이루어지는 체계

6. 내적 이미지체계(internal-image systems): 정보가 수신되고 환경 전체의 이미지 또는 그에 대한 지식 구조로, 즉 동물이 기능하는 수준으로 구성되는 환경에 대한 상세한 인식이 가능한 체계

7. 상징처리체계(symbol-processing systems): 자기의식을 가지고 있어서 언어를 사용할 수 있는 체계. 인간이 이 수준에서 기능한다.

8. 사회체계(social systems): 공통의 사회질서와 문화를 공유하는 7단계에서 기능하는 행위자들로 구성된 다두(多頭) 체계. 사회조직들이 이 수준에서 기능한다.

9. 초월적 체계(transcendental systems): 절대적인 것들과 불가피하게 불가지한 것들로 구성된 체계

보울딩의 유형론은 세상에 존재하는 광범위하고 다양한 체계들을 보여준다. 1~3단계는 물리체계, 4~6단계는 생물체계, 7과 8단계는 인간과 사회체계를 보여준다. 1단계에서 8단계까지 단계가 올라갈수록 체계들은 점진적으로 더 복잡해지고, 더 느슨하게 결합되며, 정보 흐름에 더 의존적이고, 자기유지 및 갱신의 능력이 향상되고, 성장 및 변화 능력이 더 향상되며 환경에 대해 더 개방적이다. 보울딩은 도식이 닫히지

않고 아직 구상되지 않은 새로운 가능성을 열어놓기 위해 9단계를 추가하였다.

조직이론은 보울딩의 체계유형을 통해서 개념적 수준을 1, 2단계의 틀과 시계태엽 체계에서 조직을 사이버네틱 체계로 보는 3단계, 개방체계로 보는 4단계까지 향상시킬 수 있다. 조직이론은 조직을 사이버네틱 체계 및 개방체계로 고려함과 동시에 이 관점과 관련된 두 가지 다른 개념, 즉 느슨하게 결합된 체계로서의 조직과 계층적 체계로서의 조직에 주목할 필요가 있다.

3) 사이버네틱 체계로서 조직

보울딩의 3단계에서 기능하는 사이버네틱 체계는 자기조절 능력이 있다. 자기조절을 가능하게 하는 제어과정에 영향을 미치는 주요 기제는 프로그램이다. 프로그램은 선택을 통해서 제어하는 기제이다. 제어과정은 새로운 정보[투입]가 들어오면 이미 프로그램에 내장된 패턴이나 명령에 따라[처리] 가능한 대안들 가운데 하나를 선택하는 것[산출]이다. 사이버네틱 모델은 체계의 생산과정이 진행되는 조직의 운영수준에 관심을 집중한다. 일련의 투입, 처리, 산출이라는 기술적 흐름을 분석하는 것이 체계를 이해하는 데 매우 중요하다고 본다.

4) 개방체계로서 조직

개방체계는 사이버네틱 체계와 다르다. 후자는 미리 만들어진 프로그램에 의해 작동하는 체계로서 항상성을 특징으로 한다. 그러나 개방체계는 환경에 반응하면서 자신을 변화시키기도 한다. 개방체계로서 조직은 느슨하게 연결된 체계이며 계층체계다.

① 느슨하게 연결된 체계

개방체계 관점에서 주목할 만한 것은 많은 체계들이, 특히 사회체계들이 서로 느슨하게 연결되어 있고 상당히 자율적으로 활동하는 요소들로 구성되어 있다는 것을 밝힌 점이다. 조직을 느슨하게 연결된 체계로 보는 이론가들은 조직을 획일적인 계층관계나 유기적 관계로 보지 않고 유동적인 이해관계자들이 느슨하게 연결된 연합체로 본다. "조직은 각자가 나름대로의 선호와 목적을 가지고 다른 이해관계자들과의 집단적인 상호작용을 통해 무엇인가를 얻으려고 하는 이해관계자들의 연합체이다(Pfeffer and Salancik, 1978: 36)."

② 계층체계

일반체계이론가들에 따르면, 계층구조는 복잡한 시스템의 기본적인 특징이다. 여기에서 계층구조는 지위나 권력의 격차가 아니라 클러스터링 메커니즘을 말한다. 예컨대 체계는 여러 하위체계들로 구성되고, 더 큰 체계에 포함된다. 알파벳, 단어, 문장, 문단, 절, 장으로 구성된 책은 계층체계의 예라고 할 수 있다.

계층구조 개념과 느슨한 연계 개념을 연결하면, 복잡한 체계의 중요한 특징을 파악할 수 있다. 하위체계 내의 구성요소들 간의 관계와 상호의존성은 하위체계들 간의 관계와 상호의존성보다 더 밀접하고 강하다. 예를 들어, 책에서 한 단락에 표현된 아이디어들은 다른 단락에 표현된 아이디어들보다 더 밀접하게 관련되어 있다. 마찬가지로, 대학의 경우에 학과 내에서의 상호작용이 학과들 간의 상호작용보다 더 빈번하고 강하다.

③ 개방체계로서 조직의 변화

개방체계는 사이버네틱 체계처럼 주어진 프로그램에 따라 항상성을 유지하는 데 머물지 않는다. 개방체계는 환경과 상호작용하면서 자신을 유지하면서 동시에 변화시킨다. 따라서 개방체계는 형태항상성(morphostasis)과 형태발생성(morphogenesis)이라는 두 가지 현상을 특징으로 한다. 형태항상성은 체계의 형태, 구조, 상태를 보호하고 유지하려는 과정을 말한다. 생물체계에서 형태항상성은 순환과 호흡에 의해 이루어진다. 사회체계에서는 사회화와 통제를 통해 형태항상성이 이루어진다. 형태발생성은 체계를 정교화하고 변화시키는 과정 ─ 성장, 학습, 분화 ─ 을 말한다. 개방체계는 외부의 환경에 적응하면서 형태적으로 더욱더 분화되고, 구조적으로 더욱더 정교해진다. 생물체계에서는 진화의 과정에서 이러한 특징이 분명하게 나타난다. 생물체계보다 상대적으로 더 변화가능성이 크고 느슨하게 연결된 사회조직은 시간이 경과함에 따라 구조적 특성들을 근본적으로 바꿀 수 있다.

CHAPTER 02

고전적 관료제 이론

Ⅰ 헤겔(G.W.F. Hegel): 보편이성의 매개로서 관료제

G.W.F. Hegel
1770-1831

게오르그 빌헬름 프리드리히 헤겔은 독일의 철학자이며 독일 관념론의 완성자로 알려져 있다. 서양철학에서 그의 위상은 보편적으로 인정받고 있다. 헤겔의 주요 업적은 절대적 관념론(absolute idealism)이라고 할 수 있는 독특한 방식으로 관념론을 체계화한 것이다. 그 철학의 특성은 정신과 자연, 주체와 객체의 이원론을 극복한 데 있다. 그의 정신철학은 개념적으로 심리학, 국가, 역사, 예술, 종교 그리고 철학을 아우른다. 이는 정신이 자신을 외화하고 다시 자신으로 복귀하는 변증법적인 운동을 통해 자기동일성을 확보하는 과정을 통해 정당화된다. 헤겔은 다양한 입장을 가진 수많은 사상가들과 저자들에게 영향을 미쳤다. 칼 바르트(Karl Barth)는 헤겔을 '프로테스탄트 아퀴나스'로 묘사하고 있으며, 메를로-퐁티(M. Merleau-Ponty)는 지난 세기의 모든 위대한 철학적 사상들—마르크스와 니체의 철학, 현상학, 독일의 실존주의 그리고 정신분석 등—이 헤겔에서 시작되었다고 주장하였다.

헤겔이 관료제라는 말을 직접 사용하지는 않았지만, 그의 철학체계 안에서 관료제와 관련된 내용을 찾을 수 있다. 헤겔은 절대정신이 스스로 운동하는 과정을 거대한 철학체계로 완결시킴으로써(Hegel, 1983), 독일관념론을 완성한 철학자로 알려져 있다. 절대정신은 자기 자신을 밖으로 내보내고, 다시 자기 자신에게로 되돌아오는 변증법적인 방식으로 자기 운동을 전개한다. 예컨대 정신의 변증법의 원리는 화가가 자신의 생각을 그림으로 표현하고, 그 그림을 통해서 자신을 확인하는 것과 같은 이 치라고 하겠다. 이처럼 정신이 자신을 밖으로 내보내는 과정을 외화(外化)라고 하고, 밖으로 내보낸 것을 대상으로 바라보는 과정을 대상화라고 한다. 그리고 그러한 대 상으로부터 자신을 확인하는 과정을 복귀 혹은 동일화라고 한다. 그런데 이러한 변 증법적인 운동은 단순히 순환적인 것이 아니라 나선형으로 상승하는 방식으로 이루 어진다. 이처럼 헤겔의 철학은 절대정신이 가장 저급한 수준에서 가장 높은 수준의 절대정신인 자기 자신에게로 돌아오는 과정이 완결된 체계로 구성되어 있다.

변증법은 정신[정]이 자신을 자신과 대립하는 존재로 세우고[반], 그 존재가 자신 임을 확인하는[합] 세 개의 단계로 전개된다. 헤겔의 철학체계를 크게 그려보면, 논리 학→자연철학→정신철학의 세 단계로 전개된다. 그리고 각각의 단계 안에는 또 세 개의 단계가 있고, 다시 각각의 하위 단계 안에는 또 세 개의 단계가 있다. 논리학은 존재론→본질론→개념론으로 전개되며, 개념론에서 최고의 단계는 이념(idea)이다. 자연철학은 역학→물리학→유기적 자연학으로 전개되며, 유기적 자연학에서 최고의 단계는 동물적 유기체이다. 정신철학은 주관적 정신→객관적 정신→절대정신으로 전 개되며, 절대정신의 최고 단계는 철학이다.

헤겔의 철학체계에서 행정은 정신철학의 객관적 정신의 한 단계로 다루어지고 있다. 객관적 정신은 법→도덕성→인륜의 단계로 전개되고, 인륜단계는 다시 가족→ 시민사회→국가의 단계로 전개된다. 바로 객관적 정신의 최고 단계인 국가에서 행정 이 다루어진다. 헤겔에게 국가는 인륜성, 즉 공동체의 보편적 도덕을 실현한 최고의 단계로 설정된다. 따라서 국가는 하위영역인 가족과 시민사회를 공동체의 보편적인 도덕원리로 이끌어가는 주도적 역할을 하는 존재로 인식된다. 국가의 보편적 도덕원 리로 시민사회를 계도하는 매개자의 역할을 하는 것이 바로 행정이다. 그러다 보니 행정은 단순히 목적을 이루기 위한 기술적인 활동이 아니라, 국가의 도덕이념을 실 현하는 실천적인 활동으로 이해된다. 따라서 헤겔의 철학체계 안에서 공직자는 보편 계급으로 규정된다(1953: § 205). 왜냐하면 공직자의 목표는 보편적인 이익을 실현하 는 것이기 때문이다. 공직자의 보편성은 시민들이 추구하는 사적인 이익과 비교해보면 분명해진다. 공직자는 국가의 기둥이다. 왜냐하면 공직자는 공적인 일에 대해 고도의 정치적 의식과 지식을 가지고 있기 때문이다(§ 297).

행정은 국가와 시민사회를 매개하는 역할을 한다. 그래서 행정 혹은 공직자들은 시민사회에 대해, 그리고 군주에 대해 다음과 같은 역할을 한다. 첫째, 행정은 시민사회의 결사체들이 자기이익만 추구하는 집단으로 전락하는 것을 막기 위해 결사체들을 관리 감독한다. 시민사회 결사체들의 이익추구 활동들이 국가의 보편적인 도덕 이념을 지향하도록 유도한다. 둘째, 공직자들은 군주가 최종적인 결정을 하는 데 필요한 구체적인 정보를 제공하는 역할을 한다. 또한 의사결정을 돕기 위해 일종의 위원회의 역할을 할 수도 있다(§§ 283, 289).

이러한 역할을 수행하기 위해 행정은 어떻게 조직화되어야 할까? 헤겔의 구상을 자세히 나열해보자(§§ 290, 291, 294). 수행하는 과업의 종류에 따라 관할권의 기능적인 분화가 이루어진다. 분화된 부분들은 계층의 원리에 의해 통합된다. 사무실은 현직자로부터 분리되어 있으며, 그 사이에는 어떠한 필연적인 연계도 존재하지 않는다. 관료조직의 기능들은 객관화되어 있기 때문에, 관료들이 반드시 천재적이어야 할 필요는 없다. 관직을 얻기 위해서는 신분이나 핏줄이 아니라 시험을 통해 자신의 능력을 입증해야 한다. 그렇기 때문에 근대관료제는 전통적인 신분제를 약화시키는 경향이 있다. 그러한 의미에서 그것은 평등사회에 가장 적합한 행정조직이다. 관료들에게는 외부의 영향을 받지 않도록 하기 위해 국가가 고정된 보수를 지급한다. 따라서 관료들은 공동선에 따라 자신들의 권한을 행사해야 한다. 중앙 집중화된 관료조직의 가장 큰 이점은 국가의 사무를 처리하는 데 있어서 단순화, 속도, 그리고 능률성에 있다.

그렇다면 헤겔은 관료제에서 발생할 수 있는 부작용에 대해 어떠한 생각을 가지고 있는가? 첫째, 작업의 분화가 지나치게 진행되면, 직원들의 활동이 기계화될 수 있다는 것이다. 그렇게 되면 행정의 중요한 역할인 도덕적 판단 능력을 상실하게 된다. 따라서 헤겔은 보편적인 관점에서 공적인 사건들을 평가할 수 있는 능력을 함양하기 위해 윤리교육이 필요하다고 본다(§ 296). 둘째, 관료들은 그들의 행동에 책임을 져야 한다. 그러나 관료들은 책임 회피적이다. 따라서 관료들의 책임을 확보하기 위해 통제는 필수적이다. 헤겔은 내적 통제와 외적 통제방식을 제안한다. 내적 통제는 관료들에 대한 윤리교육과 조직의 규율에 의한 것이고, 외적 통제는 주권자와 시민사회의 결사체들에 의한 감시에 의한 것이다(§§ 295, 297).

헤겔은 행정 혹은 관료제를 국가의 도덕적 이념(인륜성)을 실현하는 계기로, 관료는 국가의 이념을 실현하는 보편계급으로 규정한다. 관료제가 도덕적으로 일정한 방향성을 가지고 있어야 함을 전제한다는 점에서 헤겔의 관료제는 규범적인 성격을 갖는 것으로 볼 수 있다(Shaw, 1992).

II 마르크스(K. Marx): 지배계급의 도구로서 관료제

Karl Marx
1818-1883

칼 마르크스는 독일의 철학자, 경제학자, 역사학자, 사회학자, 정치 이론가, 저널리스트, 사회 혁명가였다. 마르크스의 정치, 경제, 사회에 대한 비판이론의 핵심은 인간사회가 계급투쟁을 통해 발전한다는 것이다. 그는 사적 유물론을 토대로 자본주의 사회도 이전의 사회경제체제와 마찬가지로 내적인 모순에 의해 파괴되고 사회주의라는 새로운 체제에 의해 대체될 것이라고 주장하였다. 물론 사회체제의 전환은 저절로 이루어지는 것이 아니라 노동자계급의 조직화된 혁명적 실천을 통해 이루어질 수 있다는 것이다. 마르크스는 인류의 역사에서 가장 영향력이 있는 인물들 가운데 한 사람이다. 세계의 수많은 지식인들, 노동조합들, 예술가들, 그리고 정당들이 마르크스의 저작에서 영향을 받았으며 지금도 많은 영감을 얻고 있다. 마르크스는 근대 사회과학의 주요 건축가들 가운데 하나이다.

마르크스는 관료제 자체를 집중적으로 연구하지는 않았다. 그의 사적유물론의 논리에 따르면, 관료제 기구를 포함한 국가는 상부구조로서 경제적 토대에 의해 조건화되는 것으로 보았기 때문이다. 따라서 마르크스의 국가에 대한 논의는 산발적이고 때로는 일관성이 없어 보이기도 한다. 마르크스의 관료제에 대한 관심은 기본적으로 계급지배의 도구로서 국가의 관념 속에서 전개된다. 따라서 이 절에서는 마르크스의 국가 관념을 중심으로 살펴보고자 한다.

마르크스는 ≪자본론≫의 출판계획이 담긴 쿠겔만(L. Kugelmann)에게 보낸 편지에서, 자본주의 정치경제학의 기본원리가 자신의 책의 정수라고 말한다. 그리고 자신이 제시한 원리를 토대로 다른 사람들이 후속 연구를 쉽게 할 수 있을 것이라고 말한다. 다만, '국가의 다양한 형태들과 사회의 다양한 경제구조들 사이의 관계를 예외'로 하고 있다(Marx, 1985: 435). 이를 통해 볼 때, 당시까지만 해도 국가의 문제에 대해서는 체계적인 성찰이 이루어지지 않았음을 볼 수 있다. 그리고 결국 그는 국가에 관한 체계적인 이론을 남기지 못하게 된다. 따라서 마르크스주의자들은 국가에 관한 마르크스와 엥겔스의 단편적인 언급들을 모아 퍼즐을 맞추면서 추정적으로 마르크스-엥겔스의 국가이론을 구성하게 된다. 그러다 보니 국가의 자율성 문제를 놓고 상반되는 주장들이 나타나게 되는데, 그것은 마르크스와 엥겔스가 실제로 국가에 대한 모순적인 언급들을 남겨놓았기 때문이다.

먼저 국가를 계급국가 혹은 지배계급의 도구로 언급한 내용을 살펴보자. 마르크스와 엥겔스는 ≪공산당선언≫에서 근대국가의 집행부를 '부르주아계급 전체의 공동 업무를 관장하는 위원회'로 규정한다(Marx, 1976: 486). 또한 엥겔스는 ≪가족, 사유재산, 국가의 기원≫에서 국가의 계급적 성격을 다음과 같이 언급한다. "국가는 계급의 적대적 갈등을 억누르기 위해 등장했지만, 동시에 계급들 간의 갈등 속에서 등장했기 때문에, 국가는 일반적으로 가장 강력하고 경제적으로 지배적인 계급의 국가라고 하겠다. 또한 지배계급은 국가를 매개로 해서 정치적으로 지배적인 계급이 되어 피억압계급을 열악한 상태에 묶어두고 착취할 수 있는 새로운 수단을 손에 넣는다 (Engels, 1990: 270-271)."

마르크스와 엥겔스가 국가의 자립성에 대해 언급한 부분을 살펴보자. 마르크스는 ≪헤겔법철학비판≫에서 국가와 시민사회를 매개하는 보편기구로서 관료제와 보편계급으로서 관료를 규정한 헤겔을 정면으로 비판한다. 관료제나 관료는 보편성을 추구하는 기구나 존재가 아니라 자신들의 특수한 이익을 추구하는 존재에 불과하다는 것이다. "관료제는 … 국가를 사적 소유물로 전유한다. 관료제의 보편적 정신은 비밀, 즉 신비이다. 그것은 내부적으로는 계층에 의해 보호되고, 대외적으로는 폐쇄적인 직업단체로 유지된다. … 개별 관료들의 경우, 국가의 목적은 자신의 사적인 목적, 즉 더 높은 자리를 추구하는 것이 되어버린다. … 관료제에서 국가이익과 특수한 사적 목적의 동일화는 국가이익이 다른 사적 목적들과 대치하는 하나의 특수한 목적이 되는 방식으로 이루어진다(Marx, 1975: 47-48)." 관료제는 독자적으로 자체적인 이익을 추구하는 존재이다. 따라서 관료제는 시민사회의 압력으로부터 어느 정도의 자립성을 갖는 것으로 볼 수 있다.

엥겔스의 경우는 일반적으로 국가가 지배계급의 도구라고 할 수 있으나, 예외적인 경우가 있다고 본다. 국가는 경쟁하는 계급들이 힘의 균형을 이루는 상황에서 어느 정도의 자립성을 가질 수 있다는 것이다. "현대의 대의제 국가는 자본에 의한 임노동의 착취를 위한 도구이다. 그러나 예외적으로 투쟁하는 계급들이 우열을 가리기 힘들 정도로 서로 균형을 유지하게 되면, 외견상 조정자로서 국가권력이 두 계급으로부터 어느 정도의 자립성을 한동안 획득하게 되는 시기가 있다(Engels, 1990: 271)." 그는 귀족세력과 부르주아 세력이 균형을 유지했던 17세기와 18세기의 절대군주제의 시기와 부르주아 계급과 프롤레타리아 계급을 서로 충돌하게 했던 프랑스 제2제정의 보나파르트체제 시기를 그 예로 든다.

마르크스는 《보나파르트의 부뤼메르 18일》에서도 국가의 자립성은 피상적인 것이고 근본적으로는 계급성을 가질 수밖에 없다고 언급한다. "제2 보나파르트 체제 하에서만 국가가 완벽하게 자립적이었던 것으로 보인다. … 그러나 국가권력은 허공에 떠 있는 것이 아니다. 보나파르트는 하나의 계급, 즉 그 당시 프랑스 사회에서 가장 많은 계급인 소작농들(small-holding peasantry)을 대표한다(Marx, 1979: 186-187)."

마르크스와 엥겔스는 국가의 계급 도구적 성격과 상대적 자율성을 언급하면서도, 궁극적으로는 국가의 계급 도구적 성격을 더 중요하게 여기는 것으로 보인다. 특히 이러한 생각은 《고타강령 비판》에서 분명하게 볼 수 있다. "자본주의 사회와 공산주의 사회 사이에는 전자에서 후자로 나아가는 혁명적 전환의 시기가 있다. 이에 조응하여 국가가 오로지 프롤레타리아의 혁명적 계급독재로 존재할 수 있는 정치적 이행기가 존재한다(Marx, 1989: 95)." 마르크스에 따르면, 사회주의에서 공산주의로의 이행과정에서 국가는 프롤레타리아의 계급독재를 위한 도구에 불과하다는 것이다. 그리고 공산주의 단계에서 계급지배의 도구로서 국가는 소멸하게 된다는 것이다.

표 2-1 마르크스의 사적 유물론

사회체제	원시공산사회	고대노예사회	중세봉건사회	자본주의사회	사회주의사회	공산주의사회
생산양식	수렵, 채취	노예제	봉건제	자본주의	사회주의 (과도기)	공산주의
소유관계	공유	사유	사유	사유	국유	공유
생산관계 (계급관계)	무계급	주인-노예	영주-농노	자본가 -노동자	프롤레타리아독재	무계급

마르크스와 엥겔스는 체계적인 국가이론이나 사회와 국가의 관계에 대한 이론을 만들지 못했다. 다만 이러한 주제에 관한 애매한 단편들이 여기저기 있을 뿐이다. 이 것이 마르크스주의자들에게는 논쟁의 불씨가 되었다.

Ⅲ   밀(J.S. Mill): 대의제의 동반자로서 관료제

존 스튜어트 밀은 영국의 철학자, 정치경제학자 그리고 공무원이었 다. 고전적 자유주의의 역사에서 가장 영향력 있는 사상가들 가운데 한 사람으로서 밀은 사회이론, 정치이론, 정치경제학 분야에 기여한 바가 매우 크다. 밀은 국가적 통제와 사회적 통제의 한계를 설정함 으로써 개인의 자유를 정당화하는 데 초점을 맞추었다. 밀은 제레미 벤덤(Jeremy Bentham)에 의해 이론화된 공리주의의 추종자였다. 그 는 질적 공리주의를 제시함으로써 벤덤의 양적 공리주의의 한계를 극복하고자 하였다. 밀은 과학적 방법론의 체계를 세우는 데 기여하

John Stuart Mill
1806-1873

였다. 또한 정치경제학 분야에서는 노동자의 문제에 주목하였으며, 사회주의 문제나 여성의 문제에 대해 당대로서는 매우 전향적인 태 도를 견지하였다. 그리고 밀은 아버지 제임스 밀(James Mill)의 뒤 를 이어 동인도회사에서 근무하였다.

밀의 관료제에 대한 생각은 정치하게 이론화된 것은 아니다. 그는 현실성 있는 민주주의 체제로서 대의제 하에서 관료제가 갖는 의미를 밝히는 데 초점을 맞추고 있다. 따라서 그의 관료제에 대한 논의는 대의제와의 관련 속에서 이루어져야 한다.

밀에 의하면, 정부가 진보에 기여하는 정도에 따라 정부의 질적 수준을 판단할 수 있다(Mill, 1861: 383). 진보는 '인간성의 발전'을 의미한다(Mill, 1861: 388). 인간성의 발전은 도덕적, 지적 능력의 향상을 의미한다. 그러한 의미에서, 사람들의 복리를 증 진시키는 것이 정부의 가장 중요한 목적이기는 하지만, "사람들의 좋은 자질들이 정 부기관을 작동시키는 동력을 제공하기 때문에, 정부가 사람들의 좋은 자질들의 총량 을 개인적으로 그리고 집단적으로 증대시키는 정도를 좋은 정부의 수준을 가늠하는 기준으로 삼을 수 있다(Mill, 1861: 390)." 좋은 정부는 한편으로 '지적 능력, 덕성, 그

리고 실무 처리능력과 효율성의 향상을 포함하여 공동체의 전반적인 정신적 발전을 증진시키는 능력'과 다른 한편으로 '정치제도가 공적인 일을 효율적으로 관리하기 위해 기존의 도덕적, 지적, 그리고 능동적 가치를 조직하는 능력'이 탁월한 정부를 의미한다(Mill, 1861: 392). 정부는 사회의 전반적인 지적, 도덕적 능력의 향상을 궁극적인 목적으로 하는 조직체이다.

　　정부의 질적 수준은 정부를 둘러싸고 있는 사회의 전반적인 지적, 도덕적 수준에 영향을 받는다. 그리고 사회의 전반적인 지적, 도덕적 수준은 정부의 질적 수준에 영향을 받는다. 밀에 의하면, 참여는 정부와 사회의 질적 수준을 향상시키는 핵심적인 활동이다. 참여는 주권자로서의 의식을 갖게 하며, 자기계발의 계기를 제공한다. 참여를 통해 시민은 사적인 이해관계를 넘어 공동의 이익을 위해 사고하는 능력을 키우게 된다. 이러한 의미에서 밀은 참여가 시민들의 지적, 도덕적 능력을 향상시키는 데 결정적인 역할을 하는 것으로 본다. 그리고 그러한 참여를 가장 잘 증진하는 체제로서 대의제에 주목한다. "사회 상태의 모든 필요들을 충분하게 충족시킬 수 있는 유일한 정부는 모든 인민이 참여하는 정부임이 명백하다. 어떤 참여라도, 하다못해 아주 작은 공적 기능에 대한 참여라도 유용하다. 어떤 곳이든 참여는 공동체의 전반적인 진보의 수준에 비례하는 것이 마땅하다. 모든 사람이 주권행사에 참여하는 것만큼 궁극적으로 더 바람직한 것은 없다. 그러나 작은 규모의 마을보다 큰 공동체에서는 아주 미미한 정도의 공공업무를 제외하고는 모든 사람들이 직접 참여하기가 어렵다. 따라서 완전한 정부의 이상적인 형태는 대의제일 수밖에 없다(Mill, 1861: 412)."

　　밀은 대의제 자체로는 정부의 지속성이나 전문성을 확보하는 데 한계를 가질 수밖에 없다고 생각한다. 대의제는 전문성을 테스트하는 장치가 아닌 투표를 통해서 대표를 선출하기 때문에 전문성을 확보하는 데 한계를 가질 수밖에 없다는 것이다. 보다 지혜롭고 효율적인 정부의 운영을 위해서는 관료제가 필수불가결하다는 것이다. 대의제와 비교해서 "관료제는 중요한 측면에서 상당한 이점을 가지고 있다. 그것은 경험을 축적하고, 잘 시행되고 적절하게 숙고된 전통적인 행동원리들을 가지고 있으며, 실제로 업무를 보는 사람들에게 적절한 실무지식을 준비시킨다(Mill, 1861: 439)." 훈련되고 능숙한 전문 인력들이 활동하는 관료제는 대의제가 할 수 있는 것을 하는 것이 아니다. 그것은 대의제가 할 수 없는 것들을 할 수 있을 것이다. 대의제는 관료제가 고유의 업무를 효율적으로 혹은 지속적으로 수행하게 하는 데 필요하다.

또한 대의제가 관료제와 결합할 수 있는 방법을 찾지 못한다면, 최선의 효과를 만들어낼 수 없다(Mill, 1861: 440).

밀에 의하면, "정부의 일을 전문적인 관료들(governors)이 전담하는 것이 관료제의 본질이자 의미이다(Mill, 1861: 438)." 그렇다면 이러한 관료제는 어떠한 방식으로 운영되어야 하는가?

첫째, 분업과 책임의 원칙을 따른다(Mill, 1861: 520). 공공업무는 성격에 따라 적정 수준에서 분업화된다. 단일의 목표를 추구하는 각각의 분업 단위에서는 동원되고 활용되는 수단들을 단일의 통제와 책임 아래 두어야 한다. 만일 수단들이 개별 담당자들에게 맡겨진다면, 담당자들이 수단을 목적으로 삼는 전도현상이 발생할 수 있다. 그렇게 되면 각각의 분업단위가 추구해야 할 본래의 목적을 상실하게 된다.

둘째, 부처의 최고책임자는 전문성을 강화하는 조치를 취한다. 일반적으로 정치인들이 부처의 최고 책임자가 된다. 이들은 대체로 관련된 업무에 대한 전문적 식견이 충분하지 않다. 따라서 전문가들로 구성된 위원회의 보조가 필요하다. 물론 위원회의 역할은 자문에 국한되어야 하고, 궁극적인 결정의 책임은 최고책임자가 지도록 해야 한다.

셋째, 공무원의 채용과 승진은 객관적인 원칙에 따라 이루어진다. 정부가 하는 일은 기본적으로 전문적 능력을 필요로 하기 때문에 채용은 공개경쟁의 방식을 취한다. "민주주의 정치체제에서 좋은 정부의 가장 중요한 원칙은 공무원을 … 국민투표는 물론이고 국민의 대표들에 의한 투표로 임명해서는 안 된다는 것이다(Mill, 1861: 523-524)." 채용방식은 후보자들이 젊어 전문지식을 측정하기에는 한계가 있기 때문에 인문학적 소양을 시험하는 것이 바람직하다. 따라서 정치에 관여하지 않고 대학 입학시험 감독관들과 동일한 수준의 자격을 갖춘 심사관들에게 공무원 선발을 맡기는 것이 바람직하다. 특히 채용의 부조리를 막기 위해 시험은 공개경쟁이어야 하고 가장 높은 점수를 얻은 응시자가 임용되는 것을 원칙으로 하는 것이 바람직하다(Mill, 1861: 529). 승진은 연공서열이나 발탁에 의해 이루어진다. 일상적인 성격의 업무를 수행하는 자리들은 연공서열에 따라 승진시킨다. 그러나 각별한 신임과 특별한 능력이 요구되는 자리들은 부서 책임자의 재량에 따라 승진시키도록 한다(Mill, 1861: 532-533).

넷째, 공무원의 신분보장과 정치적 중립성이 확보되어야 한다. 정치의 변화에 상관없이 일관되게 제 자리를 지키면서 장관으로 누가 오든 그의 통제 하에서 자신의 경험과 방식대로 보좌하고, 자신들의 업무지식을 바탕으로 그에게 정보를 제공하며, 세부적인 업무를 수행하는 것이 공무원의 임무이다(Mill, 1861: 528). 장관의 변덕이나 이해관계에 따라 인사가 이루어지면, 공무원들의 효율적인 업무수행을 기대하기 어렵다.

밀은 대의제와 관료제의 관계에 대해 어떠한 생각을 가지고 있는가? 그는 대의제와 관료제 간의 견제와 균형이 좋은 정부를 위한 안전판이라고 생각한다(Warner, 2001: 409). 대의민주주의체제에서 관료제의 가장 중요한 것은 통제와 책임의 문제이다. 대의기구는 시민을 대표하는 기관으로서 관료제가 해야 할 일과 방법을 결정한다. 이러한 결정과정에서 고려되어야 할 중요한 문제는 관료제가 전문적인 능력을 최대한 발휘할 수 있는 조건이다. 따라서 관료제에 대한 대의제의 간섭은 균형을 유지하는 것이 중요하다. 대의제의 관료제에 대한 개입은 제한적이어야 한다. 왜냐하면 대의제는 세부적인 업무와 관련해서는 상대적으로 전문성이 떨어지기 때문이다. 따라서 대의제는 관료제를 견제하는 데 필요한 능력을 발달시킬 필요가 있다.

밀은 관료제의 어떠한 한계에 주목하고 있는가? "관료제를 괴롭히는 병 그리고 대체로 그것을 죽게 만드는 병은 루틴(routine)이다(Mill, 1861: 439)." 루틴, 즉 판에 박힌 일상적인 일은 "보람을 느끼게 하는 노동이 아니라 가장 원초적인 형태의 사적이익을 위한 노동, 즉 일상적인 욕구의 충족을 위한 노동이다(Mill, 1861: 411)." 루틴은 모든 것은 '기계적으로 계속 순환한다는 보편적인 법칙'에 따라 모든 활력을 무력하게 만들어버린다. 그렇게 되면, 관료제는 소수의 엘리트가 지배하는 페단토크러시(pedantocracy: 현자의 지배체제), 즉 엘리트 지배체제로 변질되고, 소위 조직의 단체정신이 구성원들의 고유한 개성을 내리누르는 결과를 가져온다(Mill, 1861: 439). 따라서 밀은 "관료제가 페단토크러시로 타락하는 것을 막고자 한다면, 관료제가 인간의 통치를 위해 요구되는 기능들을 형성하고 도야하는 업무를 독점해서는 안 된다(Mill, 1859: 308)"고 본다. 다시 말해서 관료제의 타락을 막기 위해서는 대의제의 견제와 넓게는 시민들의 직접적인 참여가 필수적이라는 것이다.

Ⅳ 베버(M. Weber): 이념형으로서 관료제

Max Weber
1864-1920

막스 베버는 독일의 사회학자, 철학자, 법학자, 정치경제학자로서 근대 서구사회의 발전에 대해 연구한 가장 중요한 이론가들 가운데 한 사람이다. 베버는 사회이론과 사회연구에 심대한 영향을 미침으로써 사회학의 토대를 마련한 사람이라고 할 수 있다. 그는 어떤 현상(결과)을 일원인론적으로 설명하는 방식을 취하고 있는 에밀 뒤르켐(E. Durkheim)과는 달리 다원인론적 설명방식을 취한다. 사실상 그는 방법론적으로 반실증주의의 입장을 취하였다고 할 수 있다. 그는 해석적 방법을 통해 사람들이 자신들의 행위에 대해 부여하는 목적이나 의미들을 이해하는 사회적 행위의 연구를 주장했기 때문이다. 베버의 지적 관심은 그가 세계에 대한 새로운 사고방식의 결과라고 생각했던 합리화, 세속화, 각성의 과정을 이해하는 데 있었다. 그는 이러한 과정들이 자본주의의 등장 및 근대성과 밀접하게 연관되어 있다고 생각하였다.

1. 이념형 관료제

베버가 개념화한 관료제는 어떠한 특성을 가지고 있는 조직을 말하는 것인가? 베버는 관료제의 순수한 형태, 다시 말해서 이념형(ideal type)으로서 관료제의 특성을 다음과 같이 제시하고 있다(Weber, 1968: 956-963).

첫째, 법규, 즉 법률이나 행정규정에 의해 공식적인 권한의 영역이 존재한다. 관료조직이 추구하는 목적을 달성하는 데 필요한 규칙적인 활동들은 직무로 배분되어 있다. 이러한 직무의 수행에 필요한 명령권은 안정된 방식으로 분배되어 있으며, 여기에 할당된 강제수단 역시 법규에 의해서 명확히 규정되어 있다. 이러한 직무의 계속적이고 규칙적인 완수를 위한, 그리고 직무에 상응하는 권리의 행사를 위한 명확한 규정이 만들어진다. 이러한 일반적 법규에 적합한 사람들이 임용된다.

둘째, 관직 계층제(office hierarchy)와 심급제의 원칙이 존재한다. 하급관청에 대한 상급관청의 감독이라는 형태의 관청상호관계를 명확히 계통화한 상하위의 체계가 형성되어 있으나, 피지배자로 하여금 명확히 규정된 절차에 따라 하급관청에서 상급관청에 이의를 제기할 수 있는 가능성을 열어둔다. 이 같은 관료제의 유형이 완벽하게 발달하면 관직 계층제는 획일적으로 조직화된다.

셋째, 사무의 관리는 원본 또는 초안의 형태로 보존되는 문서로 수행되며, 이런 일은 각급 초급관리와 서기 등 직원들이 담당한다. 관청에서 근무하는 직원들과 이에 따르는 재물과 문서시설을 통틀어 사무실이라고 한다. 근대적 관청조직에서는 원칙적으로 사무실과 사저가 분리되어 대체로 공무활동과 사생활이 구분되고, 공무상의 금전과 재산의 관리는 개인 재산과 별개로 이루어진다.

넷째, 사무 관리는 전문적인 훈련을 전제로 한다. 공직자의 직무수행은 비교적 면밀하고 엄격한, 그리고 습득 가능한 일반법규에 의해 행해진다. 따라서 이 같은 규정에 관한 지식은 공직자가 익히는 기술론이다.

다섯째, 직무활동은 직원의 전임노동을 요구한다. 이것은 과거의 겸직적인 업무 집행의 관행과 대조를 이루는 특성이다.

그렇다면 관직(공직)과 관료(공직자)는 어떠한 특성을 갖는가?

첫째, 관직은 전문직이다. 이것은 장기간에 걸친 노력을 필요로 하는 명확히 규정된 교육과정을 거쳐야 한다는 자격요건과 일반적으로 규정된 특정한 시험의 합격이 임용의 전제조건이라는 사실에서 잘 나타난다.

둘째, 관료는 피지배자에 비해 사회적으로 현저하게 높은 신분적 평가를 희구하고 또 대체로 그것을 향유한다. 사회계층의 변동이 적고 안정적인 곳에서는 이러한 관료의 지위가 대단히 높고, 상대적으로 사회계층의 유동성이 심한 곳에서는 관료의 지위가 상대적으로 낮다.

셋째, 관직은 임명직과 선출직이 있다. 임명직은 순수하게 행정 관료라고 할 수 있다. 이들은 기술적 기준에 따라 일을 한다. 선출직은 정당과 국민에게 지나치게 의존하고 위계질서의 확립에 방해가 될 수 있다.

넷째, 관료에게는 종신성을 보장한다. 지위의 종신성은 자의적인 해임과 전임을 법률적으로 제한함으로써 개인적인 배려에 구애되지 않고 맡은 바 특정 직책을 단호하고 객관적으로 처리할 수 있도록 하는 데 목적을 두고 있다.

다섯째, 대체로 관료는 고정된 봉급 형태의 화폐보수를 받고 연금에 의한 노후의 보장을 받는다. 봉급은 원칙상 능률에 따라 계산되는 것이 아니고 오히려 신분에 상응하여, 다시 말해 근무의 종류 및 근속연한에 따라 계산된다.

여섯째, 관료는 중요성이나 급료가 낮은 아래 지위에서 높은 지위에 이르는 출세를 겨냥한다. 이것은 관청의 위계질서에 대응한 것이다. 일반적인 관료는 두말할 나위 없이 승진의 조건을 가급적이면 기계적으로 고정화하기를 원한다.

베버가 개념화한 관료제는 인력과 물적 자원 그리고 지식이나 기능을 동원하여 효율적으로 활용함으로써 조직의 유효성을 극대화할 수 있는 조직이라고 할 수 있다. "정확성, 신속성, 명료성, 문서에 대한 지식, 지속성, 신중성, 통일성, 엄격한 복종, 마찰의 제거, 물적 인적 비용의 절감 등 이 모든 특성들은 엄밀하게 관료제적인 행정에서, 특히 단일지배적인 형태에서 최적의 상태가 된다(Weber, 1968: 973)."

2. 관료제에 대한 비판

1) 조직구성원의 도구화

관료제의 고도화는 구성원들을 도구화함으로써 인간의 자율성을 근본적으로 무력화시킬 수 있다. 공식적인 학술문헌은 아니지만 토론회에서 베버가 관료제에 대해 언급한 내용은 그의 일관된 입장을 이해하는 데 도움이 된다.

> 관료제적 기계화로 나아가는 과정은 거역할 수 없습니다. … 순수하게 기술적이고 빈틈없는 행정, 즉 구체적인 문제들의 정확하고 객관적인 해결책이 최고의 유일한 목적으로 취해질 때, … 모든 것은 사라지고 여느 기계처럼 이러한 일을 객관적으로, 정확하게, 그리고 '영혼 없이' 수행하는 것은 직무위계체제입니다. 관료제적 메커니즘의 기술적 우월성은 흔들리지 않습니다. … 총체적인 관료제화와 합리화의 결과들을 상상해보십시오. 이미 지금 대규모 제조업 부문의 사기업들 대부분과 근대적인 방식으로 경영되고 있는 다른 모든 경제적 기업들에서 계산적 합리성이 모든 단계에서 뚜렷하게 나타나고 있습니다. 합리적 계산에 의해 각 개인의 업무성과가 수학적으로 측정되고, 각 개인은 기계의 작은 톱니가 되어 버립니다. 이를 잘 알고 있는 개인들은 오로지 자신이 더 큰 톱니가 될 수 있는지 없는지에 대한 생각에 사로잡히고 맙니다. … 언젠가 세상이 단지 그러한 작은 톱니들, 즉 작은 일에 매달리면서 더 큰 일을 얻기 위해 분투하는 작은 인간들로 채

워질 수도 있을 것이라고 생각해보면 너무나 끔찍합니다. … 관료제에 대한 열망은 사람들을 절망으로 몰고 가기에 충분합니다. … 그리고 그것은 마치 우리가 심사숙고해서 '질서'를, 오직 질서만을 필요로 하는 사람이 되어버린 것과 같습니다. 그래서 한순간이라도 이러한 질서가 흔들리면 초조해하고 겁을 먹게 되고, 그 질서에 완전히 편입되지 못하면 어찌할 바를 모르게 된 것 같습니다. … 따라서 거대한 질문은 … 이러한 영혼의 분열로부터 자유로운, 즉 관료제적 삶의 방식의 압도적인 지배로부터 자유로운 인간의 모습을 지켜내기 위해 우리는 이 기계에 대해 무엇을 반대할 수 있을까요?(Weber, 1944: 125-131).

인용문은 기업조직에 대한 기술이기는 하지만, 정부조직의 경우에도 그대로 적용될 수 있다. 여기에서 기술된 관료제화의 특성을 살펴보자.

첫째, 관료제화는 관료제의 기술적 우월성 때문에 거역할 수 없는 흐름이다. 궁극적으로 관료제는 '영혼이 없는' 기계처럼 작동하게 될 것이다.

둘째, 기계화된 관료제 안에서 구성원들은 단지 작은 톱니에 불과하다. 따라서 구성원들의 개성은 사라지고, 구성원에게 생각을 요구하지도 않는다. 이렇게 되면 구성원들은 언제든지 교체가 가능한 기계의 부속품이 된다.

셋째, 작은 톱니인 구성원들은 더 큰 톱니가 되고자 하는 권력에 대한 욕망을 갖게 되고, 그것은 도저히 벗어던질 수 없는 '강철 같은 겉껍질(stahlhartes Gehäuse)'이 되어버린다. 베버는 ≪프로테스탄트 윤리와 자본주의 정신≫에서 자본주의 사회에서는 재화에 대한 욕망이 벗어던질 수 없는 '강철 같은 겉껍질'이 되어버린다는 비판을 제기한 바 있다(Weber, 2001: 123). '강철 같은 겉껍질'은 누군가가 쳐 놓은 철창이 아니라 스스로가 만들어 놓은 욕망의 감옥을 은유적으로 표현한 것이다.[1] 그것이 관료제에서는 권력에 대한 욕망으로 전환된다.

---

1) 파슨즈(T. Parsons)는 독일어 stahlhartes Gehäuse를 철창, 쇠우리를 의미하는 iron cage로 번역했다. 이것은 번역상의 오류로 볼 수 있다. 파슨즈는 존 버니언(John Bunyan)의 ≪천로역정 Pilgrim's Progress≫에 등장하는 절망적으로 철창에 갇혀 있는 사람에 대한 묘사(Bunyan, 1999: 42-44)에서 철창이라는 번역어를 반영하게 되었다고 한다. 그런데 철창은 갇힌 사람이 만든 것이 아니라 바로 그에게 죄를 묻는 신이 만든 것이다. 그러나 베버의 글에서 '강철 같은 겉껍질'은 그 껍질로 둘러싸인 개인의 욕망에서 비롯된 것이다. 따라서 절망적 상황을 상징하는 철창의 메타포는 문제극복의 결단을 기대하는 '강철 같은 겉껍질'의 의미를 오도할 수 있다(Baehr, 2001). 그러나 철창의 메타포는 베버의 의도와는 다르지만, 그 자체로 의미 있는 메타포라고 할 수 있다.

넷째, 구성원들은 관료제적 '질서'에 완전히 편입될 때, 편안함을 느끼게 된다. 구성원들은 '질서인(秩序人)'으로서 언제든지 자유를 지불하고 편안함을 구매할 태세를 취한다.

2) 민주주의에 대한 위협

국가의 지배기구로서 관료제의 고도화는 민주주의를 위협함으로써 시민적 자유를 침해할 가능성이 있다. 민주주의를 위협하는 위험한 도구로서 관료제에 대한 베버의 생각을 따라가 보자. 그에 의하면, 민주주의와 관료제는 대립적이다. "민주주의가 불가피하게 그러나 의도하지 않게 관료제화를 촉진시켰음에도 불구하고 그리고 그랬기 때문에 민주주의 그 자체는 관료제의 '지배'와 대립된다(Weber, 1968: 991)." 세 가지 측면에서 그 이유를 설명할 수 있다.

첫째, 관료제는 도구적 성격을 갖는다. "관료기구는 일단 성립되면 파괴되기가 어렵기 때문에 이 기구가 속성상 가지고 있는 비인격성과 결부되어 그런 기구를 지배할 능력이 있는 사람이면 어느 누구에게나 재빨리 봉사한다(Weber, 1968: 988)." 이것은 관료조직이 정치적·경제적, 그리고 다양한 지배이익에 봉사할 수 있는 '정밀한 기계'라는 사실에 대한 염려를 표현한 것이다. 관료조직은 천사에게도 악마에게도 봉사를 할 준비가 되어 있다는 것이다.

둘째, 관료제는 비밀과 전문성을 기반으로 권력을 추구하는 속성을 갖는다. 관료들은 자신들의 지식과 의도를 비밀로 하는 방식으로 자신들의 전문적 우월성을 더욱 강화하려고 한다(Weber, 1968: 992). 국민의 사적인 정보가 축적된 관료제 그리고 의회를 압도하는 전문성을 가진 관료제를 배경으로 관료들은 특권집단이 되어 정치적 지배력을 잠식할 수 있다.

셋째, 관료제는 특수한 지위집단의 등장을 촉진한다(Weber, 1968: 1001). 관료의 충원은 평등의 원칙에 따라 공개경쟁을 통해 이루어진다. 공개경쟁은 일반적으로 시험의 형태를 취한다. 따라서 교육은 신분의 차이를 창출하는 데 가장 중요한 역할을 한다(Weber, 1994: 83). 대체로 고위 관료는 사회의 중상 이상의 계층에서 배출된다. 따라서 관료제를 움직이는 고위 관료들은 지배적인 계급이나 계층 혹은 엘리트들과 사회적 친화성을 갖게 되고, 그들의 이해관계를 실현하는 데 초점을 맞추게 된다. 이처럼, 관료제의 도구적 성격, 권력적 속성 그리고 관료의 신분적 편향성은 민주주의에 위협적으로 작용하여 시민적 자유를 심각하게 위축시킬 가능성이 있다.

3. 돌파구

재화에 대한 욕망의 늪으로 사람들을 유혹하는 자본주의와 권력에 대한 욕망의 늪으로 사람들을 유혹하는 관료화된 기업조직에서 벗어날 수 있는 길은 없을까? 베버가 활동하던 당대의 사회주의자들은 자본주의의 소멸에서 그 답을 찾고자 하였다. 그러나 베버는 이러한 생각에 대해 부정적이다. 그는 그 이유를 '관료제의 불가피성(inescapability)'에서 찾는다(Weber, 1994: 156). 관료제는 기술적 우월성보다 불가피성을 절대적인 것으로 만든다는 점에서 독특하다는 것이다. 일단 관료제가 지배하는 곳에서는 그 권력이 절대로 깨질 수 없게 된다. 왜냐하면 기본적인 욕구를 충족시키는 데 중요한 역할을 하는 모든 조직들이 관료제적인 활동에 의존하기 때문이다. 베버에 의하면, 자본주의와 사회주의는 생산과 분배의 원리에 있어서는 서로 다르지만, 관료제를 그 이념의 실현을 위한 조직적 도구로 삼고 있다는 점에서는 다르지 않다. "만일 사적 자본주의가 소멸된다면, 국가 관료제가 유일하게 지배하게 될 것이다(Weber, 1994: 157)." 베버는 어떠한 저항도 허용하지 않는 사회주의체제의 국가 관료제가 인간의 자유를 근본적으로 박탈하는 '노예제도의 집'이 될 것이라고 우려한다(Weber, 1994: 158). 그래서 그는 그나마 사람들의 저항이 가능한 자본주의체제를 선호한다. 그렇다면 베버는 어떠한 대안을 생각하였는가? 그는 관료제화의 부정적인 영향들에 대한 돌파구로서 노동조합, 카리스마적 정치가에 의한 통제, 그리고 시민의 정치적 참여를 제안한다.

1) 노동조합

베버는 노동자층이 노동조합을 통해서 국가와 대기업의 관료제화에 대한 대항세력을 형성해야 한다는 입장을 견지한다. 다만 그는 이러한 시도가 반드시 성공한다는 보장을 할 수는 없지만, 노동조합은 그 자체로서 가치가 있다고 본다. 그에 따르면, 공기업과 사기업에서 수백만에 달하는 피고용인들이 새로운 계급으로 등장하고 있는데, 그 계급은 내면적인 의미에서 문화가 부재하는 정신적으로 비자주적인 인간들의 군집으로 추락할 위험이 있다는 것이다. 따라서 노동자들은 하나의 사회적 계급으로서 독자적인 문화적 자기정체성을 형성해야 한다는 것이다. 베버는 노동조합이 동료애와 계급의식이라는 문화적 가치를 형성하는 데 결정적인 역할을 할 수 있을 것으로 기대한다(전성우, 2013: 262-265).

2) 카리스마적 정치가에 의한 통제

베버는 관료제가 화석화되는 것을 막는 데서 돌파구를 찾고자 한다. 그에 따르면, "국가는 일정한 영토 안에서 정당한 물리적 폭력의 독점을 (성공적으로) 주장하는 인간 공동체이다(Weber, 2004: 33)." 근대국가에서 관료제가 실질적으로 지배력을 행사하는 것이 필연적이며 불가피하다는 것이다. 실제로 "권력은 의회에서의 연설도 군주의 선언도 아닌 행정의 일상적인 업무를 통해 행사되기 때문이다(Weber, 1968: 1393)." 베버는 당대의 독일 사회가 처한 가장 중요한 문제를 정치의 부재, 혹은 관료제에 의한 지배에서 찾는다. 따라서 그는 '정치'가 문제해결의 열쇠를 쥐고 있다고 생각한다.[2] 정치를 통한 관료제의 일상성 극복은 '비일상적인 카리스마의 일상화'를 의미한다. 이는 카리스마적 지배가 합법적 지배와는 달리 창의적이고 혁신적인 성격을 갖는다는 믿음에 기초한다(Mommsen, 1989). '비일상적 카리스마의 일상화' 논리는 정치가와 행정인의 차이를 명확히 인식하는 데서 출발한다.

> 순수한 행정인은 그의 직업적 소명에 따라 정치적으로 적극적이어서는 안 되고, 무엇보다도 공정하게(impartially) 행정을 수행해야 한다. … '분노도 편견도 없이(Sine ira et studio)'라는 말은 행정인이 의무를 수행하는 데 있어 모토가 되어야 한다. 따라서 그는 정치가들이 항상 필연적으로 투쟁하기 위해 해야 하는 것을 행해서는 안 된다. … 투쟁, 열정―분노와 편견―은 정치가, 특히 정치적 리더의 속성이다. 그의 활동은 전혀 다른 책임의 원리, 즉 행정인의 경우와 정반대되는 원리를 따른다. 행정인이 명령을 받을 때, 그의 명예는 자신의 상관의 책임 하

---

2) Weber는 정치를 '권력에 참여하려는 노력 또는 권력분배에 대해 영향력을 행사하고자 하는 노력'으로 이해한다(Weber, 2004: 33).

에 그 명령이 마치 자신의 신념과 일치하는 것처럼 양심적으로 그리고 정확하게 그것을 수행하는 능력에 있다. 이것은 그 명령이 자신에게 옳지 않은 것으로 보일 때조차, 그리고 그의 저항에도 불구하고 상관이 그의 복종을 요구하는 경우에도 마찬가지이다. … 반면에 정치적 리더의 명예는 오직 자기 자신의 책임―그 책임은 거부될 수도 없으며, 다른 누구에게 전가할 수도 없다―에 따라 행동하는 데 있다. 정치적 관점에서 무책임하게 행동하는 사람은 바로 높은 도덕적 위상을 가지고 있는 공무원(행정인)들이다. 따라서 그들은 윤리적으로 열등한 종류의 정치가들이라고 하겠다. 불행하게도 독일에서 그들은 지속적으로 주도적인 지위를 점하고 있다. 그것이 소위 '행정인에 의한 통치'라는 것이다(Weber, 2004: 53-54).

정치가는 목적합리성을 추구한다. 즉 그는 스스로 목적을 정하고 최선의 수단으로 그것을 추구하는 의지의 자유를 실현한다. 그런 의미에서 정치가는 합리적이며 자유로운 사람이다. 따라서 정치가는 행위의 결과에 책임을 지는 책임윤리를 실현할 수 있다. 이에 반해 행정인은 목적합리성을 추구하는 주체가 아니다. 행정인은 단지 주어진 명령에 복종해야 하기 때문에 스스로 이성을 사용하는 능력을 전제하는 합리성의 주체가 될 수 없다. 다만 형식적 합리성에 기초해서 주어진 목적을 실현할 수 있을 뿐이다. 따라서 베버는 자유의지에 따라 목적합리성을 추구하는 정치가를 카리스마적 지배를 위한 주체로 인식한다. 그는 카리스마가 있는 정치적 리더를 배출하는 정치체제로 민주적 선거에 기초한 대의제를 추천한다. 한마디로 카리스마가 있는 정치적 리더가 관료제를 개혁적으로 관리하는 것이 핵심이다. 이를 통해서 관료제의 도구적 속성, 특권집단화 가능성 그리고 관료의 계급 편향성을 통제할 수 있다는 것이다.

3) 시민의 정치적 참여

정치적 자유는 카리스마적 지도자만이 향유할 수 있는 것일까?[3] 베버는 중세의

---

3) 베버의 자유개념은 획일적이지 않다. 다시 말해서 맥락에 따라 다르게 설명된다. 크게 세 개의 차원에서 자유를 설명할 수 있다. "첫째, 경제적 개인주의: 개인이 지배권을 갖는 사유재산에 의해 보장되는 독립적인 활동영역의 보유. 둘째, 시민적 자유와 정치적 자유: 개인에게 보장된 권리들과 헌법적 법의 지배. 셋째, 개인적 자율이나 책임과 같은 보다 내적인 개념: 삶을 자연적 사건처럼 흘러

자치도시에서 근대적 자유의 기원을 추적한 바 있다(Palonen, 1999). 중세도시는 상업
과 무역의 단위이다. 따라서 유럽의 시민들은 경제적 인간이라고 할 수 있다.[4] 그렇
다고 시민이 탈정치적이라는 의미는 아니다. 시민들은 정치적으로 행동할 기회를 항
상 가지고 있었다. "도시의 공기는 자유를 준다"는 말은 도시가 농노에게는 노예상태
로부터 해방의 기회를 제공한다는 것을 의미하며, 제국의 지배에 대한 도시의 저항
을 상징한다. 따라서 정치적으로 행동할 권리는 도시의 경제단위에 속함으로써 획득
된다. 베버는 근대인이 경제적 인간으로서의 특성을 갖기 때문에 탈정치화될 가능성
에 대해 염려한다. 그는 대의제정부체제를 옹호했지만, 정치가 직업적 정치가들의 독
점물이 되는 것을 원하지는 않았다. 왜냐하면 대의제는 정치적으로 의식이 있는 시
민을 전제로 하기 때문이다. 따라서 ≪직업으로서의 정치≫에서 그는 '직업적 정치가
' 뿐만 아니라 '임시적 정치가(occasional politician)'에 대해서도 주목한다(Weber, 2004:
39). 임시적 정치가는 때때로 정치에 참여하는 사람, 직업적 정치가를 통제하기 위해
혹은 스스로가 직업적 정치인이 되기 위해 언제든 참여할 기회가 있는 사람을 의미
한다. 이러한 의미에서 '시민'은 '임시적 정치가'로서 정의될 수 있다.[5] 베버는 정치
적 행위가 의무가 아닌 자발적인 선택에 의해 이루어질 때, 진정한 의미의 정치적 자
유를 말할 수 있다고 본다. 즉 시민이 강제적 의무가 아니라 '자발적 결단'에 따라 직
업적 정치가나 임시적 정치가가 되는 경우에 정치적 자유를 향유한다고 말할 수 있
다. 이러한 의미에서 보면, 베버의 정치적 자유는 벌린(I. Berlin)이 말하는 소극적 자
유나 적극적 자유의 범주로는 설명하기 어렵다. 콩스탕(B. Constant)의 고대적 자유와

가게 하는 것이 아니라 영혼이 실존의 의미를 선택하는 궁극적인 결정들의 연속으로 다루는 능력
(Beetham, 1985: 47-48)."

4) "특히 중세적인 도시유형, 즉 수공업자 중심의 내륙도시는 전적으로 경제적인 정향을 띠고 있었다.
… 고대에는 중무장 보병부대와 그것의 훈련 그리고 군사적 이해관계가 점차적으로 도시 조직 전
체의 주축이 되었다. 반면 중세에는 시민들이 국방에 복무하는 군사적 의무가 한정되면서 대부분
의 시민 특권들이 시작되었다. 중세 도시인들의 경제적 이해관계는 상업과 무역을 통한 평화적인
수입에 있었다. 그리고 이것은 더 낮은 계층의 도시 시민들에게 가장 분명하게 나타났다. … 중세
도시인들의 정치적 상황은 그들의 행로를 결정했고 그것은 경제적 인간(homo economicus)의 길
이었다. 반면 고대 폴리스는 그 전성기 동안 기술적으로 가장 발전된 군사조직으로서의 성격을 띠
고 있었다. 고대 도시인은 정치적 인간(homo politicus)이었다(Weber, 1968: 1353-1354)."

5) 칸트는 자립성을 기준으로 능동적 시민(active citizen)과 수동적 시민(passive citizen)을 구분한다.
자립성은 자신의 이성을 공적으로 사용할 수 있는 능력을 의미한다. 투표를 하거나 공적으로 사람
들에게 자신의 의견을 말할 수 있는 능력이 능동적 시민의 조건이다(Kant, 1991: §46). 베버의 임시
적 정치가는 바로 능동적 시민을 의미하는 것이다.

근대적 자유의 범주에 따르면, 베버의 정치적 자유는 후자에 가까운 것으로 볼 수 있다. 고대적 자유는 집단권력에의 의무적 참여를 의미한다. 개인의 자유는 공동체 전체에 복속된다. 베버에게는 이러한 의미의 자유관을 찾아보기 어렵다. 근대적 자유는 개인의 자립성(독립성)을 강조하고, 자의적 통치에 대해 저항하는 것을 골자로 한다. 그렇다고 소극적으로 개인의 권리를 지키는 데 만족하는 것이 아니라 자발적으로 정치에 참여함으로써 정치적 자유가 실현되는 측면을 강조하는 데서 베버의 자유관이 갖는 특성을 찾아 볼 수 있다.

미헬스(R. Michels): 과두제로서 관료제

Robert Michels
1876-1936

로베르트 미헬스는 독일에서 태어난 이탈리아 사회학자로서 지적 엘리트들의 정치적 행태를 기술함으로써 엘리트 이론의 발전에 기여하였다. 그는 이탈리아의 엘리트주의 학파에 속한다. 그의 대표저작은 《정당론 *Political Parties*》이다. 이 책에는 '과두제의 철칙'에 대한 내용이 담겨있다. 그는 베버, 좀바르트(Werner Sombart)의 친구이자 추종자였다. 정치적으로 그는 독일의 사회민주당에서 이탈리아의 혁명적 생티컬리스트파를 지지하는 이탈리아 사회당으로 옮겼다. 그 이후 그는 좀 더 민주적인 사회주의라고 생각했던 이탈리아의 파시즘으로 입장을 바꾼다. 그의 사상은 급진적인 정치집단들이 기존의 정치체제에 포섭되는 과정을 설명하는 온건화이론(moderation theory)의 토대를 제공하였다.

미헬스는 《정당론: 근대민주주의의 과두제적 경향에 관한 사회학적 연구(1915)》에서 '과두제의 철칙(iron law of oligarchy)'을 제시한다. 과두제의 철칙은 "모든 조직은 필연적으로 소수의 엘리트에 의해 지배된다"는 사회학적 명제이다. 민주적인 이념과 실천을 추구하는 조직이라고 해서 예외일 수는 없다. "조직은 과두제화의 경향을 보인다. 정당이건 직업조합이건, 아니면 다른 종류의 결사체이건 모든 조직에서는 귀족주의적인 경향이 명백히 나타난다. 조직의 메커니즘은 구조의 견고성을 다지면서 지배자와 피지배자의 위치를 완전히 뒤바꿔버림으로써 조직화된 대중에 근본적인 변화를 야기한다. 결국 모든 정당이나 직업조합은 소수의 지배자와 다수의 피지배자로 분화된다(Michels, 1915: 32)." 따라서 한마디로 "조직에 대해 말하는 사람은 과두제에 대해 말하는 것이다(Michels, 1915: 401)."

조직은 왜 과두제, 즉 소수 엘리트에 의한 지배체제로 전환되는가? 미헬스는 조직의 생리 자체에서 그 이유를 찾는다. "모든 종류의 인간 조직에는 내재적인 과두제화의 경향이 존재한다(Michels, 1915: 11). … 다수의 인간은 … 소수의 지배에 복속해야 하는 비극적 필연성에 의해 운명지어져 있다. … 과두제는 거대한 사회조직들의 공동생활에 예정된 형태이다(Michels, 1915: 390)." 여기에서 '내재적, 필연성, 예정된'이라는 말에 주목할 필요가 있다. 조직이 과두제로 전환되는 과정은 다음과 같이 정식화된다. "관료제가 나타난다. 관료제가 나타나면, 권력이 발생한다. 권력이 발생하면, 권력은 부패한다(Leach, 2005: 313)." 미헬스에 따르면, 조직의 규모가 커지게 되면, 그 조직은 관료제가 된다. 그리고 관료제에서는 권력이 집중되는데, 집중된 권력은 결국 부패하게 된다는 것이다. 이러한 논리에 따르면, 미헬스는 관료제를 과두제로 이해하고 있다고 할 수 있다.

미헬스가 관료제를 본격적으로 이론화하지는 않았으나 단편적인 논의들을 모아보면, '복종, 개별 구성원들의 조화로운 협력, 계층적 관계, 지시, 행위의 적절성, 노동의 분업'(Michels, 1915: 373) 등을 관료제의 기본적인 특성으로 이해하고 있는 것으로 보인다. 이들은 기업이나 정부의 관료조직에서 발견할 수 있는 일반적인 특성들이다. 미헬스는 과두제의 철칙을 논증하기 위해 이미 과두제가 내재화된 기존의 관료제에 주목하기보다는 민주적인 조직들이 과두제로 변질되는 과정에 초점을 맞춘다. 그래서 그는 민주주의를 추구하는 독일의 사민당이나 구성원들의 직접적인 참여를 특징으로 하는 노동조합과 같은 비관료제적인 조직들을 사례로 하여 관료제화 과정을 논의한다.

미헬스는 관료제가 등장하는 계기를 정당조직의 '성장'에서 찾는다(Michels, 1915: 33-34). 정당조직은 본래 모든 구성원들의 평등과 민주적 참여를 특징으로 한다. 정당의 리더는 단지 일반 구성원들의 명령을 수행하는 피고용인, 즉 집행인에 불과하다. 정당은 다른 정당들과의 경쟁 격화나 국민들의 요구 증폭과 같은 환경의 변화에 대처하는 과정에서 발전하게 된다. 조직의 발전이나 성장은 두 가지 측면에서 볼 수 있는데, 하나는 단순히 조직 구성원의 수가 양적으로 증가하는 것이고, 다른 하나는 사회변화에 대처하는 능력 혹은 업무를 처리하는 능력이 고도화되는 것이다. 미헬스는 두 가지 모두를 염두에 두고는 있으나, 후자의 경우를 더 의미 있게 다룬다. 업무 처리능력의 고도화는 분업과 전문화를 필요로 한다. 정당은 다양한 위원회로 분화되고, 배치된 위원들은 전문화된다.

리더의 기능 역시 전문화된다. 조직이 발전하면, 리더십 역시 발전하며 더욱더 강해지고, 더욱더 중요해진다. "모든 거대조직에서 필연적으로 발생하는 기술적 전문화는 소위 전문 리더십을 요구한다. 결과적으로 의사결정권은 리더십의 고유한 특성들 가운데 하나로 고려되고, 점차적으로 일반 구성원들에게서 떨어져가, 리더들의 수중에만 집중된다. 따라서 처음에는 단지 집단의지의 집행기관에 불과했던 리더들은 곧 일반 구성원들로부터 자신들을 해방시키고, 그들의 통제로부터 자유로운 존재가 된다(Michels, 1915: 31-32)." 리더들이 전문화된다는 것은 권력이 강화된다는 것을 의미한다. 리더들이 특정 분야에서 전문성을 독점하게 되면, 일반 구성원들은 그들의 결정에 의존할 수밖에 없다. 따라서 리더들은 일반구성원을 통제할 수 있게 된다. 리더들은 전문화되면 될수록 더욱더 면직시킬 수 없게 되기 때문에, 더욱 안전하게 된다. 그만큼 리더들은 일반 구성원들의 의지를 대변하지 않게 된다. "민주주의에게 전문적 리더십의 첫 출현은 종말의 시작을 의미한다. 이는 무엇보다도 의회에서건 당의 대표단에서건 '대의'체제의 논리적 불가능성 때문이다. … 자신의 주권을 위임한 대중은, 다시 말해서 자신의 주권을 소수의 사람들에게 양도한 대중은 자신의 주권 행사를 포기하는 것이다. 왜냐하면 인민의 의지는 양도할 수 없으며, 심지어 한 개인의 의지조차도 양도할 수 없는 것이기 때문이다(Michels, 1915: 36-37)." 미헬스는 이러한 현상을 보나파르티즘(Bonapartism)이라 부른다. 그것은 집단의지 속에서 발생하는 개인지배의 원리, 즉 개인이 집단의지로부터 자신을 해방시키고 주권자가 되는 원리를 말한다(Michels, 1915: 216-217).

조직이 성장하면서 분화와 전문화가 고도화되고, 리더에게 권력이 집중됨으로서 엄밀한 의미의 '계층적 관료제'가 형성된다(Michels, 1915: 34). 그렇다면 이러한 관료제화 혹은 과두제화는 어떠한 결과를 가져오는가?

첫째, 과두제는 리더와 일반구성원들에게서 심리적인 변화를 일으킨다. 리더는 권력을 행사함으로써 자신이 위대하다는 근거 없는 믿음을 갖게 되고, 자신의 권력을 더욱더 공고히 하고 확장하고자 한다(Michels, 1915: 206-207). 이를 위해 리더들은 일반 구성원들에 비해 상대적으로 많이 부여된 고급 정보에 접근할 수 있는 기회, 재정을 활용할 수 있는 기회, 조직 내의 의사소통과정을 관리할 수 있는 기회 등을 활용한다. 일반 구성원들은 '무관심'의 늪에 빠지게 된다(Michels, 1915: 205). 리더들이 등장한 이후 조직에 대한 일반 구성원들의 관심과 참여가 현저하게 저하되는 무관심화 경향이 나타나는데, 이것이 리더들의 과두제적 행위를 유발하게 된다는 것이다.

둘째, 과두제는 목표대치(goal displacement)를 야기한다. 목표대치는 수단이 목표로 변질되는 현상을 말한다. 미헬스는 정당이 과두제화되는 현상 자체를 설명하는데 초점을 맞추고 있다기보다는 과두제적으로 조직화된 정당(독일 사민당)이 진정으로 사회주의적인 정책을 추구할 수 없다는 것을 보여주는 데 초점을 맞추고 있다. "정당에서는 정당을 형성하기 위해 결합하였던 대중들의 이해관계가 정당이 인격화된 관료제의 이해관계와 일치할 것인지 분명하지 않다. 피고용인들 전체의 이해관계는 항상 보수적이다. 그리고 특정한 정치적 상황에서 이러한 이해관계는 노동계급의 이해관계가 과감하고 공격적인 정책을 요구할 때, 방어적이고 심지어는 반동적인 정책을 지시한다. 아주 드문 경우이기는 하지만, 이러한 입장들이 서로 바뀌는 경우도 있다. 보편적으로 적용할 수 있는 사회적 법칙에 의하면, 노동 분업의 필요에 따라 존재하게 된 모든 집단의 기관들이 공고화되면, 그것들은 자신에게 고유한 이해관계를 스스로 창출한다. 이러한 특별한 이해관계의 존재는 집단의 이해관계와 필연적으로 갈등하게 된다. 아니 그게 아니라 특수한 기능들을 수행하는 사회계층들은 고립되는 경향, 즉 그들 자신의 고유한 이해관계를 방어하는 데 적합한 기관들을 만들어내는 경향이 있다(Michels, 1915: 389)."

셋째, 과두제는 개인의 자유를 심각하게 위협하며, 관료제적 인간상을 만들어낸다. "관료제는 개인적 자유에 대한 공공연한 적이며, 정책의 문제에 있어서 모든 과감한 창의성에 대한 공공연한 적이다. 평균적인 피고용인을 특징짓는 상위의 권위에 대한 의존성은 개성을 억압하며, 피고용인들이 수적으로 우세한 사회에 편협한 소부르주아적이고 속물적인 흔적을 남긴다. 관료주의적 정신은 품성을 타락시키고, 도덕적 빈곤을 야기한다. 모든 관료제에서 우리는 자리사냥, 승진에 대한 열망, 승진에 영향을 미치는 사람들에 대한 아부를 관찰할 수 있다. 거기에는 열등한 자들에 대한 오만과 우월한 자들에 대한 비굴이 있다. … 우리는 관료제가 그것의 열망, 그것의 의무감, 그리고 그것의 헌신에 의해 더욱더 두드러지게 되면, 그 자체가 옹졸하고,

편협하며, 경직되고, 반자유적이라는 것이 더욱더 잘 보이게 될 것이라고 말 할 수 있을 것이다(Michels, 1915: 189)."

VI 미제스(Ludwig von Mises): 관리방식으로서 관료제

루드비히 폰 미제스는 오스트리아 학파 경제학자, 역사학자, 사회학자였다. 그는 고전적 자유주의가 사회에 기여한 부분에 대해 폭넓게 저술하고 강의하였다. 그는 인간의 선택과 행위를 연구하는 인간행동학(praxeology)의 대가였다. 미제스는 1940년에 오스트리아에서 미국으로 이민하였다. 20세기 중반 이후로 자유주의 운동은 미제스의 저작들에 크게 영향을 받았다. 미제스의 학생이었던 프리드리히 하이에크(Friedrich Hayek)는 미제스를 전후시기에 고전적 자유주의의 복원에 가장 크게 기여한 인물로 보았다.

Ludwig von Mises
1881-1973

미제스의 관료제 담론은 체제를 놓고 벌이는 전지구적 정치투쟁의 맥락에서 등장한다. "오늘날의 정치적 투쟁들에서 주요 쟁점은 사회가 생산수단의 사적 소유에 토대를 두고 조직되어야 하느냐(자본주의, 시장체제) 아니면 생산수단의 공적 통제에 토대를 두고 조직되어야 하느냐(사회주의, 공산주의, 계획경제)이다(Mises, 2012: 31)." 미제스는 20세기 초부터 전지구적 수준에서 사회주의화가 진행되고 있다는 점, 요컨대 국가의 개입이 양적 질적으로 확대되고 강화되고 있다는 점, 그리고 그러한 경향이 개인의 자유로운 선택에 의존하면서 동시에 개인의 자유를 신장시키는 시장체제에 위험한 결과를 가져올 수 있다는 점에 주목한다. 그는 이를 논증하기 위해 사회적으로 거스를 수 없는 조직의 원리로 비춰지고 있는 관료제에 초점을 맞춘다.

미제스는 관료제 그 자체가 선한 것인지 아니면 악한 것인지를 따지는 데 관심의 초점을 맞추고 있는 것이 아니다. 그에 따르면, 사회조직은 이익을 추구하는 개인의 자발적인 선택에 의존하는 '이윤관리방식(profit-management)'이나 규칙 및 통제에 의존하는 '관료제적 관리방식(bureaucratic management)'으로 관리될 수 있다. 그리고 각각의 관리방식은 사회조직의 영역에 따라 달리 적용되어야 한다는 것이다. 요컨대 정부조직에는 관료제적 관리방식이 적용되어야 하고, 기업조직에는 이윤관리방식이 적용되어야 한다는 것이다. 그러니까 미제스는 관료제를 일종의 중립적인 관리방식으로 이해하면서 그것이 적용되거나 적용되어서는 안 되는 영역의 문제에 초점을 맞추고 있는 것이다. "정부는 관청들과 관료적 방식들 없이 유지될 수 없다. 그리고 정부가 없이는 사회적 협동이 작동할 수 없으므로 어느 정도의 관료제는 필수불가결하다. 사람들이 분개하는 것은 관료주의 그 자체가 아니라 관료제가 인간 생활과 활동의 모든 영역에 침투하는 점이다. 관료제의 침입에 대항하는 투쟁은 본질적으로 전체주의적 독재정부에 대한 반기다. 자유와 민주주의를 위한 투쟁을 관료제에 대한 투쟁으로 명명하는 것은 오칭(誤稱)이다(Mises, 2012: 44)."

관료제적 관리는 어떠한 방식의 관리를 말하는 것인가? 미제스는 규칙과 통제 혹은 명령과 복종을 기본으로 하는 관리방식을 관료제적 관리로 규정한다. "관료제적 관리는 상위 조직체의 권한에 의해 정해지는 세세한 규칙과 규정을 따르게 되어 있는 관리다. 관료의 임무는 이러한 규칙과 규정이 자기에게 하라고 지시하는 것을 수행하는 것이다. 그가 자기 자신의 최상의 확신에 따라 행동할 재량은 규칙과 규정에 의해 심하게 제한된다(Mises, 2012: 89)." 미제스는 공공행정이 이루어지는 정부조직에서는 관료제적 관리방식이 적합하다고 본다. 이윤관리방식은 경제적 계산이 가능한 경우에 적합한 관리방식이다. 화폐가치로 표현되는 가격이나 가치가 행위의 기준이 될 수 있기 때문이다. 그에 반해 규칙과 통제를 기본 도구로 하는 관료제적 관리방식은 경제적 계산이 불가능한 경우에 적합한 관리방식이다. "관료제적 관리란 결과가 시장에서 현금 가치를 가지지 않는 행정 업무의 처리에 적용되는 방식이다(Mises, 2012: 91)." 공공행정의 목표들은 화폐가치로 측정될 수도 없으며, 회계방식으로 점검될 수도 없다. 공공행정에서는 수입과 지출 사이에 일정한 관계가 있는 것이 아니다. "공공관청은 돈을 쓰기만 한다. … 관세와 조세로부터 얻는 수입은 행정 기구에 의해 생산되는 것이 아니다. 그것의 원천은 법이지, 세무공무원과 징세자의 활동이 아니다(Mises, 2012: 91)." 그리고 공공행정에서는 실적을 표현할 수 있는 시장가격이 존재하지 않는다. 그렇다고 해서 공공행정이 가치가 없다는 것을 말하는 것이 아니다. 다만 화폐가치로 표현이 불가능하다는 점을 말하는 것이다.

이러한 의미에서 미제스는 기업과 정부의 효율을 비교하는 것은 잘못된 일이라고 본다. "시장 요소들의 상호작용의 지배를 받는 기업의 작동과 정부 부서를 비교하여 정부 부서의 효율을 판단하는 것은 잘못이다(Mises, 2012: 93-94)." 정부의 효율과 기업의 효율은 전혀 다른 것이기 때문이다. 따라서 공장이 경찰서를 모델로 삼는다고 해서 관리가 개선될 수 없는 것과 마찬가지로 세무서가 자동차 공장을 모델로 삼는다고 해서 관리가 개선될 수는 없을 것이다. 이러한 의미에서 미제스는 정부의 개혁이 기업을 모델로 해서 이루어지는 것은 근본적인 오류를 범하는 것이라고 본다. "어떤 개혁도 공공 사무소를 일종의 사기업으로 바꿀 수는 없다. 정부는 이윤추구 기업이 아니다. 정부 운영은 손익계산서로 점검될 수 없다. 그것의 업적은 화폐로 평가될 수 없다. 이 점은 어떠한 관료제 문제 처리에도 근본적이다(Mises, 2012: 100)."

미제스는 관료제적 관리방식에 수반되는 몇 가지 난점들에 주목한다. 첫째, 관료의 채용과 승진과정에서 고려되는 학교졸업장, 시험, 근무연한 등이 관료 개인의 능력을 보장할 수 없다는 것이다. 따라서 관료제적 관리방식을 따르게 되면, 때때로 유능한 사람들이 자리를 얻는 것을 막을 수도 있으며, 전적으로 무능한 사람이 임명되는 것을 막지 못하는 경우도 발생할 수 있다(Mises, 2012: 103-104).

둘째, 목표와 수단이 전도되는 현상이 발생할 수 있다는 것이다. 관료제적 관리방식이 의존하는 규칙은 일을 잘 처리하기 위한 수단이다. 그런데 관료들은 일을 잘 처리하는 것보다는 규칙을 지키는 것을 더 중요하게 여기게 된다는 것이다. 관료들은 "자신들이 할 일이 부과된 임무를 잘 수행하는 것이라는 사실을 잊어버린다(Mises, 2012: 104)."

셋째, 관료들은 경직된 보수주의 성향을 체화하게 된다는 것이다. "공무원제도에서 고위직으로의 승진은 주로 연공서열에 따른다. 관청의 장들은 몇 년 뒤에 자신들이 퇴직할 것임을 아는 나이 든 사람들이다. 자신들의 생애 태반을 하위직에서 보냈으므로 그들은 활력과 창의력을 잃어버렸다. 그들은 혁신과 개선을 피한다(Mises, 2012: 104)."

넷째, 관료의 임무수행의 성공과 실패를 확인할 수 있는 분명한 기준이 존재하지 않는다. 이는 관료의 "야망을 죽이고, 창의성과 최소한의 필요 이상으로 일을 할 유인을 파괴한다. 그것은 관료로 하여금 물질적이고 실질적인 성공이 아니라, 지시를 쳐다보게 만든다(Mises, 2012: 105)."

다섯째, 관료는 계급제에 기초한 상하 간의 인간적 관계의 굴레에서 벗어나기 어렵다. 이는 관료의 전인적인 복종과 정치적 편향성을 유인한다. "관료들의 지적 지평은 계급제와 그것의 규칙 및 규정이었다. 그들의 운명은 전적으로 상급자들의 호의에 의존하게 되었다. 그들은 근무 중에만 상급자들의 영향력 아래 놓여있는 것이 아니었다. 그들의 사적 활동도 역시 — 심지어 부인들의 사적 활동도 — 그들의 직위의 위엄과 공무원에 어울리는 특별한 — 불문율의 — 행동규범에 적합한 것이어야 했다. 그들은 집권하고 있는 내각 장관들의 정치적 견해를 보증할 것이 기대되었다. 하여간 야당을 지지할 자유는 현저하게 축소되었다(Mises, 2012: 102-103)."

미제스가 우려하는 것은 관료제적 관리방식에 의해 기업조직이 오염되는 것이다. 그에 따르면, 사회주의나 전체주의체제는 관료제적 관리방식이 사회의 모든 영역에 침투하여 개인의 자유를 철저하게 억압할 가능성이 매우 높은 체제라는 것이다. 이러한 체제들은 소위 '국가숭배의 철학'을 그 기초로 한다는 것이다. 국가주의 철학에 의하면, "정치적 갈등은 더 이상 인간집단들 사이의 투쟁으로 간주되지 않는다. 그것은 두 원칙, 선과 악 사이의 전쟁으로 간주된다. 선은 영원한 도덕이념의 구현체인 위대한 신국가(神國家: god State)에 체현되어 있으며, 악은 이기적 인간의 천박한 개인주의에 체화되어 있다. 이러한 대립에서 국가는 항상 옳고 개인은 항상 그르다. 국가는 공공복리의 대표이며, 정의, 문명, 우월한 지혜의 대표이다. 개인은 불쌍한 놈, 사악한 바보이다(Mises, 2012: 141-142)." 미제스는 히틀러와 무솔리니의 우익전체주의나 사회주의라 불리는 스탈린의 좌익전체주의를 국가주의 철학을 토대로 하는 체제의 전형으로 생각한다. 국가주의를 철학적 토대로 하는 체제의 관료들은 신의 계시를 추종하는 사도의 이미지를 스스로 갖게 된다. "선의의 공직자의 진정성을 의심하지 말자. 그는 민중의 이기심에 대항해서 자신의 우상을 위해 싸우는 것이 자신의 신성한 의무라는 생각으로 완전히 물들어 있다. 그는, 자기 생각에, 영원한 신법(神法: divine law)의 옹호자다. 그는 개인주의의 옹호자들이 성문율로 작성한 인간의 법에 자신이 도덕적으로 구속되지 않는다고 여긴다. 인간은 신, 국가의 진정한 법을 바꿀 수 없다. 개개의 국민은 자기 나라의 법들 중 하나를 어길 때 마땅히 처벌을 받아야 하는 범죄자다. 그러나 만약 공직자가 국가의 이익을 위하느라고 정당하게 반포된 국법을 위반한다면 그것은 전혀 다른 문제다. 반동적인 법원들의 견해에 따르면, 그는 기술적으로 위반의 죄를 범했을지 모른다. 그러나 더 높은 도덕적 의미에서 그는 옳았다. 그는 신법을 위반하지 않도록 인간의 법을 위반했다. 이것이 관료주의 철학의 본질이다. 성문법은 공직자의 눈에는 사회의 공정한 요구에 반해 악한들을 보호하기 위해 세워진 장벽이다(Mises, 2012: 142-143)."

　미제스에 따르면, 관료제적 관리방식은 선하지도 악하지도 않다. 다만 그것이 전체주의체제나 사회주의체제에서처럼 정부활동에 국한되지 않고 사회의 모든 영역으로 확장될 때, 문제가 생긴다는 것이다. 그러한 의미에서 그는 타도되어야 할 것은 관료제가 아니라 관료제적 관리방식의 끝없는 확장을 도모하는 체제라고 본다. 그리고 민주주의체제에서는 관료제적 관리방식이 합당한 영역에서 적절하게 적용될 수 있다고 본다. 민주주의체제에서는 개인의 권리를 보호하기 위해 법으로 강압과 강제를 사용할 수 있는 유일한 제도인 국가를 제한할 수 있다는 것이다. 다시 말해서 미제스는 개인의 자유가 보장되는 시장의 영역이 관료제적 관리방식에 의해 오염될 가능성을 최소화하는 길은 민주주의체제를 강고히 하는 것이라고 본다.

CHAPTER 03

관료제의 유형

I 민츠버그(H. Minzberg)의 조직 유형

1. 조직의 기본구조

민츠버그(1979)에 따르면, 모든 조직은 여섯 가지의 부분들로 구성된다. 첫째는

그림 3-1 조직의 기본구조

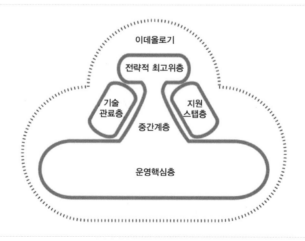

전략적 최고위층(Strategic Apex)으로서 조직의 최종적인 의사결정을 담당하고 조직의 전체적인 방향성을 제시한다. 둘째는 중간계층(Middle Line)으로서 조직의 각 기능들이 원활하게 작동할 수 있도록 관리하는 중간관리자의 역할을 수행한다. 셋째는 기술관료층(Techno-Structure)으로서 조직 자체의 구조를 설계하고 운영 프로세스를 구축하는 역할을 수행한다. 넷째는 지원 스탭층(Support Staff)으로서 운영 프로세스 이외의 업무, 즉 인사, 법무, 총무의 업무를 담당한다. 다섯째는 운영핵심층(Operating Core)으로서 운영 프로세스 상에서 구매나 제조 판매 등과 같은 실제적인 일을 수행한다. 여섯째는 이데올로기로서 조직 구성원들이 공유하는 무형의 가치관을 의미한다. 부문별로 지향하는 가치를 보면, 전략적 최고위층은 중앙집권을, 중간계층은 적절한 분업과 관리를, 기술관료층은 모든 작업과정의 표준화를, 지원 스탭층은 상이한 조직의 기능들 간의 협력을, 운영핵심층은 분업화와 전문화를 지향한다.

2. 조직의 유형

민츠버그는 이데올로기를 제외한 다섯 가지 부문들이 어떤 구성비로 이루어지는가에 따라 조직유형을 다섯 가지로 분류한다.

1) 단순조직(Simple Structure)

단순조직은 조직의 중간계층(기술관료, 지원스탭, 중간관리자)이 없거나 적은 형태이다. 조직이 정형화되지 않은 초기에 주로 나타나며, 상대적으로 전략적 최고위층에 대한 의존도가 높다. 따라서 최고위층의 의사결정에 따라 움직임이 빠른 장점이 있지만, 그 결정이 잘못되었을 경우에 위험성이 높고, 그 결정이 실행되는 과정의 효율성이 떨어지는 단점이 있다.

2) 기계 관료제(Machine Bureaucracy)

기계관료제는 반복 업무가 많은 경우에 나타나는 유형이다. 이는 중간계층이 매우 비대한 형태로서, 조직의 운영 프로세스를 고도로 표준화시킨 경우이다. 대표적인 예로 군대를 들 수 있다. 기계 관료제에서는 조직의 모든 업무가 표준화되어 운영되며, 정해진 업무의 효율성을 제고하는 데 최적화된 형태이다.

3) 전문 관료제(Professional Bureaucracy)

전문 관료제는 표준화하기가 힘든 업무, 디자인이라든지 컨설팅과 같은 개인의 전문성에 의존하는 조직에서 나타난다. 업무의 표준화가 어려운 만큼 기술관료가 적은 반면, 개인의 전문성을 극대화시키고 지원하기 위한 지원 스탭 조직이 크다.

4) 사업부제 조직(Divisionalized Form)

사업부제 조직은 주로 기업집단에서 나타나는 형태이다. 커다란 조직 안에 여러 개의 기계 관료제 조직들이 독립적으로 운영된다. 수평적 확장을 진행한 경우 제품, 서비스별 독립운영을 시행할 때 나타나기도 한다. 각 하위조직 별로 표준화가 독자적으로 진행되며, 조직 간 관계의 표준화가 쉽지 않기 때문에 상위조직의 기술관료 조직은 작다.

5) 애드호크러시(Adhocracy)

애드호크러시는 빠르고 혁신적인 기능에 집중된 조직으로서 기존 조직에서 임시적으로 형성된 조직에서 나타난다. 에드호크러시에서는 구조적으로 중간계층이 기술

표 3-1 Mintzberg의 조직유형

유형	조정기제	조직의 핵심	집권 정도
단순조직	직접감독	전략적 최고위층	집권
기계관료제	작업 과정의 표준화	기술관료층	제한된 수평적 분권
전문관료제	작업 기술의 표준화	핵심운영층	수직적 수평적 분권
사업부제조직	산출의 표준화	중간계층	제한된 수직적 분권
애드호크러시	상호조정	(핵심운영층 중심)	선택적 분권

Minzberg(1979)

관료와 지원스탭의 역할을 겸한다. 자체적으로 운영핵심층을 지니고 있지 않은 만큼 무언가를 최종적으로 실행하는 조직이라기보다는 주로 그 실행을 위한 문제해결에 초점을 맞춘 조직유형이다.

II 메데이로스와 슈미트(J.A. Medeiros & D.E. Schmitt)의 유형

공공관료제는 계속해서 성장할 것이다. 그것이 행정의 무능력이 판치는 악몽 같은 미래를 가져올지 아니면 국민이 기회와 이익 그리고 양질의 서비스를 향유하는 장밋빛 미래를 가져올지 알 수 없다. 팽창하는 공공부문의 관료제가 개인의 자율성을 감소시키기는 하지만 그것의 계속적인 성장이 많은 문제를 해결함으로써 자유의 공간을 확장하는 데 도움을 줄 수도 있을 것이다. 메데이로스와 슈미트의 문제의식은 공공관료제가 도덕적으로 인간의 존엄성을 고려함과 동시에 책임감 있고 효과적인 방식으로 기능할 수 있는 가능성을 찾는 데 있다(Medeiros & D.E. Schmitt, 1986: 32). 그들은 관료제를 기계적 관료제, 인간적 관료제, 정치적 관료제로 분류하고 세 가지 유형의 관료제 각각이 추구하는 주요한 가치들이 현실에서 조화롭게 적용될 수 있는 가능성을 모색할 것을 요청한다.

1. 기계적 관료제

기계적 관료제는 기본적으로 공공정책을 형성하고 집행하는 기술과 절차의 유효성을 강조한다. 조직의 절차를 강조하는 이유는 기술적 가치가 확실하게 의사결정과정에 영향을 미치게 하기 위해서이다. 기계적 관료제의 핵심적인 가치는 전문성, 대안적 정책들의 측정, 객관적인 규칙의 형성, 과업 수행 등이다. 이러한 가치들은 세밀성, 적시성 그리고 능률에 대한 관심을 포함한다. 일반적으로 기계적 관료제는 권위의 계층적 흐름과 조직 내의 지식을 강조할 뿐만 아니라 산출 평가와 모든 에너지의 최대화를 강조한다.

2. 인간적 관료제

인간적 관료제는 기술적 요구와 가치를 넘어 인간적 가치와 인간 발전을 존중한다. 그것은 기본적으로 내적 욕구를 지향하는 것이지만 그 밑에 깔린 전제는 그러한 욕구를 만족시킴으로써 조직이 좀 더 효과적으로 외부 고객에 대처할 수 있게 한다는 것이다. 인간적 접근법의 옹호자들은 행정부와 접촉하는 시민들은 더욱 인간적으로, 또 더욱 민감하게 대우받게 될 것이며, 내적인 인간적 가치를 만족시킴으로써 더 큰 사회정의가 이루어질 수 있을 것이라고 생각한다. 하나의 사회적 단위인 조직의 건강과 생동력에 대한 관심이야말로 인간적 관료제가 추구하는 가치의 주요 속성이다. 인간적 접근법은 구성원의 창조적 발전과 활용을 향상시켜줄 수 있는 새로운 조직 형태나 전략뿐만 아니라 경력발전계획, 인간의 자유, 직무 확장과 직무 풍요화에 대해서도 강조한다.

3. 정치적 관료제

정치적 관료제의 주요 가치 중의 하나는 공무원은 정치적 요구의 정당성을 인식해야 한다는 것이다. 다시 말해서 공무원들은 관료제가 국민과 국민에 의해 선출되고 임명된 정치가들에 대하여 책임을 져야 한다는 것을 알고 있어야 한다. 민주주의 하에서 시민들은 적법절차에 따라 변덕스럽고 가혹한 처우로부터 보호받을 수 있다. 정책 문제와 관련하여 다양한 사회세력들이 서로 접근하는 것은 민주주의적 공공정책 형성의 필수적인 양상으로 인식되고 있다. 정치적 관료제의 가치들은 기관의 생존을 좌우하는 압력에 대한 반응성 이상으로 광범위한 것이다. 그것은 또한 시민에 대한 기회의 균등과 대안적이고 경쟁적인 정치적 가치의 정당성의 인식과도 관련된다. 더구나 그것은 공식적인 정치적 통제와 감독에 대한 인식을 촉진시키며, 공무원의 부패, 영향력 행사, 적대적 행위 등과 같은 행동을 견제하는 것이다. 그러므로 정치적 관료제의 가치들이란 조직으로 하여금 외부적 환경과 민주적으로 맞물릴 수 있게 해주는 광범위한 요소들을 지칭하는 것이다.

표 3-2 관료제 유형의 비교

	기계적 관료제	인간적 관료제	정치적 관료제
관심	조직의 능률 기계적 효과성 증대	공무원의 욕구 충족 가치 발전	정치적 이해관계의 다원성 정치적 기관에 대한 책임
문제점	• 조직 단위 간의 경쟁 • 비효과적인 관리 전략 • 능률성의 결여 • 계획의 효과성, 직원의 능률성을 결정하는 평가척도의 결여 • 기술의 결여	• 관리자와 노동자의 갈등 • 개인적 주체성 상실 • 공민적 주체성 상실 • 적은 의사결정 참여기회 • 부적절한 물질적 유인	• 행정의 과잉 집권화 • 책임감의 결여 • 공식적 정치적 통제의 부적절성 • 관료의 권한 남용에 대한 시민의 적절한 통제 부족
해결책	• 재조직 • 기관 간, 기관 내의 협조를 위한 구조적 장치 마련 • 기관 및 직원의 생산성 및 능률성 측정 • 목표관리 • 직원의 기술 증진	• 교육 훈련의 증대 • 새로운 관리 유형의 개발 • 임시조직의 유도 • 순환보직제도의 활용 • 물질적, 심리적 보상의 증대 • 피고용인의 권리장전 마련 • 직무의 풍요화	• 입법부의 감독기능 강화 • 시민참여의 제고 • 옴부즈만제도의 활용 • 분권화
이점	비정치적인 환경에서 기술과 전문성을 적용하여 조직목표를 능률적이고 효과적으로 달성할 수 있다.	조직목표의 달성을 위하여 심리적으로 건강한 사람들의 협동적 노력을 동원할 수 있다.	다양한 시민의 욕구와 공식적 정치기구에 대한 책임성을 확보할 수 있다.

Medeiros & Schmitt(1986: 33)

Ⅲ 프리츠 M. 마르크스(F.M. Marx)의 유형

프리츠 마르크스(1961)는 관료제를 수호적 관료제, 계급적 관료제, 정실주의 관료제, 실적주의 관료제로 분류한다. 수호적 관료제를 제외한 나머지 유형들은 인사의 성격에 따라 분류된 것이다.

1. 수호적 관료제(guardian bureaucracy)

수호적 관료제는 공익에 대한 헌신을 기본 원리로 한다. 플라톤의 철학에서 수호자는 단순히 지시를 받아 집행하는 자가 아니다. 그는 도시국가의 정의와 복지에 대한 이념을 내면화하고 그것을 실현하기 위해 헌신하는 자이다.

대표적인 예는 송나라(960년)가 등장하기까지의 중국 관료제와 17세기 후반과 18세기 초반 사이 브란덴부르크 프러시아의 관료제에서 찾아볼 수 있다. 중국의 관료제는 유교적 이념에 대한 이해와 신념을 바탕으로 인사를 관리하였으며, 그 교리를 실현하기 위해 노력하였다. 이러한 관료제는 시대의 풍조에 따라 변하지 않는 일체의 교리를 기본지침으로 삼았기 때문에 견고한 도덕적 기반을 발전시키고 보존할 수 있었다. 반면에 공공관리에 대한 의미 있는 책임을 지지 않는 관료, 말하자면 과거의 교훈을 맹종하는 관료제는 낡은 것을 우상화하기 쉽다. 따라서 관료제는 전통적이고 보수적이며 의례적이고 경직화되기 쉽다.

브란덴부르크 프러시아는 초기의 수호적 관료제를 통하여 공익관념이 강하게 반영된 중앙집권적인 정부를 수립하였다. 프러시아의 수호적 관료제는 왕과 같은 입장을 취하고 왕을 통하여 국민에게 봉사하면서 그 자체의 임무수행에 있어서 굽히지도 않았고 흔들리지도 않았으며 부패하지도 않았다. 공중과의 관계에 있어서는 자비로운 반면 권위적이었으며, 외부의 비판에 대해 무감각하였다. 이러한 이유로 관료들은 관료로서의 긍지를 갖게 되었다.

2. 계급적 관료제(Caste Bureaucracy)

계급적 관료제는 관료의 인사가 사회의 계급적 상황을 반영하여 이루어지는 경우를 말한다. 계급적 관료제에서 고위관료들은 주로 사회의 상류계급이나 부유층 출신이 독점한다. 이러한 계급관료제는 암암리에 존재하며 공인된 목적의 반영이라기보다는 사회의 지배질서를 반영하고 있기 때문에 많은 비난에도 불구하고 계속 존속한다. 그러나 중간계급의 영향력이 커지거나 사회에 계급의식이 희박해지면 계급적 관료제는 위협을 받게 된다.

계급적 관료제의 대표적인 예는 일본의 명치유신 이후의 관료제에서 볼 수 있다.

명치유신 직후에는 개혁의 정신이 압도하여 관료제가 수호적 관료제의 역할을 하였으나, 시간이 지남에 따라 공익의 향상에 대한 열정이 감퇴하여, 계급적 관료제가 그 뒤를 잇게 되었다. 계급적 관료제는 관료의 채용방식에서 비롯되었다. 고위관료가 되는 길은 동경제국대학에서 법률지식을 습득하는 것이다. 동경대학을 졸업하고 시험을 통과한 대부분의 사람들은 도시 중심부에 사는 부유한 가문출신이었다. 일본의 고위행정관료들은 국가가 발전함에 따라 하나의 거대 엘리트 집단 또는 하나의 지배적인 사회계급으로 성장하였다. 이들은 퇴직 이후 자신들의 위신을 유지하고 높이기 위해 정계로 진출하려고 하였다. 따라서 이들은 현직에 있을 때부터 유력 정치인들과 강한 유대를 형성하고자 노력하였다. 고위관료들은 정치권력에 쉽게 순종하였다. 더욱이 일본의 공공행정은 민중의 통제를 받지 않았다. 공공행정이 외부간섭을 받지 않으면 않을수록 관료제의 계급적 성격은 더욱 명확히 나타났다.

3. 정실주의 관료제(Patronage Bureaucracy)

정실주의 관료제는 관료의 인사가 장관, 의원, 정당인 또는 선거운동원의 추천에 의해 이루어지는 경우를 말한다. 정실주의 관료제는 정치권이 정부를 확실히 장악하여 국정을 운영해야 한다는 논리에 의해 정당화되었다. 정실주의는 실질적으로 권력층의 세력을 보장해주는 역할을 하였다.

정실주의 관료제의 대표적인 예는 미국의 엽관주의(spoils system)에서 볼 수 있다. 엽관주의는 선거에서 승리한 정당에게 관료의 인사권을 부여하는 인사제도이다. 민주주의를 활성화하고 관료제의 정치적 장악에 기여하는 것으로 정당화되었으나 많은 문제를 안고 있었다. 자격시험을 거치지 않고 정실에 의하여 관료를 채용할 경우 평범한 사람을 선발하여 생산성에 도움이 되지 않을 수 있다. 또한 정치적 추천에 의하여 인사가 이루어지기 때문에 다수의 유능한 인재가 배제될 가능성이 크다. 더구나 추천에 의해 임용된 관료는 추천자의 압력으로부터 자유로울 수 없다. 따라서 관료들은 족벌주의와 파벌주의에 휩쓸릴 가능성이 크다.

4. 실적주의 관료제(Merit Bureaucracy)

실적주의 관료제는 인사가 객관적인 시험을 통해 이루어지는 관료제이다. 실적주의 관료제에서는 필기시험의 성적에 따라 관료를 채용한다. 관료들은 개인적인 능력에 따라 선발되기 때문에 정치적 영향으로부터 자유롭다. 특히 어떤 분쟁이 있을 때도 특정 세력에 구속되지 않고 재량껏 공익을 위하여 헌신할 수 있다.

실적주의 관료제는 현대의 대부분의 국가에서 주된 원리로 채택하고 있다. 실적주의 관료제와 수호적 관료제는 구분하기가 쉽지 않다. 다만 다당제 하에서는 수호적 관료제가 적용하기 어렵다고 할 수 있다. 실적주의 관료제는 대의제체제에 적합한 것으로 볼 수 있다. 실적주의 관료제와 계급적 관료제의 경계도 명확하지 않다. 실적주의 원칙은 고등교육을 포함한 교육기관에서 가장 유능한 사람을 선발할 것을 권장한다. 보다 높은 수준의 교육이 요구되면 될수록 자격이 있는 지원자는 대체로 경제적으로 우세한 사회집단에서 나올 가능성이 크다. 그렇게 되면 실적주의 관료제와 계급적 관료제의 경계가 모호해진다. 그러나 대체로 사회의 중산계급의 영향력이 커지고 계급의식이 희박해지면서 계급적 관료제가 많이 약화되고 있다. 그럼에도 불구하고 현대의 관료제가 그 경계선에 있음을 간과해서는 안 된다.

 IV 애들러와 보리스(P.S. Adler & B. Borys)의 유형

1. 유형화의 기준

애들러와 보리스(1996)는 조직의 공식화의 정도와 공식화의 유형을 조직 유형화의 기준으로 삼고 있다. 공식화의 정도는 작업절차가 루틴화된 정도를 의미하는 것이고, 공식화의 유형은 작업절차에 대한 실무자의 능동적 참여 정도를 의미한다. 공식화의 정도는 높고 낮음으로 분류된다. 공식화의 유형은 장려적인 것과 강제적인 것으로 분류된다. 장려적인 것은 실무자에게 참여의 기회를 줌으로써 작업에 대한 숙련도를 향상시키는 속성을 가지며, 강제적인 것은 참여의 기회를 박탈함으로써 작업에 대한 숙련도를 감소시키는 속성을 갖는다. 공식화의 정도에 대해서는 특별한 설명이 필요하지 않고, 공식화의 유형에 대해서는 비교를 위한 몇 가지 설명이 필요하다.

강제적인 방식은 탈숙련 접근방법(deskilling)을 취하고 있으며, 장려적인 방식은 숙련 접근방법(skilling/usability)을 취하고 있다. 양자의 차이를 작업절차의 개선, 내적 투명성, 전체적 투명성, 유연성 등의 차원에서 살펴보자.

1) 작업절차의 개선

① 강제적인 방식: 탈숙련 접근방법

관리자가 갑작스럽게 장비 또는 절차에 이상이 생겼을 때 실무자들의 수리능력이나 개선능력보다는 그들의 기회주의적 행태를 더 걱정하게 되면, 탈숙련 접근방법을 취하게 된다. 장비나 절차에 문제가 생기면 실무자들이 그것을 이유로 작업을 소홀하게 할 것이라는 의심을 하게 되면, 관리자는 근무태만을 줄이기 위한 방식으로 장비나 절차를 설계한다. 관리자는 루틴한 생산 업무와 루틴하지 않은 수선이나 개량 업무를 분리하여 각 업무를 상이한 범주의 직원들에게 배정한다. 이러한 접근방법에 따르면, 절차는 실무자의 준수여부와 상관없이 감독자를 위해 설계된다. 실무자들이 작업과정을 개선하는 데 도움이 되도록 절차가 설계되는 것이 아니다.

② 장려적인 방식: 숙련 접근방법

장비를 사용하거나 절차를 준수하는 것은 마치 대화를 하는 것과 같은 것이다. 양방향 소통을 통해서 오해가 풀리고 이해가 증진된다. 대화의 단절을 푸는 것은 쉽고 자연스러운 일이다. 대화의 경우와 마찬가지로 장비나 절차에도 종종 이상이 생긴다. 고도로 유용한 시스템의 특징은 이상이 생겼을 때 작업을 멈추게 하기보다는 사용자들이 이상을 쉽게 해결할 수 있게 한다는 것이다. 작동에 문제가 생겼을 때, 사용자가 매뉴얼이나 전문가에게 묻기 위해 작업을 멈추게 하기보다는 온라인상에서 도움을 받을 수 있게 설계되어 있는 컴퓨터가 바로 그러한 예에 해당된다. 절차는 작업현장에서 발생하는 우발적인 사건에 적절히 반응하는 데 도움을 주기 위해 만들어진다. 우발적인 문제들은 조직의 공식적인 절차에 문제가 있다는 신호이자 동시에 개선을 위한 기회로 인식된다. 장려적 설계는 외부의 전문가에게 문제의 해결을 맡기기보다는 현장에서 일하는 사람들에게 문제를 해결할 수 있는 기회를 부여한다. 여기에 공식적이고 비공식적인 인센티브를 제공하면 실무자들의 개선을 위한 노력은 더욱 강화될 것이다.

2) 내적 투명성

내적 투명성은 실무자가 자신이 다루는 장비나 따르고 있는 절차의 원리나 특성에 대해 인식하는 것을 의미한다.

① 강제적인 방식: 탈숙련 접근방법

장비나 절차가 실무자의 능력에 대한 의존도를 줄이도록 설계되면, 실무자에게 장비나 절차의 내적인 작동원리를 알려줄 필요가 없다. 장비나 절차의 상태에 대한 정보는 작동에 이상이 생겼을 때에만 드러난다. 그리고 그것은 실무자에게 익숙한 말이 아니라 기술지원 직원에게 익숙한 말로 표현된다. 탈숙련 접근방법에 따라 설계된 절차들은 실무자가 아니라 감독을 돕기 위한 것이다. 절차는 실무자들을 지원하기 위한 것이 아니라 그들의 일탈을 제재하기 위한 것이다.

② 장려적인 방식: 숙련 접근방법

실무자는 언제든 예견하지 못한 우발적인 사건에 부딪힐 수 있다고 생각하고, 장비나 절차와 창조적으로 상호작용해야 한다. 따라서 실무자는 장비나 절차의 내적인 원리와 상태에 대한 정보를 이해할 필요가 있다. 숙련 접근방법에 따르면, 실무자들에게 장비의 작동원리나 절차의 원리들에 대한 정보를 명확히 제공함으로써 그들이 작업과정의 근본 원리를 이해하는 데 도움을 줄 수 있다.

3) 전체적 투명성

내적 투명성이 장비나 절차의 내적 작동에 대한 실무자의 지식과 관련된 것이라면, 전체적 투명성은 전체 체제에 대한 실무자의 지식과 관련된다.

① 강제적인 방식: 탈숙련 접근방법

전체적 투명성은 비대칭적으로 분배된다. 실무자에게는 자신의 일과 관련된 정보만이 주어지고, 감독자에게는 전체적인 정보가 주어진다. 탈숙련 접근법에서는 실무자의 전체적 투명성이 최소화되어야 할 위험으로 인식된다.

② 장려적인 방식: 숙련 접근방법

실무자가 전체과정을 이해하게 되면, 그들이 직접 책임지고 있는 업무의 성과를 올리는 데 도움이 되고, 부분적인 개선만이 아니라 시스템 전체의 개선에도 기여할 수 있다. 숙련 접근법에 따르면, 실무자들이 전체 조직 및 환경과 창조적으로 상호작용하는 데 도움이 되도록 그들에게 폭넓은 정보를 제공해야 한다.

4) 유연성

① 강제적인 방식: 탈숙련 접근방법

기계는 실무자들의 기능이나 재량에 대한 의존을 최소화하도록 설계된다. 실무자들은 자동화될 수 없는 기능들만을 수행한다. 기계는 사용자가 필요한 자료를 넣으면 중요한 결정을 한다. 기계는 명령하고 사용자는 수행한다. 탈숙련 접근방법에 따르면, 매뉴얼은 규정하고, 실무자는 수행하며, 감독자는 일탈을 제재한다.

② 장려적인 방식: 숙련 접근방법

기계는 조언을 하고 제언을 하도록 프로그램화되고, 사용자들은 시스템이 필요한 자료를 보여주면 중요한 결정을 한다. 숙련 접근방법은 일탈을 위험이 아니라 학습의 기회로 본다.

2. 조직의 유형

공식화의 유형으로서 강제와 장려를, 그리고 공식화의 정도로서 고저를 기준으로 조직을 유형화하면 [표 3-3]과 같다.

표 3-3 조직의 유형

공식화 정도 \ 공식화 유형	장려	강제
낮음	유기적 조직	독재적 조직
높음	장려적 관료제	기계적 관료제

Adler & Borys(1996: 78)

유기적 조직은 공식화의 유형이 장려적이고, 공식화의 정도는 낮다. 기계적 관료제는 공식화의 유형이 강제적이고, 공식화의 정도는 높다. 독재적 조직은 공식화의 유형이 강제적이고 공식화의 정도는 낮다. 장려적 관료제는 공식화의 유형은 장려적이고 공식화의 정도는 높다.

이러한 유형화에서 주목할 만한 것은 공식화가 필요하기는 하지만 경직성을 초래하기 때문에 마치 필요악과 같다는 인식에서 벗어나야 한다는 것이다. 문제는 어떤 방식의 공식화를 선택하느냐가 중요하다는 것이다. 선택에 영향을 미치는 요인은 조직 내 권력의 격차이다. 조직 내 권력, 지식, 기술, 보상의 격차가 크면 클수록 강제적인 방식을 취할 가능성이 크고, 격차가 작으면 작을수록 장려적 방식을 취할 가능성이 크다. 역으로 탈숙련 접근방법에 따라 절차를 설계하면 조직 내 권력, 지식, 기술, 보상의 격차가 커지고, 숙련 접근방법에 따르면 조직 내의 격차는 줄어들게 된다. 애들러와 보리스는 강제적인 조직유형은 공식화의 정도와 상관없이 부정적인 결과를 가져오고, 장려적 조직유형은 긍정적인 결과를 가져온다고 본다. 넓게 보면, 관료제의 유형은 강제적 관료제와 장려적 관료제로 분류할 수 있을 것이다. 두 관료제의 유형을 간단히 요약하면 [표 3-4]와 같다.

표 3-4 관료제 유형

	장려적 관료제	강제적 관료제
작업과정 개선	실무자의 능력에 의존	전문 인력에 위임
내적 투명성	작동원리에 대한 실무자의 이해	작동원리에 대한 실무자의 몰이해
전체적 투명성	체제 전체에 대한 실무자의 이해	체제 전체에 대한 실무자의 몰이해
유연성	실무자의 재량 확대	실무자의 재량 축소

PART

II

관료제의 주요 원리

CHAPTER 04

합리성의 원리

 합리성 이론

1. 근대적 합리성: 막스 베버

베버는 근대성의 본질을 지성화와 합리화에서 찾았다. 지성화와 합리화는 동전의 앞면과 뒷면의 관계에 있다고 하겠다. 그는 ≪직업으로서의 학문≫에서 지성화와 합리화가 의미하는 바에 대해 다음과 같이 설명하고 있다.

> 지성화와 합리화의 증진이 우리가 삶을 살아가고 있는 조건들에 대한 이해의 증진을 의미하는 것은 아닙니다. 그것은 전혀 다른 것을 의미합니다. 그것은 우리가 그것들을 이해하기를 원한다면 언제든지 그렇게 할 수 있다는 앎이나 확신을 의미합니다. 그것은 원칙적으로 우리가 불가사의하고 예측할 수 없는 힘에 의해 지배되는 것이 아니라 계산을 통해 모든 것을 통제할 수 있다는 것을 의미합니다. 그것은 곧 세계의 각성을 의미합니다. … 우리는 더 이상 혼령들을 제어하거나 혼령들에게 기도하기 위해 마법에 의존할 필요가 없습니다. 대신 기술과 계산이 우리의 목표를 이루게 해줍니다. 이것이 지성화의 진정한 의미입니다(Weber, 2004: 12-13).

베버는 합리성 연구의 토대를 마련하였다. 여기에서는 목적합리성과 가치합리성, 형식적 합리성과 내용적 합리성 그리고 주관적 합리성과 객관적 합리성 등 베버의 대표적인 합리성 유형을 살펴본다.

1) 목적합리성과 가치합리성[1]

① 합리적인 것과 비합리적인 것의 구분: 이성의 이용

Immanuel Kant
1724-1804

베버는 합리적인 것과 비합리적인 것의 구분 기준을 '자율적인 이성의 사용능력'에서 찾는다. 이는 그가 크게 영향을 받은 칸트에게서 본래적인 의미를 찾아볼 수 있다. 칸트는 계몽이 무엇인가라는 질문에 답하면서, 그 의미를 명료하게 설명한 바 있다. 한마디로 용기 있게 자신의 이성을 사용하는 것이 계몽이라는 것이다. "계몽은 인간 스스로가 초래한 미성숙으로부터 벗어나는 것이다. 미성숙은 다른 사람의 지도 없이 자신의 이성을 사용할 수 없는 상태이다. 이러한 의존은 인간이 자초한 것인데, 그 원인은 이성의 결핍에 있는 것이 아니라 다른 사람의 지도 없이 이성을 사용하려는 단호한 의지와 용기의 결핍에 있다. '사페레 아우데(*Sapere Aude*)!'[2] 너의 정신을 사용할 용기를 가져라! 이것이 계몽의 표어이다(Kant, 2013: 2)."

모든 사람들은 이성적으로 사유할 능력이 있다. 그리고 이성적인 사유는 합당한 이치를 따지는 것이기 때문에 보편성에 의존하거나 호소하지 않을 수 없다. 따라서 이성적인 것은 보편적인 것이며, 그렇기 때문에 합리적인 것이다. 칸트는 인간의 이러한 능력을 바탕으로 윤리학을 정초한다. 그의 윤리학의 핵심은 무조건적인 도덕법칙, 즉 정언명령을 세우는 것이다. 제1의 정언명령은 사람들이 개인적으로 도덕적인 원칙을 세울 때, 보편성을 담보할 수 있는 원칙인지를 생각하라는 것이다(Kant, 2002: 38). 그리고 그러한 정언명령을 토대로 인간을 수단이 아닌 목적적 존재로 대우하라는 제2의 정언명령을 도출한다(Kant, 2002: 46-47). 사람들이 다른 사람들을 대할 때, 다른 사람들 역시 자신과 마찬가지로 스스로 이성적인 사유를 할 수 있는 존재로 대

---

1) 임의영(2016)을 참조하여 기술함.
2) 이 말의 의미는 "아는 것을 두려워하지 말라!"는 것이다.

하라는 것이다. 이는 인간의 존엄성을 인간의 목적성에서 찾으려는 시도로 볼 수 있다. 인간의 목적성은 사람들은 누구나 자율적으로 자신의 이성을 사용할 수 있는 능력이 있는 존재라는 의미이다. 용기 있는 혹은 자율적인 이성의 사용은 인간의 목적성과 존엄성의 핵심이라고 하겠다. 칸트의 이러한 생각이 바로 베버의 합리성 개념의 토대를 형성하고 있다.

② 합리성에 내포된 자유의 계기

베버의 합리성 개념에는 윤리적으로 자율, 자유, 자유의지 개념이 내포되어 있다. 개인적인 자유나 자율은 보편성이 결여된 것이기 때문에 합리적인 것으로 볼 수 없다고 생각하는 것이 일반적이다. 개인의 행위를 보편적인 원칙에 따라 예측할 수 없다고 생각하기 때문이다. 그러나 베버는 칸트와 마찬가지로 합리성이 바로 자유를 향유할 수 있는 공간을 제공한다고 생각한다. 그는 《사회과학방법론》에서 자유와 합리성을 대척점에 있는 것으로 보는 일부의 주장에 대해 다음과 같이 반론을 전개한다. "의지의 자유가 어떤 식으로 이해되든, 그런 의지의 자유가 행위의 비합리성과 동일하다는 가정, 특히 후자가 전자에 의해 조건화된다는 가정은 명백한 오류이다. 자연의 맹목적인 힘의 계산 불가능성보다는 더 하지는 않지만 비슷한 정도의 계산 불가능성이라는 특성은 정신이상자들에게나 해당되는 것이다. 그와 반대로 우리는 합리적으로 — 물리적 및 심리적 '강제', 감정의 영향, 그리고 명료한 판단의 교란요인들이 없는 상태에서 — 수행하였다고 의식하는 그러한 행위들, 즉 분명하게 인식된 목표를 가장 적합한 수단으로 추구하는 그러한 행위들을 최고도의 경험적인 '자유의 감정'과 연결시킨다(Weber, 1949: 124–125)."

사람들은 스스로 목표를 세우고 최선의 수단을 찾는 과정, 다시 말해서 합리적으로 목표를 추구하는 과정에서 자유의 감정을 가장 크게 느끼게 된다는 것이다. 그리고 개인이 합리적으로 사유하고 행동하는 한은 사람들이 그의 행동을 예측할 수 있는 가능성이 더 커진다는 것이다. 정신이상자의 행동은 우리가 예측하기 어렵지만, 상식적으로 합리적인 사람들의 행동은 어느 정도 예측이 가능하다. 이처럼 베버는 합리성이 자유의 공간을 제공하며, 자유는 계산가능성 혹은 예측가능성을 더욱 높이는 관계에 있다고 생각한다(Löwith, 1993: 64).

③ 비합리적인 것: 감정적 행위와 전통적 행위

베버에 따르면, 인류학적으로 인간은 감정적인 호불호에 따라 행동한다. 그러한 행위를 감정적 행위라고 한다. '자율적 이성의 사용'이라는 기준으로 보면, 감정은 이성의 자율적 작동을 방해하거나 불가능하게 하는 것으로서, 행위자의 내부에서 이루어지는 작용이기는 하지만 타율적인 것으로 볼 수 있다. 따라서 이는 비합리적인 행위유형으로 분류된다.

전통적 행위는 전통적으로 내려오는 관습, 인습, 습관에 따라 이루어지는 행동을 의미한다. '자율적 이성의 사용'이라는 관점에서 보면, 전통적 행위는 전통의 관성에 의해 이루어지는 것이기 때문에 타율적인 것이라고 하겠다. 따라서 전통적 행위 역시 비합리적 행위유형으로 분류된다.

④ 합리적인 것: 목적합리적 행위와 가치합리적 행위

베버는 순수하게 합리적인 행위유형으로서 가치합리적 행위와 목적합리적 행위를 제시한다. 가치합리성은 성공의 전망과는 무관하게 윤리적, 심미적, 종교적, 그 밖의 다른 행동들 자체의 가치에 대한 의식적 믿음에 의해 결정된다. 순수하게 가치합리적 행위는 소요되는 비용과 무관하게 자신들의 신념을 실현하기 위해 행동하는 경우를 말한다. 그들의 신념은 의무, 명예, 미의 추구, 종교적 소명, 개인적 충성 혹은 대의명분에 토대를 둔다. 가치합리적 행위는 항상 행위자 자신이 구속되어 있다고 생각하는 '명령'이나 '요청'에 대한 응답이다. 인간의 행위가 그러한 무조건적인 명령을 완수하려는 동기에 의해 이루어진 경우를 가치합리적이라고 한다(Weber, 1968: 25). 가치합리성은 행위의 결과에 초점을 맞추는 것이 아니라 가치를 추구하는 행위 자체에 초점을 맞추는 것이다. 그것은 개인적 결단을 기반으로 하는 것이다. 그러다 보니 사람마다 추구하는 가치관, 즉 세계상이 다를 수밖에 없다. 따라서 가치합리성에 의하면, '가치다신교'가 근대적 삶의 조건으로 이해될 수 있다.3) 문제는 사람들이

---

3) 과거에는 진, 선, 미, 성(聖)이 하나의 일관된 가치체계를 구성하는 것으로 인식되었다. 그러나 각 성 혹은 합리화 이후 진, 선, 미, 성은 독립적인 가치체계로 인식된다. 그래서 '악의 꽃'과 같은 표현이 가능하게 된다. 따라서 베버는 다음과 같이 말한다. "어떤 것은 그것이 아름답지 않음에도 불구하고 신성할 수 있을 뿐 아니라, 또 그것이 아름답지 않기 때문에, 그리고 그것이 아름답지 않은 한에서 신성할 수 있다는 것이다. … 이것들은 개별적 질서 및 가치의 신(神)들 간에 벌어지는 투

함께 살아가야 하는 데, 가치들을 비교할 수 있는 기준도 없고, 그들의 소통을 위한 공통분모도 없다는 데 있다. 따라서 의사결정을 위한 과정에서 다양한 가치관을 가지고 있는 다양한 사람들이나 집단들 간의 투쟁은 피할 수 없는 현실이 된다.

목적합리성은 환경의 대상들과 다른 사람들의 행동에 대한 기대들에 의해 결정된다. 이러한 기대는 행위자 자신이 합리적으로 추구하고 계산한 목적의 성취를 위한 조건이나 수단으로 이용된다. "목적, 수단들, 그리고 이차적 결과들이 모두 합리적으로 계산되고 저울질 될 때, 행위는 도구적으로 합리적이다. 이러한 행위는 목적을 이루는 데 필요한 대안적 수단들, 이차적인 결과들에 대한 목적의 관계, 그리고 최종적으로는 다른 가능한 목적들의 상대적 중요성을 합리적으로 고려하는 것을 포함한다(Weber, 1968: 26)." 가치합리성과 달리 목적합리성은 행위의 결과에 초점을 맞춘다. 행위의 결과에 초점을 맞춘다는 것은 행위자가 그 결과에 대해 책임을 져야 한다는 것을 의미한다. 목적합리성은 그 자체 안에 책임윤리를 내포하고 있다. 책임은 일반적으로 자유와 동반관계에 있다. 자율적 선택행위에 대해 책임을 물을 수 있다는 것은 윤리학의 상식에 해당된다. 따라서 목적합리성은 자유와 책임의 논리가 작용할 수 있는 공간을 제공한다고 하겠다.

⑤ 합리적 행위와 윤리

가치합리적 행위와 목적합리적 행위가 인도하는 신념윤리와 책임윤리를 베버는 이렇게 설명하고 있다. "우리는 윤리적으로 지향된 행위는 두 개의 근본적으로 다른, 즉 양립이 불가능하게 대립하는 원칙을 따를 수 있다는 것을 깨달아야 한다. 그것은 '신념윤리' 아니면 '책임윤리'이다. 그렇다고 신념윤리가 무책임과 같다거나 책임윤리가 신념의 부재를 의미한다는 말은 아니다. 이에 대해서는 의문의 여지가 없다. 그러나 신념윤리의 원리(종교적 표현: 그리스도인은 의로운 일을 하고, 그 결과는 신의 뜻에 맡긴다)에 따라 행동하는 것과 책임윤리 ─ 사람들은 자신의 행위의 (예측 가능한) 결과에 대해 책임을 져야 한다는 의미 ─ 의 원리에 따라 행동하는 것 사이에는 심오한 차이가 있다(Weber, 1994: 359)."

이념형으로서 행위유형의 측면에서 보면, 근대적 의미의 합리화는 두 가지 흐름으로 설명될 수 있다. 하나는 감정적 행위나 전통적 행위와 같은 비합리적 행위유형

쟁의 가장 근본적인 차원일 뿐이다. … 이 싸움은 영원히 계속될 것이다(Weber, 2004: 22-23)."

에서 가치합리적 행위나 목적합리적 행위와 같은 합리적 행위유형이 보다 일반화되는 경향을 의미한다. 다른 하나는 가치합리적 행위유형보다는 목적합리적 행위유형이 보다 일반화되는 경향을 의미한다.

2) 형식적 합리성과 내용적 합리성

① 형식적 합리성

베버는 양적인 적절한 계산에 따라 행동이 이루어지는 정도로 형식적 합리성을 정의한다. 형식적 합리성은 일반적으로 적용되는 법률, 규칙 및 규정에 근거해서 목적과 수단의 관계를 합리적으로 계산하는 것을 말한다.

베버에 따르면, 행동이 합리적일 수 있는 조건은 행동이 일관된 구조를 가지고 있고, 행동의 모든 요소들이 하나의 방향을 가리키고, 어떠한 요소도 다른 요소들과 충돌하지 않는 경우이다. 그러므로 합리적인 행동의 구조에는 일관성이 있어야 하며, 이는 공식화를 통해 뒷받침된다. 공식화는 기계적 형태의 단순화를 통해서 여러 가지 모순들을 볼 수 있게 함으로써 행동의 일관성을 확보하는 데 도움을 준다. 형식적인 계산은 결과보다는 과정에 초점을 맞춘다. 다시 말해서 그것은 결과를 성취하는 방법보다는 결정이 이루어지는 방식에 초점을 맞춘다. 형식적 합리성은 관료제와 자본주의 경제와 같은 대규모 구조에 존재한다. 그리고 이러한 구조와 규정 및 법률에 의거해서 목표를 이루기 위한 수단이 결정된다.

형식적 합리성에 따르면, 형식적인 계산은 규칙, 규정 또는 법률에 의거해서 이루어지고 종종 사람의 욕구나 가치와는 무관한 결정에 도달하기 때문에, 내용적인 합리성을 불필요한 것으로 치부할 수 있다. 규칙, 규정 또는 법률에 중점을 둔 행동은 제정된 규정을 근거로 하는 형식적인 계산에 따르기 때문에 개인의 가치에 근거한 의사결정에 반할 수도 있다. 베버에 따르면, "경쟁적 생존의 욕구와 노동, 화폐, 상품 시장의 상황이 결정적이다. 그러므로 단순히 비윤리적인 사실적인 문제에 대한 고려가 개인의 행동을 결정하고 관련된 사람들 사이에 비인격적 힘을 개입시킨다(Weber, 1968: 1186)." 따라서 자본주의 체제에서는 체제 내 조직의 주요 관심사가 지속적으로 이익을 얻는 것이기 때문에 자본주의체제는 형식적으로 합리적인 경제체제이다. 기업가들은 노동자의 기본적인 인간적 가치를 무시하고 형식적으로 합리적인 경제체제 안에서 그들을 노예화함으로써 지배한다.

② 내용적(실질적) 합리성

내용적 합리성은 사람들이 일상생활에서, 특히 목적을 이루기 위한 수단을 선택할 때 의존하는 가치들을 전제로 한다. 그것은 일련의 인간적 가치에 따라 목적을 이루기 위한 수단을 선택하는 것을 의미한다. 베버가 집중적으로 연구한 캘빈주의는 그러한 가치들 가운데 하나이다. 캘빈주의자들은 신의 계명에 따라 근검과 노동의 윤리를 이행하는 데, 이는 내용적 합리성의 예라고 할 수 있다(Weber, 2001). 그러한 가치들의 예로는 공산주의, 봉건주의, 자본주의, 쾌락주의, 평등주의, 사회주의, 불교, 힌두교, 심미적 기준 등 수없이 많다. 사람들이 추구하는 가치와 그 가치를 이루고자 하는 행동 사이에 일관성이 있을 때 내용적으로 합리적이라고 할 수 있다.

베버는 경제적인 측면에서 내용적 합리성을 결과에 중점을 둔 행동으로 본다. 성공적으로 목적을 성취한 행동이 합리적이라는 것이다. 이러한 의미에서 내용적 합리성은 과정을 강조하는 형식적 합리성과 대별된다. 따라서 내용적 합리성은 경제적인 또는 정의나 평등과 같은 비경제적인 최종의 목적을 성취하기 위해 취해진 경제적 행동의 성공이나 실패에 의해 판단된다. 내용적 합리성은 특히 경제 활동과 관련이 있다. 따라서 내용적 합리성은 더 넓은 가치 체계에 따라서 목표를 이루기 위한 수단을 선택하는 것과 관련이 있다.

내용적 합리성은 목적을 이루기 위한 수단의 계산이 아니라 과거, 현재 또는 잠재적 가치에 기초하여 특정한 유형의 행동을 형성한다(Weber, 1968: 85-86). 이익을 얻거나 의무를 이행하는 것과 같이 하나의 가치만을 추구하는 형식적 합리성과는 달리, 내용적 합리성은 포괄적이고 내용적으로 내적인 일관성을 갖는 다양한 가치들의 집합과 관련이 있다. 따라서 내용적 합리성은 개인의 가치 합리적 행동 능력을 의미한다. 내용적으로 합리적인 체제는 형식적으로 확실한 사실을 그대로 따르지 않으며, 기술적 계산에 따라 작동하지 않는다. 그것은 궁극적인 목적들을 기준으로 삼는다. 그 목적들이 윤리적인 것이든 공리적인 것이든 봉건적인 것이든 상관없다. 내용적으로 합리적인 체제는 경제적 행위의 결과가 궁극적인 목적에 기여하는 바를 측정한다. 형식적 합리성이 내용적 합리성에 반할 수도 있는 계산 그 자체에 초점을 맞추는 것과는 다르다. 베버에 따르면, 근대화과정에서 내용적 합리성보다는 형식적 합리성이 보편적인 지배력을 갖는 경향이 있다.

형식적 합리성은 산업화된 현대의 서구세계에서 지배적이었다. 베버는 형식적 합리성이 서구세계에서 다른 유형의 합리성을 대체할 것이라고 예견하였다. 그는 또한 내용적 합리성이 사라지고 사람들은 대신에 형식적인 합리성을 향해 나아갈 것이라고 주장하였다. 따라서 사람들의 행동은 더 이상 개인적인 가치관에 의해 인도되는 것이 아니라 규정, 규칙 및 법률을 따르기만 하면 된다(Ritzer, 2013).

3) 주관적 합리성과 객관적 합리성[4]

① 주관적 합리성

주관적 합리성은 행위자의 내적인 지향성과 관련이 있는 것으로 의식적이고 사려 깊게 행동하는 것 또는 자신이 보기에 주어진 목적을 실현하기에 적합하다고 생각하는 수단을 선택하는 것을 의미한다. 주관적으로 합리적인 행위는 아무 생각 없이 감정에 따라 행동하는 것과 대비된다.

② 객관적 합리성

객관적 합리성은 과학적 지식에 따라 기술적으로 정확한 수단을 이용하는 성향을 의미한다. 베버의 따르면, 근대화과정에서 주관적 합리성보다는 객관적 합리성이 보편적인 지배력을 갖는 경향이 있다.

표 4-1 합리성 유형의 비교

합리성의 유형	초점	판단을 위한 물음
가치합리성	가치	행위자의 행위가 그의 가치관과 일치하는가?
목적합리성	수단/결과	행위자가 목표를 이루기 위한 최선의 수단을 선택했는가? 선택한 수단은 최선의 결과를 가져왔는가?
내용적 합리성	결과	행위자가 원하는 결과(목표)를 성취했는가?
형식적 합리성	과정	행위자가 규정된 절차에 따라 행동했는가?
주관적 합리성	주관적 숙고	행위자가 심사숙고하여 결정하고 행동했는가?
객관적 합리성	객관적 지식	객관적 지식에 비추어 볼 때 행위자의 행동은 적절했는가?

---

4) McLemore(1991: 221-222) 참조하여 기술함.

2. 제한된 합리성: 사이먼(Herbert A. Simon)

허버트 사이먼은 진리에 접근하는 과정에서 선택의 기로에 설 때마다 놀라운 창조력을 발휘했던 21세기의 르네상스적 인간이다. 그는 과학의 이름으로 인간의 의사결정의 비밀을 파헤치는데 모든 연구력을 집중하였다. 비밀의 문을 여는 열쇠는 제한된 합리성이었다. 이 개념으로 노벨경제학상을 받았다. 사이먼은 의사결정의 비밀을 풀기 위해 정치학, 행정학, 경제학, 관리과학, 심리학, 컴퓨터과학 등 수많은 학문분야를 섭렵하였으며, 가는 곳마다 비밀의 열쇠로 새로운 문을 열었다. 그 덕분에 그의 동료들과 후학들은 '거인의 어깨 위에 서서' 더 멀리 바라볼 수 있게 되었다.

Herbert A. Simon
1916-2001

행정학을 과학화하는 데 결정적인 영향을 미쳤으며, 사회과학 분야의 합리성 담론에서 일종의 전환점이 된 허버트 사이먼의 경우를 살펴보자. 사이먼의 합리성에 대한 관념은 다음과 같은 특성을 갖는다.[5]

첫째, 합리성은 맥락 의존적이라는 것이다(1976: 240). 사이먼에 따르면, 합리성은 행위자가 가지고 있는 가치체계에 비추어 바람직한 결과를 가져오는 행동 대안을 선택하는 것을 의미한다. 그러다 보니 합리성의 판단은 어떠한 측면에서 보느냐에 따라서 상대적이라는 것이다. 따라서 그는 합리성을 말할 때, 적절한 수식어를 사용하는 것이 모호성을 최소화하는 길이라고 말한다. 적절한 수식어는 합리성을 판단하는 맥락, 즉 조건을 표현하는 것으로 볼 수 있다. 이처럼 합리성은 맥락 의존적이며, 상대적이다. 베버의 가치합리성이나 목적합리성, 만하임(K. Mannheim)의 실질적 합리성이나 기능적 합리성은 합리성을 판단하는 상이한 맥락을 근거로 분류된 것이라고 할 수 있다.

둘째, 합리성을 행정이론의 중심으로 삼아야 한다는 것이다. 고전적 행정이론에서는 능률성을 행정이론의 중심으로 삼았다. 사이먼에 의하면, 능률성을 바람직한 상태를 기술하는 하나의 개념적 정의로 볼 수는 있으나, 행동의 원리로 보기는 어렵다는 것이다. 그것은 행정활동의 목적이 목표달성의 극대화라는 것을 말해 줄 뿐, 어떻게 목표달성을 극대화할 것인지에 대한 답을 제시하지는 않는다는 것이다. 사이먼은

---

5) 임의영(2014)를 참조하여 기술함.

합리성에 대한 논의를 통해서 그러한 방법을 찾을 수 있을 것이라고 본다. 따라서 특정한 목표를 달성하기 위한 의사결정의 적합성, 즉 의사결정의 합리성이 행정이론의 핵심적인 관심사가 되어야 한다는 것이다.

셋째, 인간은 합리적이려고 노력하는 존재라는 것이다. 고전 경제학에서는 완벽하게 합리적인 존재로서 경제인을 전제한다. 고전적 행정이론 역시 경제인과 동일한 의미로 행정인을 전제한다. 그러나 합리성은 해결해야 할 문제와 문제해결자의 능력의 관계에 의해서 결정된다. 사이먼에 의하면, 현실적으로 문제의 규모가 문제해결자의 능력을 훨씬 초과하고 있다는 것이다. "복잡한 문제를 구성하고 해결하기 위한 인간정신의 능력은 실제 세계에서 해결을 위해 객관적으로 합리적인 — 혹은 그러한 객관적 합리성에 근접하는 — 행동을 요구하는 문제들의 규모에 비해 매우 작다(Simon, 1957: 198)." 이처럼 인간은 완벽하게 합리적일 수 없는 제약조건, 즉 제한된 합리성(bounded rationality)의 상황에 있다는 것이다. 그럼에도 불구하고 인간은 제한된 범위 안에서 합리적이려고 노력한다는 것이다. 이렇게 해서 합리적인 존재로서의 인간관은 합리지향적 존재로서의 인간관으로 수정된다(1957: 200).

넷째, 실체적 합리성(substantive rationality)을 실현하는 것은 불가능하다는 것이다(1976: 130). 실체적 합리성이란 주어진 목표를 달성하는 데 최선의 대안을 선택하는 경우를 말한다. 이것은 완벽하게 합리적인 의사결정을 통해서 가능하다. 조직에서 완벽하게 합리적인 의사결정을 하기 위해서는 행위자의 목표에 대한 명확한 인식, 그것을 이루기 위한 모든 대안들에 대한 지식, 모든 대안들이 가져올 모든 결과들에 대한 지식, 결과들에 대한 행위자의 명확한 선호도나 효용함수의 존재 등의 조건이 충족되어야 한다(Simon & March, 1958: 137-138). 그러나 현실적으로 조직의 구성원인 인간은 습관이나 반사와 같은 무의식적 측면, 조직 활동에 대한 개인적인 동기나 가치관, 지식의 한계 때문에 완벽하게 합리적인 의사결정을 할 수 없다. 특히 사이먼은 인간의 인지과정의 불완전성을 논증함으로써 이러한 주장을 강화한다. 그에 따르면, 인간의 관심(attention)은 희소하다. 인간은 자신을 둘러싸고 있는 모든 것에 관심을 가질 수 없다. 인간은 다양한 제약조건 때문에 선택적으로 무엇인가에 대해 관심을 갖게 된다. 또한 어떤 대상을 인지하는 과정에서 정보를 한꺼번에 처리할 수 없기 때문에 단순화와 요소화의 과정을 거쳐 복잡한 실제세계를 인지한다는 것이다(Simon, 1976: 81-83). 단순화는 복잡한 실제세계에서 중요하다고 생각되는 변수들만을 추출해서 그것을 머릿속에 저장하는 것으로 약도의 원리와 같다. 요소화는 어떠한 현상을 자신의 인지능력으로 통제할 수 있는 최소한의 수준으로 쪼개는 것이다. 이와 더불어 개인의 인지는 순차적인 특성을 갖는다. 현상을 있는 그대로 인지하는 데 필요한 정보의 병렬처리가 불가능하기 때문에, 순차적으로 정보를 처리할 수밖에 없다는 것이다. 결국 인간의 인지과정은 복잡한 현실을 단순화시켜 가공한다는 점, 현실을 쪼갬으로써 요소들 간의 화학적 관계를 기계적 관계로 재구성한다는 점, 현실의 동시성을 순차적인 것으로 처리할 수밖에 없다는 점에서 완벽한 지식을 구축하는 데 한계를 가질 수밖에 없다. 따라서 지식과 함수관계에 있는 합리성은 완벽할 수 없기 때문에 실체적 합리성에 도달할 수 없다.

다섯째, 조직에서의 의사결정은 실제로 만족할만한 수준에서 이루어진다는 것이다. 완벽한 합리성에 근거한 의사결정모형은 일반적으로 합리모형으로 불린다. 이 모형은 의사결정자가 완벽한 선호도와 효용함수를 가지고 목표를 이루는 데 적합한 모든 대안들 가운데서 최선의 대안을 선택하는 것이다. 그러나 인간의 문제해결능력은 문제의 규모에 비해 작고, 의사결정자가 완벽한 선호도와 효용함수를 가지고 있지 않은 경우도 많기 때문에, 가능한 모든 대안들을 계산해서 비교하는 것은 불가능하다. 따라서 의사결정자는 욕망수준에서 대안들을 탐색하고, 그것들 가운데서 만족할만한 대안을 선택한다는 것이다. 사이먼은 이를 만족모형이라고 부른다(Simon, 1957, 204-205).

여섯째, 합리적이려고 노력하는 인간이 실현할 수 있는 합리성은 절차적 합리성(procedural rationality)이다(Simon, 1978). 사이먼의 논리에 따르면, 인간은 완벽하게 합리적일 수 없기 때문에 실체적 합리성을 실현할 수 없다. 인간은 완벽하게 합리적이지 않다. 그럼에도 불구하고 인간은 합리적이려고 노력한다. 의사결정과정에서 개인이 부딪히는 문제는 제한된 능력을 가지고 복잡한 문제를 해결해야 한다는 것이다. 만족할만한 해결책을 찾는 것도 쉬운 일은 아니다. 따라서 사이먼은 대안탐색의 과정을 효율화하기 위한 절차에 관심을 갖는다. 그는 선택의 결과를 강조하는 실체적 합리성과 대비하여, 대안탐색의 효율적인 절차와 그것의 수행을 강조하는 절차적 합리성을 제시하였다.

사이먼의 합리성의 관념에서 핵심이 되는 것은 합리지향적 존재로서의 인간관, 제한된 합리성, 그리고 절차적 합리성이다.

표 4-2 합리성과 의사결정 모형

합리성	조건	의사결정 모형
완벽한 합리성	문제의 규모 ≦ 문제해결자의 능력	합리모형 / 실체적 합리성
제한된 합리성	문제의 규모 > 문제해결자의 능력	만족모형 / 절차적 합리성

3. 도구적 합리성

도구적 합리성은 일반적으로 주어진 목적을 이루는 데 최적의 수단을 선택하여 행하는 것을 의미한다. 특히 주목할 점은 목적의 정당성 문제는 고려하지 않고 수단의 최적성에 초점을 맞춘다는 것이다. 그럼에도 불구하고 도구적 합리성은 현대인의 삶에 필수적인 국가와 시장은 물론 수많은 조직들과 일상생활에서 가장 많이 관찰할 수 있고 가장 많이 실행하는 행동원리라고 하겠다. 따라서 도구적 합리성이 합리성의 전부가 아닌가 하는 생각을 할 수도 있다. 그러한 의미에서 노직(R. Nozick)의 문제제기는 음미할 만하다. "도구적 합리성 개념은 강력하고 자연스러운 개념이다. 합리성에 대한 더 광범위한 설명이 제공되었지만, 모든 설명에는 도구적 합리성이 포함된다. 도구적 합리성은 합리성에 관한 모든 이론들의 교차점에 있다. 그런 의미에서 도구적 합리성은 기본 이론이며, 합리성에 대한 모든 논의들이 당연하게 받아들일 수 있는 이론이다. … 다른 모든 이론은 정당화를 요구하는 반면, 도구적 합리성 이론은 정당화를 필요로 하지 않는 것처럼 보인다. … 도구적 합리성은 기본이다. 문제는 그것이 합리성의 전부인지 여부이다(Nozick, 1993: 133)."

1) 아리스토텔레스의 도구적 합리성

도구적 합리성에 대한 생각은 아리스토텔레스의 ≪니코마코스 윤리학≫에서 찾아볼 수 있다. 도덕적 책임과 관련된 장에서 합리적 선택의 문제가 논의되고 있다. "소망은 목적에 관련된 것이고, 선택은 수단에 관련된다. … 우리의 숙고 대상은 목적이 아니라 수단이다. 의사는 환자를 치료할지를 숙고하지 않고, 연설가는 청중을 설득할지를 숙고하지 않으며, 정치가는 법과 질서를 바로잡을지를 숙고하지 않는다. 그 밖의 어느 누구도 자신의 목적을 숙고하지 않는다. 오히려 그들은 먼저 목적을 설정한 뒤 어떻게, 어떤 수단으로 그 목적을 달성할지를 생각한다. 그리고 목적이 여러 수단으로 달성될 것 같아 보이면, 어느 수단을 써야 목적을 가장 쉽고 가장 고매하게 달성할 수 있을지를 생각한다(Aristoteles, 2018: 1112a, 1113a)."

합리적인 것은 최선의 것을 선택하는 것이다. 행위자의 주관적 목적이나 가치관은 합리적 선택의 대상이 아니다. 왜냐하면 어떤 목적이나 가치관이 최선의 것인지를 판단할 수는 없기 때문이다. 그것은 소망일뿐이다. 합리적 선택은 주어진 목적을 전제로 하여, 그 목적을 실현하는 데 최적의 수단을 선택하는 것이다. 합리성에 대한 이러한 생각은 도구적 합리성의 원형이라고 하겠다.

2) 흄(D. Hume)의 도구적 이성

David Hume
1711-1776

흄에 따르면, 이성은 '경이롭고 이해할 수 없는 영혼의 본능(Hume, 1888/1960: 179)'으로서 의지나 욕구를 발동시킬 수 없다. "이성은 정념의 노예이고 노예가 되어야만 하며, 정념에 봉사하고 순종하는 것 이외에 그 어떤 것도 할 수 없다(Hume, 1888/1960: 415)." 이성은 감정과 욕구를 충족시켜주는 것 말고는 다른 역할을 수행할 수 없다. 이성은 욕구를 충족시키기 위한 합리적 방법을 알려줄 수 있을 뿐, 어떤 의지나 욕구가 합리적인 것인지는 알 수 없다.

목적에 대한 수단의 합리적 선택은 관습에 의해 인도된다. 관습은 사건들 간의 관계가 반복되는 것에 대한 인식에 기반을 둔다. "관습은 인간 생활의 훌륭한 안내판이다. 오직 그 원리만이 우리의 경험을 우리에게 유용하게 만들고, 과거에 나타났던 것과 유사한 사건들이 미래에 일어날 것으로 기대하게 만든다. 관습의 영향이 없다면, 우리는 기억과 감각에 즉각적으로 나타나는 것 이외의 모든 사실에 대해 무지하게 될 것이다. 우리는 수단을 목적에 맞추는 방법이나 어떤 효과를 만들어내는 데 있어서 우리의 자연적 힘을 사용하는 방법을 절대로 알지 못할 것이다(Hume, 2007: 32-33)." 관습은 사건들 간의 관계가 반복적으로 발생하는 현상에 대한 경험을 토대로 형성된다. 이성은 그러한 관습에 의존하여 정념이 요구하는 바를 실현할 수 있는 최적의 방법을 모색한다. 이처럼 정념의 도구로서 이성은 관습의 인도를 받아 합리

적 선택을 한다. 도구적 이성은 정념이나 관습에 대한 긍정적 수용을 전제로 하는 정
신작용으로서 비판적 사유가 불가능하다. 이러한 도구적 이성은 도구적 합리성의 토
대라고 할 수 있다.

3) 호르크하이머와 아도르노(M. Horkheimer & T. Adorno)의 도구적 이성

비판이론은 20세기 판 계몽주의이다. 1세대 비판이론가인 호르크하이머와 아도
르노가 공동 저술한 ≪계몽의 변증법(1947)≫은 비판이론의 전모를 드러내는 제목이
라고 하겠다. 17, 18세기의 계몽주의는 계몽을 이성적인 것으로, 신화를 비이성적인
것으로 보았다. 계몽주의의 지향점은 이성적인 계몽을 통해 비이성적인 신화로부터
해방을 추구하는 것이었다. 그러나 호르크하이머와 아도르노는 계몽과 신화의 이분
법에서 벗어나 계몽에서 신화의 계기를 그리고 신화에서 계몽의 계기를 본다. 예컨
대 인간은 미지의 자연에 대한 공포로부터 벗어나기 위해 신화를 만들었다. 신화는
상상과 이성의 공동작품이다. 여기에서 이성은 해방적 관심을 실현하기 위한 기제로
작용한다. 근대적 인간은 이성적 사유를 통해 미몽의 상태에서 벗어나게 되었다. 인
간은 이성의 무기를 앞세워 미지의 자연을 탐험하여 새로운 대륙을 발견하고, 그곳
에 왕국을 세운다. 인간의 이성은 자연을 지배하는 도구가 된다. 도구적 이성은 인간
에게 모든 것을 가능하게 하는 전능한 것으로 보인다. 도구적 이성에 의해 구축된 사
회질서는 인간이 통제할 수 없는 어떤 힘이 되어 인간 자신을 지배한다. 여기에서 호
르크하이머와 아도르노는 이성적인 것이 비이성적인 것으로 전락하는 것을 본다. 즉
합리성의 비합리성이라는 역설을 본다. 이성의 힘이 인간의 운명을 지배하는 새로운
신화가 등장하고 있는 것이다. 그래서 호르크하이머와 아도르노는 이렇게 말한다.
"신화는 이미 계몽이었다. 그리고 계몽은 신화로 되돌아간다(Horkheimer & Adorno,
2002: xviii)." 비판이론은 이러한 신화를 폭로하여 인간의 해방을 모색한다. 그렇다면
계몽의 신화가 탄생하게 된 이유는 어디에 있는가? 다시 말해서 도구적 이성이 지배
력을 갖게 된 이유는 어디에 있는가?

① 호르크하이머: 주관적 이성(subjective reason)

호르크하이머의 ≪이성의 몰락(1947)≫은 책 제목이 시사하는 것처럼 계몽의 빛

인 이성이 신화로 다시 몰락하고 있음을 보여주고 있다. 그는 이성을 주관적 이성과 객관적 이성으로 분류한다. 그리고 그는 주관적 이성을 도구적 이성과 같은 것으로 본다. 일반적으로 평범한 사람들은 합당한 선택은 유용한 것을 선택하는 것이라고 생각한다. 유용한 것은 사람들의 자기보존에 도움이 되는 것을 말한다. 호르크하이머는 자기보존에 유용한 것을 추구하는 것을 주관적 이성의 기능이라고 규정한다. 이러한 의미에서 주관적 이성은 도구적 이성이다. 그에 반해 객관적 이성은 사

Max Horkheimer
1895-1973

유의 목표라고 할 수 있는 보편적 진리와 의미를 추구한다. 객관적 이성은 목적에 관심이 있는 반면, 주관적 이성은 자기 보존에 유익한 수단에만 관심이 있다. 자기보존의 충동이 다른 모든 것을 압도하게 되면 정작 보존해야 할 가치가 있는 것들을 상실하게 된다. 다시 말해서 주체에게는 자기보존의 충동이 유일한 목표로 남게 된다. 자기보존과 자기희생은 개인과 공동체가 조화를 이루기 위한 중요한 원리이다. 주관적 이성은 자기보존 충동만을 삶의 원리로 제시하기 때문에 보편적 가치와 의미를 추구하는 객관적 이성이 압도되어 사회적 유대를 무너뜨리게 된다. 주관적 이성은 객관적 이성을 압도하고 지배함으로써 이성이 자신을 배반하고 비합리적인 것으로 전락하는 모습을 보여준다. 이처럼 주관적 이성은 계몽이 신화로 되돌아가는 길을 열어준다. 호르크하이머는 비판을 통해 주관적 이성의 한계를 초월할 필요가 있음을 강조한다.

② 아도르노: 동일성 사고(identity thinking)

동일성 사고는 사람들이 프로크루스테스의 침대처럼 인식대상을 자신의 개념적 틀에 짜맞추는 방식으로 파악하는 사고방식이다. 동일성 사고는 어떤 집단에 포함된 사람들을 모두 동질적인 사람들로 인식하는 경우나 시장사회에서 사람의 능력을 소득이라는 하나의 기준으로 평가하는 경우 등에서 볼 수 있다. 따라서 동일성 사고는 질적으로 특수한 것들을 일반적인 범주로 묶어버리기 때문에 현실에 대한 인식이 체계적으로 왜곡될 수 있다. 이러한 왜곡의 가능성에도 불구

Theodor Adorno
1903-1969

하고 동일성 사고가 현실을 제대로 파악하는 방법이라는 믿음은 인식대상이나 현실이 조작될 수 있는 가능성을 열어준다. 조작은 권력과 지배를 동반한다. 그래서 아도르노는 동일성 사고가 일반화되면 사회가 전체주의화될 가능성이 있다고 우려하였다. 동일성 사고가 작동하는 이성은 지배를 위한 도구로 작동한다. 이처럼 동일성 사고는 계몽이 신화로 가는 길을 열어준다. 아도르노는 인간의 소외를 야기하는 도구적 이성을 통제하기 위해서는 비판을 통한 이성의 탈신화화, 즉 계몽이 필요하다고 본다. 일반적으로 변증법은 대립하는 것들이 대립성을 지양하고 하나로 통합되는 화해를 지향한다. 그러다 보니 다름이나 다양성이 화해에 걸림돌이 되는 것으로 보이게 된다는 것이다. 아도르노에 따르면, 소위 화해에 대한 강박에 사로잡힌 변증법을 극복하기 위해서는 비동일성 사고, 즉 부정의 변증법에 기초한 비판이 요청된다는 것이다.

4. 소통적 합리성: 하버마스(Jürgen Habermas)

Jürgen Habermas
1929

하버마스의 이론적 논의는 철학과 사회과학을 포괄하는 광범한 분야에 영향을 미치고 있다. 공론장의 역사적 구조변동에 대한 정치사회학적 분석, 비판이론의 인식론적 기초의 정립, 사회과학 방법론 논쟁, 과학과 테크놀로지에 대한 이데올로기 비판, 후기산업사회에서의 정당성 문제, 보편적 화용론과 합리성의 재해석을 통한 의사소통 패러다임의 구축, 체계와 생활세계의 이원적 분석틀에 의거한 근대적 합리화과정에 대한 분석, 의사소통적 규범론의 구성에 의한 보편적 민주주의 규범의 정당화, 근대성에 대한 철학적 담론의 비판적 고찰, 신보수주의 비판, 법과 민주주의의 의사소통론적 재구성 등의 이론적 작업은 그 범위와 방법론에 있어 다양한 분야의 학자들에게 많은 영감을 주고 있다.

1) 비판적 관심

비판이론가로서 하버마스는 지배와 피지배의 권력관계가 작동하고 있는 사회구조와 그러한 지배구조를 정당화하는 이데올로기를 폭로하고 인간을 해방하는 데 초점을 두고 있다. 그에 따르면, 인간은 세 가지 기본적인 관심을 추구한다. 첫째는 생명을 유지하는 데 필수적인 노동에 대한 관심이다. 둘째는 다른 사람들과의 상호이해를 추구하는 데 필수적인 소통에 대한 관심이다. 셋째는 심리적, 도덕적 발전에 불필요한 제약과 노동과 소통에 불필요한 제약을 극복하는 데 필수적인 해방에 대한 관심이다. 이러한 세 가지 관심을 적절히 추구하지 않는다면, 사회적 유대는 깨지고 사회는 자신을 갉아먹게 된다는 것이다. 하버마스는 사회적 유대 또는 사회적 통합을 가능하게 하는 논리로서 도구적 행위와 소통적 행위의 원리를 비판적으로 논의한다.

2) 도구적 행위와 소통적 행위

하버마스에 따르면, 사회적 행위의 조정과 통합을 설명하는 방식은 도구적 행위에 초점을 맞추는 방식과 소통적 행위에 초점을 맞추는 방식이 있다. 첫째, 도구적 행위의 원리에 따르면, 개인들은 이기적 동기에 의해 서로에게 이익을 주는 협력적인 사회통합을 이루게 된다는 것이다. 사회통합은 개인의 이익을 위한 도구적 의미를 갖는다. 둘째, 소통적 행위의 원리에 따르면, 개인들은 소통을 통해 의미를 공유하고 상호이해를 통해 사회통합을 이루게 된다는 것이다. 사회통합은 의미공동체의 형성이라는 의미를 갖는다.

하버마스는 사회적 행위의 조정과 통합을 설명하기 위한 조건으로서 사회영역을 체계와 생활세계로 분리한다. 체계에서의 사회적 통합은 행위들이 가져오는 결과들이 기능적으로 조화를 이루면서 이루어진다. 따라서 개인의 의식이나 의지는 중요하지 않다. 개인들의 경쟁적 성향에도 불구하고 사회통합과 상호의존관계가 형성되는 경제체제는 그 대표적인 예라고 하겠다. 체계에서는 도구적 행위, 즉 도구적 합리성의 원리에 따르는 행위가 지배적이다.

베버의 합리성론에 대한 하버마스의 언급은 체계와 체계를 지배하는 도구적 합리성의 원리를 이해하는 데 도움이 된다. "베버는 유럽의 세속적인 문화에서 쟁점이 되었던 종교적 세계관의 해체를 야기했던 각성의 과정을 합리적인 것으로 기술하였다. … 베버는 합리화의 관점에서 서구문화의 세속화에 대해서뿐만 아니라 새로운 현대사회의 발전에 대해서도 묘사하였다. 새로운 사회구조는 자본주의 기업과 관료제적 국가기구를 중심으로 하여 기능적으로 적절하게 맞물리는 두 체계의 분화를 특징으로 한다. 베버는 이러한 과정을 목적합리적인 경제적 행위와 행정적 행위의 제도화로 이해하였다(Habermas, 1985/1990: 1-2)."

생활세계에서는 소통을 통해서 개인들의 주관적인 의미들(의도, 목적, 동기, 이유 등)이 조정되면서 사회통합이 이루어진다. 생활세계에서는 소통적 행위, 즉 소통적 합리성의 원리에 따르는 행위가 바람직하다. 소통적 행위를 통해서 사람들은 상호이해에 도달하고, 문화를 재생산하며, 행위와 관련된 주관적 의미를 조정하고, 서로를 사회화한다. 그러나 생활세계에서는 소통적 행위와는 다른 형태의 행위, 즉 전략적 행위(strategic action)가 이루어지기도 한다. 전략적 행위는 상호이해를 추구하는 소통의 잠재력을 이용하지 않는다. 다시 말해서 사람들은 동의나 상호이해에 도달하는 것에는 관심이 없고 자신들의 목표를 달성하기 위해 다른 사람들과 관계를 맺는다. 전략적 행위는 개인적인 목적을 이루기 위해 또는 사익에 도움이 되도록 공유된 이해를 조작하기 위해 소통적 행위를 오용한다. 전략적 행위는 소통적 행위에 기생하면서 생활세계를 파괴한다. 따라서 하버마스는 소통적 행위를 방해하는 제약들을 극복하고 규범적으로 상호이해와 동의를 가능하게 하는 보편적인 조건을 제시하는 데 관심을 둔다. 다시 말해서 소통적 합리성의 조건을 제시한다. "소통적 합리성 개념은 언어적 이해와 관련하여 분석되어야 한다. 이해에 도달한다는 말은 참여자들이 합리적으로 동의에 도달하는 것으로 비판적인 타당성 주장들에 비추어 조정된 것이다. 타당성 주장(명제의 진리성, 규범적 정당성, 주관적 진실성)은 표현방식에 따라 상이한 지식의 범주에 포함된다. 이러한 표현들은 두 가지 방식으로 좀 더 세밀하게 분석될 수 있다. 하나는 행위자들이 표현을 방어하는 방식에 관한 것이고, 다른 하나는 행위자들이 표현을 통해 세계와 관계하는 방식에 관한 것이다. 소통적 합리성은 한편으로는 소통 행위자들이 토의과정에서 타당성을 주장하는 상이한 형식들을 지적하는 것이며, 다른 한편으로는 소통 행위자들이 자신들의 표현의 타당성을 주장할 때 취하는 세계와의 관계를 지적하는 것이다(Habermas, 1981/1984: 75)."

3) 소통적 합리성의 요건: 형식적 화용론

하버마스는 소통적 합리성을 실현하기 위한 논리적 근거를 형식적 화용론에서 찾는다. 형식적 화용론은 특정한 역사적 계기로부터 공론영역에 관한 이론을 구성하는 방법이 아니라, 일상적인 소통행위에서 직관적으로 발화행위와 이해의 일반적인 구조를 추출하는 방법이다. 여기에서 방법이 '형식적'이라는 것은 내용보다는 소통적 상호작용이 가능한 보편적 조건(혹은 형식)을 구성하는 데 초점을 맞춘다는 의미이다. 그리고 '화용론적'이라는 것은 일상적인 말의 사용, 즉 발화행위에 초점을 맞춘다는 의미이다. 형식적 화용론이 제시하는 소통능력과 타당성 주장, 소통의 책임, 그리고 이상적 담화상황(ideal speech situation)에 대해 살펴보자.

① 소통능력과 타당성 주장(validity claims)

소통능력은 상호이해를 추구하는 발화자가 말하고자 하는 바를 적절하게 표현하는 능력을 의미한다. 따라서 소통능력은 타당성을 주장할 수 있는 능력을 의미한다. 발화자가 갖추어야 할 조건은 다음과 같다(Habermas, 1979: 29).

첫째, 발화자는 말이 맞는 이유 혹은 말의 내용이 전제하고 있는 것이 충분히 전달될 수 있는 방식으로 말해야 한다. 이는 진리성을 바탕으로 말의 타당성을 입증하는 것이다. 발화자가 자신의 말이 객관적 사실에 부합함을 보여줌으로써 정확한 말임을 주장해야 한다는 것이다. 그래야 청자들은 발화자의 말과 관련된 지식을 공유할 수 있다.

둘째, 발화자는 언어적 표현이 의도하는 바가 무엇인지를 드러낼 수 있는 방식으로 말해야 한다. 이는 진실성을 바탕으로 말의 타당성을 입증하는 것이다. 발화자가 자신의 말이 주관적 의미(의도나 목적)와 일관되게 표현되고 있음을 보여줌으로써 진정한 말임을 주장해야 한다는 것이다. 그래야 청자들이 화자를 신뢰할 수 있다.

셋째, 발화자는 승인된 규범 또는 수용된 자기 이미지에 맞게 말해야 한다. 이는 정당성을 바탕으로 말의 타당성을 입증하는 것이다. 발화자는 자신의 말이 사회적 규범이나 기대에 순응하고 있음을 보여줌으로써 올바른 말임을 주장해야 한다. 그래야 청자들은 화자와 공유된 규범을 갖게 된다.

타당성 주장은 명시적으로 이루어질 수도 있고 암묵적으로 이루어질 수도 있다. 예를 들어, '낙태는 살인이다'라는 말을 보자. 이 말에는 태아도 사람이라는 사실(명제의 진리성), 주장자가 실제로 그렇게 느끼고 있다는 점(표현의 진실성), 낙태는 정당하지 않다는 규범적 호소(규범의 정당성) 등이 포함되어 있다.

타당성 주장의 차원들은 서로 독립적이면서도 연결되어 있다. 예컨대 어떤 사람의 말이 사실인지를 따지는 것은 진리성의 차원의 문제이지 진실성이나 정당성 차원의 문제는 아니다. 그러나 진리성 차원의 주장이 타당한 것으로 받아들여지면 진실성 주장이나 정당성 주장에 영향을 미칠 수 있다.

② 소통과 책임

소통은 발화자가 자신의 말이 타당하다는 것을 논증해야 할 책임이 있기 때문에 가능한 것이다. 소통하는 동안 제시된 타당성 주장들이 정당한 것으로 여겨지고 소통이 그러한 바탕 위에서 문제없이 진행되기 때문에 발화자의 책임을 소통의 품질보증서라고 할 수 있다. 청자 역시 발화자의 타당성 주장과 관련하여 자신이 취하고 있는 입장에 대해 책임을 져야 한다. 발화자와 청자 모두 소통하는 동안 제기된 타당성 주장에 대해 공동의 책임을 지게 된다.

③ 이상적인 담화상황

합리적인 합의는 이상적인 담화상황에서만이 가능하다. 소통의 참여자들이 외적인 요소들 또는 권력에 의해 토론에 참여하는 데 방해를 받지 않는다면, 이상적인 담화상황이 가능하다. 예를 들어, 고용주와 피고용인의 대화에는 권력이 작용하기 때문에 동등한 타당성 주장이 불가능하다. 모든 참여자들에게 발화행위를 선택하고 수행하는 데 동등한 기회가 부여된다면 권력의 방해가 없다고 봐야 한다. 이상적인 담화상황은 다음과 같은 조건을 충족해야 가능하다.

A. 참여의 조건: 말할 수 있는 사람은 누구나 소통에 참여할 수 있다.
B. 담화의 방법
  a. 누구나 어떠한 주장에 대해서도 문제를 제기할 수 있다.
  b. 누구나 어떠한 주장이라도 제시할 수 있다.
  c. 누구나 자신의 태도, 바람, 욕구를 표현할 수 있다.
C. 권력의 배제: 어떠한 발화자도 담화 안에서든 밖에서든 어떠한 유형의 강제에 의해서 앞에서 제시한 권리를 행사하는 데 방해를 받아서는 안 된다.

실제상황에서는 정확히 이러한 조건에 따라 토론이 이루어지기는 어렵다. 그렇다고 이상적 담화상황이 순수하게 이론적 구성물이거나 유토피아적 이상에 불과한 것은 아니다. 하버마스에 따르면, 이상적 담화의 조건은 일상적인 상황에서 전제되고 있는 것이다. 다시 말해서 이 조건들은 일상적인 담화상황에서 발화행위의 주체들이 이해에 도달하는 과정에서 그리고 논증을 하는 과정에서 직관적으로 깨달은 규칙들을 정리한 것이다. 그렇다면 이상적 담화상황은 어떠한 기능을 하는가? 첫째, 이상적 담화상황은 토론에 참여하는 사람들이 논변을 통해 서로를 설득하려 할 때 갖추어야 할 조건들을 제시한다. 둘째, 이상적 담화상황은 일상생활에서 이루어지는 토론을 평가하기 위한 도구로 활용된다.

5. 디징(P. Diesing): 합리성의 유형

디징은 합리성을 기술적 합리성, 경제적 합리성, 사회적 합리성, 법적 합리성 그리고 정치적 합리성 등 다섯 가지 유형으로 분류한다.

1) 기술적 합리성(technical rationality): 효율성

기술적 합리성은 효율성을 추구한다. 효율성은 투입 또는 비용 대비 산출 또는 편익의 비율을 극대화는 것을 의미한다. 일련의 생산과정을 예로 들어보자. 원자재가 시스템으로 들어가면, 시스템의 경로를 따라서 처리되고 산물로서 시스템을 떠난다. 시스템의 각 부분들은 하나의 작업으로 특화되어 있으며, 수신, 저장, 이동, 처리 및 이출(移出) 등 일련의 작업이 수행된다. 작업들은 낭비를 줄이도록, 즉 재료와 부품들이 최대한 제품으로 변환될 수 있도록 설계된다. 기술적으로 추구하는 효율성은 인간과 인간이 아닌 물질에도 적용 가능한 비인격적인 성격을 갖는다.

2) 경제적 합리성(economic rationality): 가치의 극대화

경제적 합리성은 가치의 극대화를 추구한다. 일반적으로는 가치의 목표치가 결정되면 목표치 대비 달성치의 비율을 극대화하는 것이다. 경제성장률 목표치가 10%라면 최대한 10%에 가깝게 목표를 달성하는 것을 말한다. 경제적 합리성은 가치의 측정 및 비교로 이루어진다. 따라서 통일된 측정의 지표 ─ 돈, 시간, 칼로리 ─ 가 필요하다. 각 상품에는 교환가치를 표시하고 가치의 순서에 따라 순위를 식별하는 번호[가격]가 부여된다. 사람들은 일반적인 측정 지표를 이용하여 각자 나름대로의 순위를 정한다. 사람들이 생각하는 순위들 사이에 불일치가 발생할 때 교환이 이루어진다. A가 자신이 가지고 있는 물건에 대해 무가치하게 생각하고 있고, B가 그 물건에 대해 상당한 가치를 부여하는 경우, A와 B 사이에 교환이 이루어질 수 있다. 경제적 합리성의 목표는 가용 자원[투입]을 최대 제품[산출]으로 변환하는 것이다. 경제적 합리성이 기술적 합리성과 다른 점은 수량의 최대치가 아니라 가치의 최대치를 추구한다는 점이다. 가치의 최대치는 가치를 측정하는 방법에 의해 결정된다.

3) 사회적 합리성(social rationality): 연대

사회적 합리성은 상호의존 또는 연대에 초점을 맞춘다. 그것은 사람들이 공동행동에 참여하여 경험을 공유하고 서로를 이해할 때 실현된다. 지속적으로 행동과 경험을 공유하는 사람들은 끊임없이 서로에게 적응하고 끊임없이 변화한다는 의미에서 상호의존적이다. 상호의존적인 시스템의 부분들은 서로 맞추면서 서로의 완성에 기여한다. 거기에는 갈등과 분열은 존재하지 않는다. 그것들이 상호관계를 파괴할 수 있기 때문이다. 또한 이러한 시스템에 참여하는 사람들은 시스템과 관련하여 동일한 인지지도를 가져야 한다. 인지지도의 차이가 갈등과 분열을 야기할 수 있기 때문이다. 인지지도가 동일하면 시스템의 일부에서 이루어진 행동은 다른 부분에 의해 이해되고 올바르게 받아들여진다. 공동행동에 참여하는 사람들은 상호지원으로 신뢰와 자기 확신을 갖게 된다.

4) 법적 합리성(legal rationality): 예측가능성과 질서

법적 합리성은 행동의 예측가능성을 높이는 데 초점을 맞춘다. 정해진 규칙에 따라 사람들이 행동하게 된다면, 그만큼 서로의 행동을 예측할 수 있기 때문에 사회질서가 유지될 수 있다. 법은 각각의 법인격에게 어떤 자원이 사용 가능한 것인지, 각자가 어떤 행동을 수행하기 위해 어떤 사람에게 의지할 수 있는지, 각자가 어떤 행동을 수행해야 하는지를 결정하는 안내판이다. 여기에서 각각의 자원과 역할을 특정한 사람들에게 명확하고 정확하게 할당하고 어떤 사람이 기대하는 행동과 다른 사람이 수행하도록 요구받은 행동이 정확히 일치할 때 질서가 유지된다. 즉 각 개인이 할 수 있는 일과 해야 할 일에 대해 혼동이 없을 때 질서가 존재하게 된다.

5) 정치적 합리성(political rationality): 토론과 합의

정치적 합리성은 토론과 결정의 문제이다. 다양한 종류의 정보가 시스템에 입력된다. 그것은 사실적 차원과 규범적 차원에서 해석된다. 해석들은 행동을 위한 착상들을 낳는다. 이러한 착상들은 수정, 결합, 테스트를 통해서 두세 가지 대안으로 좁혀진다. 그리고 최종적인 선택이나 타협이 이루어진다. 이러한 일련의 과정에 덧붙여서 각각의 단계에서 점검하고 정정하기 위한 규정들이 존재한다. 보고된 내용들은 다양한 관점에서 비교 검토된다. 다양한 추론들은 새로운 관찰과 반대추론에 의해 검토된다. 행동 제안들은 반대 제안들에 의해 수정된다. 정보 수집 및 확인을 위한 적절한 규정, 제안을 만들고 확인하기 위한 적절한 규정, 제안을 선택하기 위한 적절한 절차가 있다면 시스템은 합리적이다. 여기서 적절성이란 시스템이 직면한 문제를 처리할 때의 효과를 의미한다.

II 합리성의 원리와 쟁점

1. 관료제의 지배원리는 도구적 합리성이다.

관료제의 지배적인 원리는 합리성이다. 관료제는 목표의 성취에 적합한 조직구조를 갖추고 효율적인 관리방식을 적용하고자 한다. 관료제의 조직구조는 계층과 분업의 원리에 따라 구축된다. 관료제는 공정하고 객관적인 업무가 가능한 인사관리 원칙을 발전시킨다. 관료제는 목표성취에 유효한 방식으로 설계되고 운영되어야 한다. 이러한 의미에서 관료제는 목적합리성 또는 도구적 합리성을 기본적인 원리로 삼고 있다고 할 수 있다.

관료제의 도구적 합리성은 구성원들의 도구적 이성을 활성화한다. 도구적 이성은 주어진 목표를 이루는 데 최선의 대안을 찾는 데 집중한다. 이러한 도구적 이성의 활성화는 관료제의 목표성취능력을 향상시키는 데 있어서 필수적인 요소이다. 그런데 이는 예상하지 못한 결과를 야기할 수 있다. 즉 관료들의 주어진 목표에 대한 성찰을 약화시킨다는 것이다. 관료들의 목표는 스스로 결정하는 것이 아니라 일반적으로 외부에서 결정되어 주어진다. 그러다 보면 목표에 대한 성찰은 목표를 결정하는 기관에서 하고, 관료들은 수단에 집중하는 것이 바람직한 것으로 보일 수 있다. 그렇게 되면 관료들은 왜 그런 일을 해야 하는가 하는 목적의식을 상실하게 될 위험이 있다. 또한 목표에 담긴 윤리적 의미를 간과할 가능성이 있다. 한마디로 관료들이 자신의 일에 대한 비판적 성찰 능력을 상실할 가능성이 높다는 것이다. 따라서 관료들이 비판적 성찰 능력을 잃지 않으면서도 도구적 이성을 활성화할 수 있는 방법에 대해 고민하지 않을 수 없다.

2. 관료제는 완벽하게 합리적일 수 없다.

관료제가 완벽하게 합리적일 수 없는 이유는 인간이 가지고 있는 지적 능력의 한계에서 찾을 수 있다. 인간의 정보처리능력이나 계산능력은 제한적일 수밖에 없다. 예컨대 자신의 능력으로 해결 가능한 문제에 대해서는 완벽하게 합리적일 수 있으나 자신의 해결 능력을 넘어서는 문제에 대해서는 합리적일 수 없다. 조직의 설계 문제는 인간의 제한된 능력으로는 완벽하게 해결할 수 없다. 현대 관료제의 환경은 복잡하고 변동이 심하다. 따라서 현재 합리적인 조직이 미래에도 합리적일 수 있다고 말할 수 없다. 이러한 이유 때문에 관료제는 완벽하게 합리적이라고 말할 수 없다.

제한된 합리성을 극복하는 방법은 두 가지이다. 하나는 신의 통찰력을 가진 철인왕이 관료제를 설계하는 것이다. 그러나 이것은 근본적으로 불가능하다. 다른 하나는 오류가능성을 전제하여 조직을 설계하는 것이다. 이는 최선의 설계라기보다는 최악을 피하는 설계라고 할 수 있다. 환경의 불확실성이 크면 클수록 보수적 설계와 운영이 불가피하다. 오류가능성을 전제로 하는 조직의 설계는 마치 자동차에 핸드 브레이크를 설치하는 것처럼 구조적으로 보조 장치를 설계하는 것이다. 관리적 차원에서는 표준적인 작업절차를 구축하는 것은 물론이고 소통을 활성화하여 절차적 합리성을 실현하는 것이다.

관료제는 완벽하게 합리적일 수 없다. 따라서 오류가능성을 전제로 하여 오류수정을 가능하게 하는 구조와 절차를 구축하는 것이 바람직하다. 즉 절차적 합리성을 추구하는 것이 바람직하다. 그렇다면 어떤 절차가 합리적인가? 자칫 이 물음은 무한회귀에 빠질 수 있다. 여기에서 벗어나는 길은 조직 내에서 소통을 활성화하여 집단지성을 활용하는 것이다. 문제는 계층과 분업의 장벽을 넘어 소통을 활성화할 수 있는 방법을 찾는 것이 쉽지 않다는 것이다.

3. 관료제가 추구하는 합리성은 다양하다.

관료제가 추구하는 합리성은 하나가 아니다. 예컨대 정치적으로는 민주성과 중립성을, 법적으로는 합법성을, 윤리적으로는 형평성 또는 공평성을, 경제적으로는 능률성과 효과성을, 소통적으로는 투명성을 추구한다.

1) 정치적 합리성: 민주성과 중립성

정부 관료제의 행정은 정치적으로 합리적이어야 한다. 정치적 합리성은 두 가지 차원에서 논의될 수 있다. 하나는 민주성이고, 다른 하나는 중립성이다.

첫째, 민주주의는 인민주권을 기본 정신으로 한다. 주권자로서 국민은 평등하며 자유롭다. 공공행정은 이러한 민주주의의 기본정신을 실현하는 방식으로 이루어질 때, 합리적이라고 할 수 있을 것이다. 공공행정의 정치적 합리성의 원리로서 민주성은 주인으로서 국민의 권리를 보호하고 신장시키기 위한 이념을 의미한다. 그렇다면 어떻게 하는 것이 민주성의 이념을 실현하는 길이 될까? 주인으로서 국민의 참여가 보장되고 신장되어야 하며, 공적 봉사활동으로서 행정은 주인의 요구에 민감하게 반응하여야 할 것이다. 그리고 보다 적극적으로 국민과 협력에 기초한 공공행정의 가능성을 제고해야 할 것이다.

둘째, 정치적 중립성의 의미는 복합적이다. 중립성을 강조하는 이유는 행정을 정치적 영향으로부터 자유롭게 하는 것이며, 동시에 행정이 정치에 영향을 미치는 행위를 최소화하기 위한 것이다. 행정의 정치화는 행정의 공정성과 효율성을 무너뜨리

는 결과를 가져오기 때문이다. 일반적으로 정치적 중립성은 정치-행정 이원론에 입
각하여 공무원의 정책결정 관여 배제, 충성이 아닌 실적에 따른 공무원의 선발과 관
리, 선거운동 등의 당파적 정치활동 금지, 정치적 고려를 배제한 객관적, 전문적 판
단에 근거한 행정, 정권의 정책 및 행정에 대한 공개적 비판의 금지, 개인적인 철학
이나 의견과 무관하게 충실한 정권 정책의 수행 등을 의미한다(박천오, 2011).

2) 법적 합리성: 합법성

합법성은 공공행정이 따라야 할 법률은 행정부가 아닌 의회에서 만들어져야 하
며, 공공행정은 그렇게 만들어진 법률에 근거하여 수행되어야 하고, 법률에 위배되는
행위를 해서는 안 된다는 이념이다(김항규, 2003). '법의 지배' 정신이 등장하게 된 사
회정치적 배경을 통해서 볼 때, 합법성은 단순히 형식적으로만 해석될 수 없다. 법의
지배는 지배자의 자의로부터 시민의 권리를 보호하기 위한 것이다. 그러니까 주인인
시민이 대표를 선출하여 그들로 하여금 공복인 공무원들이 따라야 할 법을 만들고,
그 법을 지키게 함으로써 자신의 권리를 보호할 수 있게 하는 것이 바로 법의 지배이
다. 이러한 의미에서 합법성은 공무원의 자기방어나 시민에 대한 통치와 규제보다는
공무원의 자의적 행위로 말미암아 시민의 권리가 침해되는 것을 막는 것에 무엇보다
도 우선적인 가치를 부여하는 이념이라고 할 수 있다.

3) 윤리적 합리성: 형평성

공공행정은 중립적이어야 하나? 공무원의 중립성은 정파적 이해관계가 행정활동
에 개입하여 행정의 불편부당성을 훼손할 가능성을 막기 위한 장치이다. 그러니까
공무원의 중립성은 정치적 중립성을 의미하는 것이지, 윤리적 중립성을 의미하는 것
은 아니다. 그렇다면 공공행정이 윤리적으로 어떤 가치를 추구해야 한다면, 그것은
무엇일까? 그것은 국민을 존중하고 평등하게 대우하는 것이어야 할 것이다. 그렇다면
평등하게 대우한다는 말의 의미는 무엇일까? 기계적으로 모든 사람들을 똑같이 대우
해야 그들을 존중하는 것일까? 가령 몸무게와 무관하게 권투시합을 진행하는 것이
모든 사람을 평등하게 대우하는 것인가? 좋은 성적을 낸 사람과 그렇지 못한 사람 모

두에게 똑같이 상을 주는 것이 평등한 대우인가? 사실상 기계적인 평등은 오히려 불평등을 심화시킬 수 있다. 따라서 평등의 원칙을 기계적 평등원칙으로 이해할 것이 아니라, 동일한 범주에 속하는 사람들은 동일하게 대우하고, 다른 범주에 속하는 사람들은 다르게 대우하는 원칙으로 이해하는 것이 보다 타당성이 높다. 일반적으로 이러한 평등의 적용방식을 형평성 또는 공평성이라고 한다. 형평성은 동일범주 동일대우의 원칙과 다른범주 다른대우의 원칙을 내용으로 한다. 예컨대 체급을 나누어 동일한 체급에 속하는 선수들끼리 권투시합을 진행한다면, 시합의 타당성을 높일 수 있다. 또한 우수한 성적과 낮은 성적을 분리하여 높은 성적을 거둔 사람에게 상을 주는 것이 상의 타당성을 높일 수 있을 것이다.

4) 경제적 합리성: 능률성과 효과성

경제적 차원에서 공공행정의 합리성은 능률성과 효과성이다.

첫째, 능률성은 투입과 산출의 비율을 의미한다. 가능한 최소한의 투입으로 최대의 산출을 내는 것, 주어진 투입으로 최대의 산출을 내는 것, 주어진 산출을 내기 위해 최소한의 투입을 들이는 것 등으로 이해된다. 또는 자원의 낭비를 최소화하고 자원의 활용도를 높이는 것 역시 능률이라 할 수 있다. 따라서 능률은 결과만을 강조하는 것이 아니라 과정을 함께 고려하는 원리라고 하겠다.

둘째, 효과성은 일반적으로 목표치와 달성치의 비율, 즉 목표의 달성정도를 의미한다. 예컨대 100점을 목표로 공부하여 시험을 보았는데 80점을 받았다면, 그의 목표 달성도는 80%가 된다. 이와 같이 효과성은 과정보다는 결과 그 자체에 중점을 두는 원리라고 하겠다. 효과성은 목표달성을 위해 투입이 과다하게 이루어지는 경우도 크게 문제 삼지 않는다.

5) 소통적 합리성: 투명성

국민은 주인이며 정부는 대리인이다(Eisenhardt, 1989). 주인과 대리인 사이에서 발생할 수 있는 문제는 무엇일까? 그것은 바로 정보의 비대칭성이다. 대리인은 구체적인 업무와 관련하여 질적으로 전문적인 정보와 양적으로 많은 정보를 가지고 있다.

그에 반해서 주인은 상대적으로 충분한 지식을 가지고 있지 않다. 따라서 대리인은 자신의 지식과 정보력을 바탕으로 주인을 기만할 가능성이 있다. 관료제를 특징짓는 비밀주의와 선택적 정보의 유출은 대표적인 예라고 하겠다. 주인으로서 국민은 '알 권리'가 있고, 대리인으로서 정부는 주인에게 정보를 '알릴 의무'가 있다. 이러한 권리와 의무관계가 적절하게 유지되어야 함을 강조하는 이념이 투명성이다. 투명성은 '밖에서 안을 들여다 볼 수 있는 조건이나 상황'을 의미한다. 유리를 통해 밖에서 안을 들여다 볼 수 있는 것은 빛의 통과를 통해 이루어진다. 사회적 의미에서의 투명성은 정보의 흐름을 통해서 이루어진다. 정보의 흐름이 자유로울수록 투명성은 더욱 높아진다고 말할 수 있다.

문제는 다양한 차원의 합리성들이 조화를 이룰 수도 있지만 서로 충돌하는 경우도 발생한다는 데 있다. 예를 들어, 효율성을 추구하는 경제적 합리성은 구성원들 간의 유대를 추구하는 사회적 합리성과 충돌할 수도 있다. 효율성을 추구하다 보면 사람들 간의 인격적 관계가 훼손될 수도 있기 때문이다. 이러한 충돌이 발생할 때, 어떤 합리성을 우선적으로 고려해야 할 것인가 하는 합리성의 우선순위 문제가 발생하게 된다.

법의 지배 원리

관료제의 기본적인 원리들 가운데 하나는 '법과 규칙에 의한 운영'이다. 말 그대로 자의적이거나 즉흥적인 판단에 따라 조직이 운영되는 것이 아니라 객관적이고 안정적이며 지속성을 갖는 법과 규칙에 따라 조직이 운영된다는 것이다. 그렇다면 법과 규칙에 의한 운영이라는 원리가 관료제의 기본원리로 자리를 잡게 된 이유는 어디에서 찾을 수 있을까? 그것은 '법의 지배(rule of law)' 혹은 '법치'를 기본원리로 하는 서구의 근대 자유민주주의의 등장에서 찾을 수 있을 것이다. 물론 그렇다고 해서 동서양의 고대나 중세에 법치사상이 존재하지 않았다는 것은 아니다. 이 장에서는 법치사상의 기원과 발전을 서구의 고대, 중세, 근대사상에서 살펴보고, 관료제의 기본원리로서 '법과 규칙에 의한 운영'이 갖는 의미에 대해 논의한다.

Ⅰ 법치사상의 기원과 흐름

1. 고대: 그리스-로마시대

1) 아리스토텔레스(Aristotles): 법치가 인치보다 이성적이다.

Aristotles
B.C.384-322

아리스토텔레스를 통해서 법치사상의 맹아적 형태를 볼 수 있다. 그는 ≪정치학≫에서 사람에 의한 지배, 즉 인치(人治)와 법에 의한 지배, 즉 법치 가운데 무엇이 더 유익한지에 대한 탐구를 제안한다. "그 탐구의 출발점은 최선의 사람에 의해 지배받는 것이 더 유익한지, 아니면 최선의 법에 의해서 지배받는 것이 더 유익한지이다(1286a)." 이러한 탐구를 통해 아리스토텔레스는 인치보다는 법치가 유익하다는 결론에 도달한다. "동등한 사람들로 구성된 폴리스에서 절대 군주정 또는 모든 시민들에 대한 한 명의 주권자에 의한 자의적 지배는 참으로 자연스럽지 않은 것으로 생각된다. … 바로 그러한 이유 때문에 동등한 사람들 사이에서는 모든 사람들이 지배하는 것 뿐만 아니라 지배받는 것이 정의롭고, 따라서 모든 사람들이 번갈아가면서 그렇게 하는 것이 정의롭게 생각된다. 그러므로 법의 지배가 개인의 지배보다 더 선호될 수 있다. 이와 같은 원리에 따르면, 비록 어떤 개인들이 지배를 더 잘한다 하더라도, 그들은 다만 법의 수호자와 봉사자여야 한다. … 그러므로 법이 지배하도록 명령하는 자는 신과 이성만이 지배하도록 명령하는 것으로 여겨질 수 있지만, 인간이 지배하도록 명령하는 자는 짐승적인 요소를 덧붙이는 것이다. 왜냐하면 욕망은 야수이고, 격정은 지배자들이 최선의 인간들일 때조차도 그들의 마음을 왜곡시키기 때문이다. 법은 욕망에 의해 영향을 받지 않는 이성이다(1287a)." 결국 아리스토텔레스는 감정의 굴레에서 벗어날 수 없는 인간의 한계 때문에 냉철한 이성의 원리에 상응하는 법이 정의로운 질서를 형성하는 데 유익하다는 결론에 도달한다. 아리스토텔레스가 본격적으로 법치문제를 다룬 것은 아니지만, 중세 및 근대의 법치사상의 핵심을 담고 있음을 볼 수 있다.

2) 키케로(Cicero): 지배자는 말하는 법이고, 법은 말이 없는 지배자이다.

키케로의 ≪법 *The Laws*≫에서는 법치사상과 관련하여 다음과 같은 언명을 발견할 수 있다. "총독의 권한은 다음과 같습니다. 그는 법에 따라 올바르고 유익한 행동을 해야 하고 명령을 내려야 합니다. 마치 총독들이 법에 예속된 것처럼, 백성들은 총독들에게 예속되어 있습니다. 사실 총독은 말하는 법이고, 법은 말 없는 총독이라고 말할 수 있습니다(Book 3, 157)." 지배자가 법에 예속되어 있고, 피지배자가 지배자에 예속되어 있다는 말은 결국 지배자이건 피지배자이건 모두가

Cicero
B.C.106-43

법에 예속되어 있다는 말과 다르지 않다. 특히 인용문에서 '지배자는 말하는 법이고 법은 말이 없는 지배자'라는 표현은 주목할 만하다. 이 말은 지배자는 인격화된 법이고, 법은 탈인격화된 지배자라는 의미로 풀이될 수 있는데, 이는 곧 인치는 법치이고 법치는 인치라는 등식을 가능하게 한다. 요컨대 인치는 법에 근거하지 않고는 정당화될 수 없으며, 법치는 사람을 통하지 않고는 실현될 수 없다. 이러한 의미에서 키케로의 주장은 음미할만한 가치가 충분하다고 하겠다.

2. 중세

마그나 카르타(Magna Carta): 법은 개인의 권리를 보호하기 위한 것이다.

중세에서 근대로 넘어가는 시점은 귀족이나 신흥 부르주아계급이 절대군주를 경제적으로 지원하는 대가로 자신들의 권리를 보장받기 위한 시도들이 이루어지는 때라고 할 수 있다. 이를 대표하는 사건이 1215년 영국의 존(John) 왕이 '마그나 카르타'에 서명한 것이다. 마그나 카르타 조문 가운데 특히 39조는 법치사상의 핵심을 담고 있다. "자유민은 동등한 사람들의 적법한 판결이나 국법에 의하지 아니하고는 체포,

Magna Carta

구금되거나, 권리나 재산을 박탈당하거나, 추방되거나, 다른 방법으로 자신의 지위를

침해당하지 않으며, 우리는 강제로 그 사람에 대하여 절차를 진행하거나 다른 사람들을 보내어 그렇게 하도록 하지 않는다(Magna Carta 39)." 마그나 카르타 39조는 왕이 자유로운 신민들의 생명과 자유 그리고 재산을 자의적인 권력행위에 의해 빼앗는 것을 막기 위한 장치이다. 그것은 개인들의 운명이 단 한사람, 즉 왕의 손에 맡겨져서는 안 된다는 것을 확인하고, 개인에 대한 판결은 법에 따라 이루어져야 함을 요구한다. 마그나 카르타는 영국에서 처음으로 '적법 절차(due process)'라는 개념의 씨앗을 심었다. 적법 절차는 모든 사람에게는 자신들의 재판과정에서 공정하고 불편부당한 심리를 받을 권리가 있음을 의미한다. 마그나 카르타 39조에서 국가로부터 개인의 권리 보호를 강조하는 근대 자유주의 사상의 맹아를 볼 수 있다. 여기에서 법치사상의 핵심은 법의 지배는 개인의 기본권을 보호하는 데 목적을 두고 있다는 것이다.

3. 근대 및 현대

1) 로크(John Locke): 국가는 선포되고 승인된 법에 따라 통치해야 한다.

John Locke
1632-1704

로크는 《통치론》에서 사람들에게 공표되고 알려져 있는 법을 통한 통치의 중요성을 강조한다. 특히 그는 법에 의한 통치를 '즉흥적이고 자의적인 명령'과 대비하여 설명한다. "국가의 입법권이나 최고의 권력을 가진 사람은 그 누구든지 즉흥적인 명령이 아니라 사람들에게 선포되고 알려진 정립된 법에 의해 지배해야 한다(§131)." "입법권 혹은 최고의 권력은 즉흥적이고 자의적인 명령에 의해 지배할 권한을 가질 수 없다(§136)." 즉흥적이라는 말은 심사숙고의 미덕과 상치되는 것이며, 자의적이라는 말은 일반적으로 억압적이라는 의미로 사용된다. 그러니까 숙고하지 않고 이루어지는 억압적인 명령은 개인의 권리를 침해할 가능성이 매우 높다. 그렇게 되면 계약론자로서 로크가 벗어나고자 했던 '자연 상태'에 견주어 사회상태가 하등 나을 것이 없게 된다. "국가가 어떠한 형태를 취하든, 통치 권력은 즉흥적인 명령과 불확실한 결정이 아니라 선포되고 승인된 법에 따라 통치해야 한다. 왜냐하면 만약 인류가 한 사람이나 소수의 사람들을 다중의 결합된 권력으로 무장시키고, 그들의 행동을 인도하거나 정당화할 수 있는 어떠한 수단도 만들게 하지 않은 상태에서 터무니없고 무제한적일 정도로 즉흥적인 생각이나 무절제하고 그 순간까지 알려지지 않은 의지에 순순히 복종하도록 강요한다면, 인류는 자연 상태에 있을 때보다도 훨씬 더 열악한 상황에 처하게 될 것이기 때문이다(§137)."

2) 몽테스키외(Montesquieu): 권력분립은 개인의 자유를 보장한다.

Montesquieu
1689-1755

몽테스키외의 고민은 정부의 권력으로부터 개인의 권리를 보호하는 것이다. 정부는 법치의 정신에 따라 통치를 하겠지만, 그 법을 누가 만들고 집행하며 판단할 것인가 하는 문제가 제기되지 않을 수 없다. 만일 법을 만들고, 집행하며, 판단하는 기능을 어느 한 개인이나 기관이 독점한다면, 법치가 이루어진다 하더라도 개인의 권리를 보장할 수는 없다. 왜냐하면 권력의 독점은 전제를 야기할 것이고, 결국 개인의 권리는 심각한 위협에 빠질 것이기 때문이다. "입법권과 집행권이 동일한 사람에게 … 속하게 된다면, 자유는 존재할 수 없다. 왜냐하면 동일한 군주가 … 전제적인 법률들을 제정하고 전제적인 방식으로 그 법률들을 집행할 우려가 있기 때문이다. 만약 사법권이 입법권과 집행권으로부터 분리되지 않는다면, 자유는 존재할 수 없다. 사법권이 입법권과 결합된다면, 신민의 생명과 자유는 자의적인 지배를 받게 될 것이다. 왜냐하면 판사가 곧 입법자이기 때문이다. 만약 사법권이 집행권과 결합된다면, 판사는 폭력적이고 억압적으로 행동하게 될 것이다. 동일한 사람이나 동일한 기관 — 귀족들로 구성되건 아니면 인민들로 구성되건 — 이 법을 제정하는 권력, 공적 해결책을 집행하는 권력, 그리고 개인들의 소송사건들을 심리하는 권력 등 삼권을 행사한다면, 모든 것은 끝나고 말 것이다(Book XI, s. 6)." 따라서 몽테스키외는 권력은 오직 권력에 의해서만 견제될 수 있다는 원리를 토대로 하여, 정부의 권력을 분화하고, 분화된 권력들이 상호 견제하는 방법을 제시한다. 소위 삼권분립은 권력의 독점을 막음으로써 정부로부터 개인의 권리를 보호하려는 법치주의 정신을 구체적으로 실현하기 위한 시도라고 하겠다.

3) 미국의 연방주의자들(Federalists): 정부는 스스로를 통제해야 한다.

미국의 연방주의자들 가운데 제임스 메디슨(James Madison)은 몽테스키외의 권력분립의 원리를 그대로 수용한다. "만일 사람들이 천사라면, 어떠한 정부도 필요하지 않을 것이다. 사람들이 사람들을 통치하는 정부를 구성할 때, 가장 큰 어려움은 다음과 같다. 먼저 정부가 피치자들을 통제하도록 해야 한다는 것이다. 다음으로 정부가 정부 스스로를 통제하도록 해야 한다는 것이다(Madison, 1788. No. 51)." 인용문은 '법의 지배(rule of law)'가 '법에 의한 지배(rule by law)'로 타락하는 것을 막는 데 초점을 맞춘다. '법에 의한 지배'는 법을 수단으로 하는 통치를 말한다. 이 경우에 법은 권력의 수단일 뿐 권력을 인도하거나 제어, 견제, 구속하는 주체가 되지 못한다. 한마디로 지배의 주체는 권력자이다. 반면 '법의 지배'는 법이 곧 지배의 주체가 된다. 따라서 지배자와 피지배자 모두가 법에 구속된다. 법의 지배는 반드시 법에 의한 지배를 포함하지만, 법에 의한 지배는 반드시 법의 지배를 포함하는 것은 아니다. 스스로를 통제하지 않는 정부는 법 위에 군림하여 법을 수단으로 지배권을 행사할 가능성이 있다. 법에 의한 지배의 가능성을 차단하고 순수한 법의 지배를 확보하는 것은 중요한 문제가 아닐 수 없다. 미국 헌법의 초안자들은 정부기관들(입법부, 집행부, 사법부)에게 권력을 나누어줌으로써 이 문제를 해결한다(Madison, 1788. No. 47). 이러한 '권력분립'은 어느 한 개인이 절대적인 권력을 독점하거나 법 위에 설 수 없음을 보장한다. 그것은 기관들 간의 견제와 균형을 통해 권력의 일방적 작동을 막아준다. 법의 지배가 반드시 미국식의 권력분립에만 의존하는 것은 아니다. 예컨대 의원내각제 체제에서는 집행부와 입법부의 권력이 결합되어 있다. 불신임 투표나 주기적인 선거와 같은 절차들이 의회를 지배하는 정당을 견제하는 기능을 한다. 중요한 것은 정부가 어떤 형태이건 정부의 어느 한 개인이나 기관이 권력을 독점함으로써 법 위에 서는 것을 막을 수 있는 기제를 가지고 있어야 한다는 것이다.

4) 다이시(Albert V. Dicey): 어떠한 자의적 권력도 허용되어서는 안 된다.

영국의 헌법학자인 다이시는 19세기에 법의 지배 개념을 유행시킨 인물이다. 그는 《헌법연구서설》의 '법의 지배: 그 본질과 일반적 적용'이라는 장에서 법치의 세

CHAPTER 05 법의 지배 원리 __ 103

가지 특성을 제시한다. 첫째, 법의 지배는 정부가 자의적 권력을 행사할 수 없다는 것을 의미한다. 요컨대 법의 지배는 자의적 권력에 반하는 것으로서 법의 절대적 우위성을 표현한다. 법의 지배는 정부의 자의성, 특권, 그리고 광범위한 재량을 배제한다. "법을 어겼다는 점이 일반적인 국내 법정에서 일반적인 법적 방법으로 분명히 판명되지 않으면 어느 누구도 처벌받거나 신체 또는 재산상 불이익을 당하도록 법으로 강제되지 않는다(Dicey, 1985: 110)." 둘째, 법의 지배는 '법 앞

Albert V. Dicey
1835-1922

의 평등'을 의미한다. 법의 지배는 "어느 누구도 법 위에 있지 않다는 점뿐 아니라, (이와는 별개의 문제로서) 지위나 신분을 막론하고 누구나 국내의 일반적인 법에 구속되고, 일반적인 법정이 행사하는 재판권에 복속된다는 것이다(Dicey, 1985: 114). 셋째, 불문헌법을 따르는 영국의 특수한 경우로서, 법의 지배는 헌정에 깊게 스며들어 있다. "영국 헌법에 법의 지배가 스며있다고 할 수 있는 근거는, 영국에서는 법원에 제기된 구체적 사건들에서 사인들 간의 권리를 결정짓는 법원 판결의 결과로 헌법의 근본 원리들(예를 들어, 개인들의 자유권이나 집회의 권리 등)이 생겨난 것인 반면, 여러 외국의 제도 하에서는 개인의 권리들에 대한 보장이 헌법의 일반 원리로부터 도출되거나 도출되는 것처럼 보이기 때문이다(Dicey, 1985: 115)."

5) 하이에크(Friedrich A. Hayek): 법은 예측 가능성을 높여준다.

신자유주의의 사상적 정당성을 기초한 하이에크는 법의 지배와 예측 가능성 간의 관계에 주목한다. "모든 세부적인 것들을 벗겨내면, 이것은 정부의 모든 행위가 사전에 선포되고 고정된 규칙들에 따라야 한다는 것을 의미한다. 규칙들은 당국이 특정한 상황에서 강제력을 사용하는 방법을 확실하게 예측하는 것, 그리고 이러한 지식을 바탕으로 개인이 자신의 계획을 세우는 것을 가능하게 한다(Hayek, 2007: 112)." 하이에크는 법의 지배를 적절히 실현하기 위해서는 법이 일반성,

Friedrich A. Hayek
1899-1992

평등성, 확실성이라는 조건을 갖추어야 한다고 본다(Tamanaha, 2004: 66). 첫째, 일반

성은 법은 특정한 개인에 초점을 맞추는 것이 아니라 추상적인 용어로 사전에 제정되어야 한다는 것이다. 법은 예외 없이 사전에 기술된 조건 안에서 행동한 모든 사람들에게 적용된다. 둘째, 평등성은 법이 사람들을 자의적으로 차별하지 않고 모든 사람에게 동등하게 적용되어야 한다는 것이다. 셋째, 확실성은 법에 예속된 사람들은 어떤 규칙들이 자신들의 행동을 지배하기 위해 선택될지, 그리고 그러한 규칙들이 어떻게 해석되고 적용될지에 대해 예측할 수 있어야 한다. 예측가능성은 행동의 자유를 장려하는 필수적인 조건이다.

6) 풀러(Lon L. Fuller): 합법성은 법의 내적 도덕성이다.

Lon L. Fuller
1902-1978

풀러는 ≪법의 도덕성 *The Morality of Law*(1964)≫에서 합법성(legality) 이론을 제시하였는데, 일반적으로 전통적인 '법의 지배' 원리를 더욱 심화하려는 시도로 해석되고 있다. 그는 합법성을 '법의 내적 도덕성'으로 규정하고, 법과 도덕의 관계를 재구성하고자 한다. 풀러는 '법을 가능하게 하는 도덕', 혹은 '법다운 법'을 만드는 데 따라야 할 합법성의 원칙들을 제시한다(Fuller, 1964: Chp.Ⅱ). (ⅰ) 법은 일반적이어야 한다. (ⅱ) 법은 공포되어야 한다. (ⅲ) 소급입법과 그것의 적용은 최소화되어야 한다. (ⅳ) 법은 분명하고 이해할 수 있어야 한다. (ⅴ) 법률체계에는 모순이 없어야 한다. (ⅵ) 법은 불가능한 것을 요구해서는 안 된다. (ⅶ) 법은 일관성이 있어야 한다. (ⅷ) 공식적인 행위는 선언된 법과 일치해야 한다. 합법성이 법의 내적 도덕성이라는 말의 의미는 무엇일까? 첫째, 합법성이 '도덕'이라는 말은 제시된 원칙들이 국가가 법을 만들 때 준수해야 할 의무라는 의미이다. 둘째, 합법성의 원리들이 '내적'이라는 말은 법이 법 외적인 도덕원칙들, 예컨대 서로 사랑하라는 종교적 도덕원칙이나 사회정의라는 정치적 도덕원칙에 기원을 두고 있는 것이 아니라는 의미이다.

그렇다면 합법성의 원칙들이 도덕적이라고 말할 수 있을까? 이에 대한 풀러의 입장은 많은 논쟁을 불러일으켰다. 여기에서는 다만 풀러의 입장만을 간단히 정리한다. 첫째, 합법성의 원칙들이 반영된 법에 의해 지배받는 것이 그렇지 않은 경우보다 더 유익하다는 것이다. 왜냐하면 법은 사람들에게 예측을 가능하게 함으로써 자신의 인생 계획을 설계할 수 있는 계기를 제공할 수 있기 때문이다. 따라서 어떤 정치체제가 우리들의 생각과 다소 다른 목적을 추구한다 하더라도, 법질서의 구성을 통해 우리를 지배한다면, 그렇지 않은 경우보다는 더 유익하다는 것이다. 한마디로 합법성의 원칙에 따른 법은 정도의 차이는 있겠으나 사람들에게 선택의 기회를 제공한다는 점에서 도덕적이라는 것이다. 둘째, 사회체제의 도구들 가운데 법은 다른 무엇보다도 정치적, 도덕적 목적을 실현하는 데 더 적합하다는 것이다. 사회체제의 목적이 시장경제질서라면, 법은 매우 효과적인 도구이다. 반면 사회체제의 목적이 사람들을 공포에 떨게 하여 복종하게 하는 것이라면, 법은 훨씬 덜 효과적이다. 법은 정치체제가 선택할 가능성이 있는 실질적인 목적들에 대해 중립적이지 않다. 요컨대 법은 항상 그 자체의 선을 제공할 뿐만 아니라 체제들이 추구할 가능성이 있는 목적들을 제한하기도 한다.

7) 래즈(J. Raz): 법의 지배는 사람들의 법에 대한 존중에 의존한다.

래즈는 법의 지배를 법체계가 갖추어야 하고, 법체계가 판단될 수 있는 자유주의적인 정치적 미덕들 가운데 하나로 본다. 민주주의, 정의, 평등, 인권, 인간의 존엄에 대한 존중과 같은 미덕들과 법의 지배를 혼돈해서는 안 된다는 것이다(Raz, 1977: 211). 예컨대 인권을 억압하는 악법도 법의 지배 원리에 따라 법체계 안에 존재할 수 있기 때문이다. 래즈는 법의 지배를 두 측면에서 설명한다. 하나는 사람들은 법에 의해 지배되어야 하고, 법을 준수해야 한다는 것이다. 다른 하나는 법이 사람들이 그것에 의해 지배될 수 있는 그러한 자격을 갖추어야 한다는 것이다(Raz, 1977: 213).

Joseph Raz
1939

그렇다면 과연 사람들이 법을 준수해야 할 의무가 있는가? 사실상 도덕적으로 사람들이 법을 준수해야 할 의무를 정당화하기는 어렵다. 다만, 사람들이 '법에 대한 존중'의 태도를 가지고 있다면, 법체계 안에서 도덕적으로 법을 준수해야 할 의무를 갖게 된다(Raz, 1977: 250). 그렇다면 사람들이 준수할 만한 법은 어떤 법인가? '법다운 법'이 법에 대한 존중의 태도를 촉발할 수 있다는 점에서 래즈는 몇 가지 '법다운 법'이 존재할 수 있는 조건을 제시한다(Raz, 1977: 14–18). (ⅰ) 법은 소급적용이 제한되어야 하고, 공개적이며 분명해야 한다. (ⅱ) 법은 상대적으로 안정적이어야 한다. (ⅲ) 입법은 공개적이고 안정적이며 명확하고 일반적인 규칙들에 따라 이루어져야 한다. (ⅳ) 사법부의 독립이 보장되어야 한다. (ⅴ) 자연적 정의의 원리들 — 법의 정확한 적용을 위한 공개적이고 공정한 심리, 편견의 배제 등 — 이 준수되어야 한다. (ⅵ) 법정은 다른 원리들의 집행을 지배하는 권력들을 심리 — 하위입법과 의회입법에 대한 심리, 행정행위에 대한 심리 — 해야 한다. (ⅶ) 법정은 접근이 용이해야 한다. (ⅷ) 범죄 예방 기관들의 재량은 법을 왜곡할 정도로 허용되어서는 안 된다.

Ⅱ 법과 규칙에 의한 운영 원리와 쟁점

1. 관료제는 자의성을 배제한다.

관료제는 기본적으로 감정, 선호, 사적인 욕망이나 이해관계에 의해 조직이 운영되는 것을 배척한다. 감정, 선호, 사적 욕망이나 이해관계에 의한 의사결정은 즉흥적이며 일관성이 없기 때문에 조직의 안정성을 해칠 뿐만 아니라 권위적인 조직 분위기를 만들어낼 가능성이 높다. 또한 구성원들이 자신들의 임무에 충실하기보다는 상관이나 권력자에 충성하는 데 우선권을 둘 가능성이 높기 때문에 구성원들의 책임 있는 활동을 기대하기 어렵다. 따라서 관료제는 자의적 권력이 작동할 수 있는 가능성을 배제하는 데 관심을 둔다. 요컨대 관료제는 업무와 권한을 명확하게 규정함으로써 자의성이 개입될 여지를 최소화하려 한다.

문제는 법이나 규칙은 조직 활동의 세세한 부분까지 모두 담아낼 수 없다는 데 있다. 실제로 다루어야 할 문제들은 사례마다 고유한 특성들이 있기 때문에 일괄적으로 다룰 수 없는 한계가 있다. 따라서 규정들은 추상적이고 광범위하게 만들어질 수밖에 없다. 그렇게 되면 추상적인 규정을 구체적인 사례에 적용하는 데 있어서는 '재량'이라고 하는 소위 자의적 권한행사가 이루어질 수밖에 없다. 문제는 법의 지배

정신과 재량이 양립할 수 없는 관계에 있는가 하는 것이다. 물론 양자는 역비례관계에 있다고 할 수 있다. 요컨대 규정이 구체화되면 될수록 재량의 범위는 더욱 좁아질 것이다. 그렇다면 재량의 범위를 최소화하기 위해 규정을 보다 구체화하는 것이 바람직한 일일까? 재량을 자의적 권력으로 이해하게 되면, 규정의 구체화는 자의적 권력의 최소화에 필수적인 조건이 될 것이다. 그러나 재량은 단순히 자의적 권력의 의미로만 제한될 수 없는 특징을 가지고 있다. 요컨대 재량은 다른 시각에서 보면, 구성원이 창의성을 발휘할 수 있는 공간이라고 할 수 있다. 재량이 규정을 만들 당시에 고려하거나 예견하지 못한 문제에 창조적으로 대응할 수 있는 여지를 제공할 수 있다는 점에서 보면, 규정의 구체화는 규정의 과잉과 함께 경직성을 야기함으로써 예측 불가능한 문제들에 대처하는 데 방해가 될 수도 있다.

따라서 자의적 권력을 배제하는 관료제의 특성은 항상 다음과 같은 문제를 제기한다. 법과 규칙에 의한 운영과 재량은 양립 가능한가? 규정은 어느 정도까지 구체화되어야 하는가? 구성원들의 재량권은 어느 정도까지 허용되어야 하는가? 이러한 물음들에 대해 보편적인 답을 찾을 수는 없을 것이다. 조직마다 상황이 다르고, 동일한 조직도 시간에 따라 상황이 변화하기 때문에 항상적으로 이러한 문제들을 의식적으로 고려할 필요가 있을 것이다.

2. 관료제의 이념은 합법성이다.

합법성은 관료조직의 구성원들이 적법한 절차에 따라 행정활동을 해야 함을 의미한다. 삼권분립의 정신에 따르면, 정부의 관료조직, 즉 행정부에서는 입법부에서 만들어진 법률에 따라 행정 활동이 이루어져야 한다는 것을 의미한다. 입법부는 국민들의 의지와 의견을 대변하는 기관으로서 행정부가 어떠한 목적을 이루기 위해 어떠한 방법으로 행정활동을 해야 할 것인지를 결정한다. 행정부는 그렇게 결정된 것들을 실제로 집행하는 기능을 수행한다. 그러한 의미에서 행정부는 국민주권의 원리에 따라 작동하는 것으로 볼 수 있다. 행정부는 국민이 원하는 방식으로 국민에게 행정 서비스를 제공하는 것이 주된 기능이라고 하겠다. 이는 곧 국민의 권리를 보호하는 것이기도 하다. 따라서 합법성은 한편으로는 국민주권의 원리를 실현하고, 다른 한편으로는 국민의 권리를 보장하는 이념이라고 하겠다.

문제는 합법성의 이념이 법치의 과잉이나 구성원들의 자기 방어를 위한 방도로 왜곡될 가능성이 있다는 데 있다. 그리고 보다 근원적으로는 민주적 의사결정 원칙의 한계 때문에 관료조직의 구성원들이 지켜야 할 규정들이 정의롭지 않은 내용으로 채워질 수 있다는 데 있다. 법치의 과잉은 일반적으로 법규만능주의라고 불린다. 합법성이 본래는 관료조직의 구성원들을 제한하기 위한 목적으로 추구되는 이념이기는 하지만, 오히려 국민을 제한하고 강제하는 것을 정당화하는 이념으로 전도되는 일이 발생할 수 있다. 이는 행정이 국민의 권리를 보호하기보다는 효율성에만 매달리는 경우나 행정이 전제적인 권력에 의해 지배되는 경우에 주로 발생한다. 자기 방어는 일반적으로 관료조직의 구성원이 자신을 지키기 위한 방도로 법과 규칙을 이용하는 경우를 말한다. 관료조직의 구성원들에 대한 관리와 감독이 강화되고 처벌의 강도가 높아질수록 자기 방어적 행위들이 증대할 가능성이 높다. 관료조직의 구성원들이 준수해야 할 법과 규칙은 입법부에서 민주적 절차에 따라 만들어진다. 민주적 의사결정은 일반적으로 다수결에 의해 이루어진다. 그러다 보니 입법부에서 결의된 법률이 국민의 보편적인 의사를 반영한 것으로 보기 어렵다. 이는 민주적 의사결정의 본질적인 한계이다. 입법부에서 특정 정당의 권력이 지나치게 강하게 되면, 소수의 의견이 억압될 가능성이 매우 크다. 또한 입법부에서 다양한 정당들이 힘의 균형을 이루고 있는 경우는 법률이 타협의 결과로 만들어질 수 있다. 다시 말해서 합리적인 판단보다는 정치적 거래에 의해 입법이 이루어질 수 있다. 그렇게 되면 입법부에서 만들어진 법이 '법다운 법'이 되지 않을 가능성이 있다.

따라서 합법성의 이념은 관료제에 다음과 같은 문제를 항상 제시한다. '법의 지배'가 '법치의 과잉'으로 전개될 가능성을 어떻게 차단할 수 있는가? 법치가 자기 방어라는 소극적 태도를 야기할 수 있는 가능성을 어떻게 차단할 수 있는가? 입법부가 행정부에 제시하는 법률은 정의로운 것인가? 특히 형식주의의 문제를 어떻게 극복할 수 있는가?

3. 관료제는 무인지배체제이다.

관료제는 인치가 아니라 법치의 체계이다. 이러한 의미에서 법치가 이루어지는 관료제는 무인지배체제라고 할 수 있다. 무인지배체제로서 관료제는 적어도 세 가지 조건이 충족되어야 한다. 첫째, 관료조직의 구성원들은 법 앞에 평등해야 한다. 둘째,

법과 규칙은 분명하게 공포되고 고지되어야 한다. 셋째, 법과 규칙의 존중은 관료조
직의 구성원이 갖추어야 할 기본적인 태도이다.

1) 관료제의 구성원은 법과 규칙 앞에 평등하다.

관료조직의 구성원들은 지위 고하를 막론하고 법과 규칙 앞에서 평등하다. 관료
제에서는 '법에 의한 지배'가 아니라 '법의 지배'가 이루어진다. 어느 누구도 법 위에
혹은 법의 바깥에 있을 수 없다. 물론 법 앞의 평등이 모든 구성원이 평등하다는 것
을 말하는 것은 아니다. 법에 의해 어떤 구성원은 다른 구성원에 비해 높은 직위에서
상대적으로 많은 권한을 행사할 수 있다. 그러나 그 권한은 법이 정한 범위 안에서
행사될 수 있을 뿐이다. 법 앞의 평등은 관료조직의 구성원 모두가 법에 예속된다는
점에서 예외가 없다는 의미이다.

2) 법과 규칙은 분명하게 공포되고 고지되어야 한다.

관료조직이 운영되는 법과 규칙은 분명하게 대내외적으로 공포되어야 한다. 공
포되지 않은 법과 규칙은 그 실효성을 가질 수 없다. 또한 공포된 법과 규칙은 구성
원과 국민들이 인지할 수 있도록 충분하게 고지되어야 한다. 그렇게 공포되고 고지
된 법과 규칙을 통해서 관료조직의 구성원들은 자신의 업무만이 아니라 다른 구성원
들의 업무에 대해 예측할 수 있기 때문에 행정 활동이 안정적으로 이루어질 수 있다.
이러한 의미에서 관료조직의 구성원은 자신의 업무를 처리하는 데 필요한 전문적 지
식뿐만 아니라 법률에 대한 지식을 충분히 구비할 필요가 있다. 대외적으로는 국민
들 역시 공포된 법과 규칙에 의거해서 인생의 계획은 물론 매 순간의 선택을 해나갈
수 있다. 이처럼 법과 규칙의 공포는 사람들의 예측가능성을 높여줌으로써 자율적인
의사결정의 가능성을 제고하는 데 기여할 수 있다.

3) 법과 규칙의 존중은 관료조직의 구성원이 갖추어야 할 기본적인 태도이다.

무인지배체제로서 관료제는 법과 규칙에 대한 구성원들의 존중에 의존한다. 법

과 규칙은 마치 말하지 못하는 상관과 다를 바 없다. 가시적으로 명령을 내리는 상관이 존재하지는 않지만 법과 규칙에 명시된 규정에 따라 업무를 수행하려는 태도는 관료조직을 유지하는 가장 기본적인 요소라고 하겠다. 따라서 관료조직의 구성원이 되려는 사람들은 조직의 법과 규칙을 준수하겠다는 계약에 동의해야 한다.

법과 규칙에 대한 존중의 태도는 법과 규칙의 정당성 및 실제성과 함수관계에 있다. 법과 규칙의 정당성은 형식적 측면과 실체적 측면에서 살펴볼 수 있다. 형식적 측면에서 법과 규칙을 만드는 법과 규칙에 따라서 법과 규칙이 만들어질 때, 그 법과 규칙은 정당성을 갖는다. 실체적 측면에서 법과 규칙은 상위의 법이나 사회적 규범 혹은 보편적 규범에 적합할 때, 정당성을 갖는다. 그러니까 법과 규칙의 정당성은 형식적, 실체적 차원에서 동시에 정당성을 확보할 때, 구성원들의 법과 규칙에 대한 존중의 태도를 강화할 수 있다.

법과 규칙의 실제성은 규정과 실제의 관계를 말한다. 요컨대 규정이 조직 활동에서 실제로 기능한다면, 법과 규칙에 대한 존중의 태도가 강화될 것이다. 그러나 단지 형식적으로만 규정이 존재한다면, 법과 규칙에 대한 존중의 태도는 약화될 것이다.

관료조직 안에서는 인간과 인간의 관계가 법적인 계약관계나 기능적인 관계로 전환된다. 예컨대 법적으로 규정된 권한에 따라서 상관과 부하의 명령과 복종의 관계가 형성되고 유지된다. 동료들 간의 관계 역시 법에 규정된 업무 분배에 따라 기능적으로 분화되고 연결된다. 이러한 무인지배체제는 사람들 간의 '비사인적인 관계(impersonal relationship)'를 전제로 작동한다. 비사인성은 관료조직 활동의 공정성과 객관성을 확보하는 데 중요한 요소가 될 수 있다.

그렇다면 '분노도 열정도 없이' 냉철하게 법과 규칙에 따라 업무를 보는 것이 관료조직의 이상적인 이미지인가? 인간적 요소들, 예컨대 감정, 의지, 욕망, 가치관, 이익, 친소관계 등과 같은 요소들은 반드시 배제되어야 하는 악인가? 편견이나 선입견 같은 부정적인 측면을 배제하고, 공감이나 위로와 같은 긍정적인 측면을 장려하는 것은 가능한가?

4. 관료제는 다른 권력의 견제를 받아야 한다.

법의 지배 정신의 핵심은 개인의 권리를 보호하는 것이다. 요컨대 정부 관료제에서 법치주의를 강조하는 것은 자의적인 행정활동으로 말미암아 국민의 권리가 훼손될 가능성을 최소화하기 위한 것이다. 그래서 일반적으로는 의회에 입법권을, 행정부에 집행권을, 사법부에 재판권을 부여함으로써 권력의 독점을 막고, 권력 간의 견제를 가능하게 통치체계를 설계한다. 행정부의 집행권은 사전적으로는 의회의 입법권에 의해, 그리고 사후적으로는 사법부의 재판권에 의해 견제를 받는다. 행정부는 집행권을 함부로 행사할 수 없다. 이러한 권력의 통제 및 견제체제를 제도화함으로써 사람의 한계로 인해 발생할 수 있는 폐해를 사전에 방지할 수 있다. 따라서 법과 규칙에 의한 운영은 관료제가 다른 권력들에 의해 견제를 받게 하는 중요한 장치라고 하겠다.

관료제에 대한 견제에서 나타나는 문제는 반대 방향에서 고려될 수 있다. 하나는 입법부의 견제가 지나치게 강화되어 정부 관료제의 자율성이 지나치게 위축될 수 있다는 것이다. 이러한 현상은 신축성과 적시성을 중시하는 현대행정의 환경과는 어울리지 않는다. 다른 하나는 현대행정에서 주로 나타나는 현상인데, 행정부의 권한이 지나치게 강화되고 확장되면서 입법부의 견제력이 약화될 수 있다는 것이다. 사회의 변화에 따른 정부기능의 재편은 어쩔 수 없는 현상이지만, 이러한 추세가 자칫 권력의 독점을 가져옴으로써 국민의 권리를 훼손할 가능성을 경계해야 한다.

따라서 법의 지배에 내재된 관료제의 견제는 항상 다음과 같은 문제를 제기한다. 입법부의 적정한 견제는 어느 정도, 어느 범위까지 허용되어야 하는가? 행정부의 확장은 어느 정도, 어느 범위까지 허용되어야 하는가? 점점 강화되는 행정부의 권한을 견제할 수 있는 적절한 장치는 무엇인가?

CHAPTER 06

계층제의 원리

권력론

1. 막스 베버: 권력과 권위

1) 권력 개념

베버의 권력 개념은 사회과학 일반에서 일종의 표준적인 개념으로 받아들여지고 있다. "권력은 어떤 사회적 관계 속에서 한 행위자가 저항에도 불구하고 자신의 의지를 관철시킬 수 있는 능력이다. 이러한 능력이 의존하는 기초는 무엇이건 상관없다 (Weber, 1968: 16)." 베버의 권력 개념이 가지고 있는 특징을 살펴보자.

첫째, 권력 개념은 '사회적 관계'를 전제로 한다. 사회적 관계는 개인들 간의 관계, 집단들 간의 관계, 조직들 간의 관계, 계층들 간의 관계, 계급들 간의 관계 등을 모두 포괄한다. 권력은 개인, 집단, 조직, 계층, 계급 등의 행위자가 다른 행위자에게 영향을 미치는 '사회적 현상'이다. 그러한 의미에서 권력은 실체 개념이 아니라 '관계 개념'이라고 하겠다. 누군가 권력을 가지고 있다는 것은 권력이 절대적이고 실체적이라는 의미가 아니다. 예컨대 내가 부장이라는 직위에 있기 때문에 나는 권력이 있다고 말한다면, 반은 맞고 반은 틀리다. 나는 부하 직원들에게는 권력을 행사할 수 있으나 상관에게는 권력을 행사할 수 없기 때문이다. 다른 행위자와의 관계를 전제하지 않고 '그 행위자가 강한 권력을 가지고 있다'고 말하는 것은 무의미하다. 이러한 의미에서 권력은 상대적이며 관계적이라는 것이다.

둘째, 권력은 '의지를 관철시키는 것'이기 때문에 '도구적 성격'을 갖는다. 권력은 그 자체가 목적이 될 수 없고, 행위자들의 저항이나 이해관계의 갈등을 극복하여 의지를 관철시키는 과정에서 발생하는 도구적 현상이다. 일반적으로 많이 사용하는 '권력욕'이라는 말이 자칫 권력 그 자체가 목적이라는 오해를 불러일으킬 수 있으나, 실체로서 존재하지 않는 권력을 목적으로 해석하는 것은 적절하지 않다. 권력욕은 자신의 의지를 관철시키기 위해 영향을 미치려는 바람이나 욕망으로 해석하는 것이 적절하다.

셋째, 권력은 '의존하는 기초'를 필요로 한다는 점에서 자원 의존적이다. 권력은 자원을 필요로 한다. 권력의 자원은 물리적 폭력과 같이 정당하지 않은 것부터 직위와 같이 정당한 것에 이르기까지 다양하다. 베버(1968: 942)는 지배와 복종의 관계를 설명하면서 모든 사회에서는 권력의 정당성이, 자본주의사회에서는 경제적 이득이 권력의 중요한 기초가 된다고 지적한 바 있다. 따라서 권력행위는 사회적으로 가치가 부여된 자원 혹은 권력기반의 활용과 밀접한 관련이 있는 것으로 볼 수 있다.

2) 권위 개념과 유형

베버가 특히 관심을 갖는 개념은 권위이다. 권위는 권력현상 가운데 정당한 것만을 지칭하는 권력의 하위개념이다. 정당하다는 것은 사회적으로 승인된 방식을 따른다는 것을 의미한다. 따라서 정당한 권력에 따르는 복종자는 그 권력의 명령을 당연한 것으로 받아들이게 된다. 베버는 정당성의 근거를 기준으로 세 가지 유형의 권위를 제시한다(Weber, 1968: 215-216).

첫째는 합법적 권위(legal authority)이다. 이는 형식적 합리성의 원리에 따라 제정된 법이나 규칙의 합법성에 의해 정당화된다. 복종은 합법적으로 세워진 비인격적 질서 위에서 이루어진다. 그러한 질서 아래서 공식적으로 규정된 지위에 따라 명령권의 정당한 범위가 규정되고, 그 직위에 있는 사람은 정해진 범위 안에서 권위를 행사한다.

둘째는 전통적 권위(traditional authority)이다. 이는 예로부터 있어온 전통들의 신성성에 대한 일상적인 믿음 내지 항상 있어온 것의 타당성에 대한 믿음에 의해 정당화된다. 복종은 전통적으로 신성시되는 지위의 질서 위에서 이루어진다. 복종의 의무는 관습적으로 이루어지는 개인적 충성의 문제이다.

셋째는 카리스마적 권위(charismatic authority)이다. 이는 개인의 예외적인 신성성, 영웅적 특성에 대한 사람들의 헌신에 의해 정당화된다. 복종은 카리스마가 있는 사람에 대한 개인적 믿음의 문제이다.

세 가지 권위유형은 이념형으로서 제시된 것이다. 현실의 지배와 복종의 관계에서는 세 가지 유형의 권위가 복합적으로 작용한다. 다만 특정 유형의 권위가 보다 강력하게 작용한다고 말할 수 있을 뿐이다. 베버는 전근대사회에서 근대사회로 이행하는 과정에서 합법적 권위가 다른 유형들에 비해 특히 강력하게 작용하는 것으로 본다. 합법적 권위에는 다음과 같은 관념들이 내재되어 있다. 어떤 법이든 협약을 통해 합리적인 방향으로 제정될 수 있다는 관념; 모든 법은 본질적으로 추상적이고 또 대부분 의도적으로 제정된 규칙들의 질서라는 관념; 전형적인 합법적 지배자 역시 일반적인 법의 질서에 복종한다는 관념; 복종하는 자들은 단지 법에만 복종하며 그 이외에는 서로 대등한 존재라는 관념; 조직구성원들이 상사에게 복종할 때, 그들은 상사에게 전인격적으로 복종하는 것이 아니라 단지 법이 상사에게 부여한 관할권에 대해서만 복종한다는 관념(전성우, 2013: 222).

3) 권력 개념의 한계

첫째, 베버의 권력개념은 의식적이며 의도적인 권력행위에 초점을 맞추고 있다. 따라서 무의식적이거나 비의도적인 권력 작용의 가능성에 대해서는 설명을 제시할 수 없다.

둘째, 베버의 권력개념은 권력에 대한 동의의 메커니즘을 주로 개인의 '심리적인 차원'에서 찾고 있다. 따라서 동의 메커니즘의 사회적 혹은 정치적 성격을 검토하는 데 한계를 가질 수밖에 없다.

셋째, 베버의 권력개념은 행위주체의 선험적이고 일관된 존재성을 전제로 한다.

권력행위 이전에 이미 주체가 존재하는 것으로 전제하다보면, 주체가 권력에 의해 만들어지는 측면을 간과할 수 있다. 또한 사회구조나 다양한 제도들이 구성원들에게 영향을 미치는 측면에 대해 충분한 관심을 기울이지 않을 가능성이 있다.

2. 스티븐 룩스(Steven Lukes): 3차원적 권력론

룩스에 따르면, 모든 권력 개념의 형식적 규정은 "어떻게 해서든 A가 B에게 영향을 미친다(Lukes, 2005: 30)."는 것이다. 룩스는 '어떻게 해서든'을 '사회적으로 유의미한 방식'으로 라는 표현으로 재해석한다. 그는 정책결정을 사회적으로 유의미한 방식으로 이해한다. 룩스에 따르면, 권력은 정책결정을 통해 A가 B에게 영향을 미치는 것이다. 따라서 그는 정책결정을 세 가지 차원의 권력론의 중심에 놓는다. 룩스는 그 동안의 권력론이 1, 2차원의 수준에 머무르고 있다고 평가하고, 대안으로서 3차원적 권력론을 제시한다.

Steven Lukes
1941

1) 1차원적 권력

1차원적 권력론은 '정치적 참여에 의해 드러난 명백한 정책 선호로 나타난 가시적인 이해의 충돌이 존재하는 이슈들에 대한 의사결정에서 나타나는 행동'에 초점을 맞춘다(Lukes: 2005: 19). 1차원적 권력론은 의사결정과정에서 관찰 가능한 참여자들의 행동에 초점을 맞춘다. 그리고 그것은 이슈를 해결하기 위한 다양한 정책들이 경쟁하게 되고, 각각의 정책을 지지하는 참여자들의 이익갈등이 존재한다고 전제한다. 이러한 관점에서 보면, 권력은 정책결정이 가져올 결과들을 둘러싸고 A와 B 사이에 직접적이고 관찰 가능한 갈등이 존재할 때, 하나 혹은 그 이상의 핵심적인 쟁점들에 대한(통상적으로 정부에서 이루어지는) 공식적인 정치적 의사결정에서 A가 B를 압도할 수 있는 능력으로 정의될 수 있다(Cox, Furlong, Page, 1985: 32). 따라서 1차원적 권력론의 주요 관심사는 "누가 정책결정에서 우세한가?"를 확인하는 것이고, 이를 통해서 어떤 개인이나 집단이 사회생활에서 더 많은 권력을 행사하는지를 판단하는 것이다.

2) 2차원적 권력

2차원적 권력론은 배치래치와 바라츠(Bachrach & Baratz, 1962; 1963)의 권력론에 근거한다. 이들에 의하면, 권력은 두 개의 얼굴을 가지고 있다. "권력은 A가 B에 영향을 미치는 의사결정과정에 참여할 때 행사된다. 그러나 권력은 A가 [A]자신에게는 비교적 무해한 쟁점들에 대해서만 정치과정의 범위를 제한하는 사회적 정치적 가치들과 제도적 실천들을 창출하거나 강화하는 데 자신의 정력을 쏟을 때에도 행사된다. A가 이러한 일에 성공하는 정도만큼 모든 현실적 목적에도 불구하고 B는 A의 선호체계에 심대한 해를 끼치게 되는 쟁점들을 전면에 부각시키지 못하도록 방해받는다(1962: 948)."

1차원적 권력론은 B에 영향을 미치는 의사결정과정에 A가 참여하는 권력의 한 측면만을 강조한다. 그러나 권력은 공적 의제로 선택된 문제에 대한 정책결정과정에서만 작용하는 것이 아니고, 사회적 문제들 가운데 공적인 의제를 설정하는 과정에서도 작용한다. A가 자신의 이익에 지속적으로 도움을 주는 가치, 신념, 의식(ritual), 제도적 절차 등의 '편견의 동원' — 이것은 A의 의식적이고 의도적인 노력을 전제로 한다 — 을 통해서 B가 A의 이익에 반하는 이슈를 공공의제로 설정하는 것 자체를 막는 것이 2차원적 권력론의 핵심적인 내용이다. 이러한 권력론에 따르면, 의사결정과 비결정(nondecision–making)은 모두 권력 작용을 의미한다. 결정은 대안들 가운데 어느 하나를 선택하는 것이고, 비결정은 의사결정자의 가치나 이해관계에 대해 잠재적이건 명시적이건 도전하지 못하도록 억압하거나 좌절시키는 결과를 초래하는 것으로 그것 역시 일종의 결정이다(Lukes, 2005: 22). 따라서 이 경우에 해결해야 할 과제는 비결정으로 인해서 드러나지 못한 잠재적 이슈들을 밝혀내는 일이다. 배치래치와 바라츠에 의하면, 잠재적인 이슈들은 정치체계 밖에서 관찰할 수 있는 '불만'으로 인한 이해갈등에서 확인될 수 있다는 것이다. 이상의 설명을 근거로 해서 보면, 2차원적 권력론은 권력을 공식적인 의사결정에서 관찰 가능한 이해갈등의 결과들을 결정함에 있어서, 그리고 또한 정책적 우선순위를 둘러싼 이익의 갈등과 정치체계 밖에서 이러한 우선순위에 대한 관찰 가능한 불만이 존재할 때, 무엇이 공식적인 이슈로 간주되어야 할 것인가를 결정함에 있어서 A가 B를 압도할 수 있는 능력으로 이해한다(Cox, Furlong, Page, 1985: 32).

행동에 초점을 맞춘 1차원적 권력론에 대한 2차원적 권력론의 비판은 제한적이다. 왜냐하면 비결정 역시 일종의 의사결정 방식이기 때문이다. 2차원적 권력론은 정책선호와 불만으로 이해관계의 충돌이 잠재하는 이슈들이 채택되는 것을 방해하는 결정들에 초점을 맞춤으로써 이론적 논의의 범위를 넓혔다는 데 의의가 있다(Lukes, 2005: 24-25).

3) 3차원적 권력

3차원적 권력론은 2차원적 권력론에 대한 비판 위에서 정초된다. 첫째, 2차원적 권력론은 편견의 동원을 설명하는 데 있어서 주로 개인의 '의식적 혹은 의도적인' 행위에 초점을 맞춘다. 그러나 편견의 동원은 특정한 개인의 의식적인 선택 이외의 방법으로도 이루어질 수 있다. 요컨대 시스템의 편견은 사회적으로 구조화되고 문화적으로 정형화된 집단행동과 제도들의 관행에 의해서도 유지될 수 있으며, 이러한 행동과 관행들은 실제로 개인들이 의도적으로 어떤 행위를 하지 않을 때에도 표출될 수 있다.

둘째, 2차원적 권력론은 실제적이고 관찰 가능한 갈등을 전제로 권력 작용을 설명하고 있다. 물론 갈등적 상황에서 타인이 원하지 않는 행위를 하도록 만듦으로써 권력은 행사된다. 그러나 갈등이 존재하지 않는 상황에서도 권력은 작용한다. 예를 들어, 지배자의 이데올로기가 주입됨으로써 피지배자의 욕구구조(선호)가 변화되고, 그로 인해 피지배자가 지배자의 명령을 당연한 것 혹은 정당한 것으로 생각하는 경우이다. 가시적 갈등을 전제하는 권력론은 이러한 측면을 놓치고 있다는 것이다.

셋째, 2차원적 권력론은 '불만'이 관찰되지 않으면, 합의가 존재하는 것으로 본다. 그러나 이러한 판단은 사고와 욕구를 조종당하고 있는 사람들이 자신의 '진정한' 이익이 무엇인지조차 모르는 상황이 존재할 수 있는 가능성을 간과하는 것이다.

이상의 비판에 근거해서 보면, 3차원적 권력론에서는 권력을 사회의 제도적 구조에서 비롯되는 편견의 동원을 통해서 B가 자신의 진정한 이익을 깨닫거나 그것을 효과적으로 표출하는 것을 막을 수 있는 A의 능력으로 이해하고 있다. 3차원적 권력론은 권력을 이해하는 데 있어서 '사회의 구조적인 제약성'을 강조한다. 그리고 이러한 사회의 구조가 자본주의라는 현실과 접목될 때, 복잡하지만 사회적 권력관계에 대한 급진적인 해석이 가능해진다(Cox, Furlong, Page, 1985).

3차원적 권력론은 1,2차원 권력이 지나치게 개인주의적인 관점에서 행태에 초점을 맞추고 있다는 점에 대해 비판적이며, 사회적 요인들과 제도적 관행들을 통해서건 아니면 개인들의 결정들을 통해서건 잠재적 이슈들이 정치에서 배제되는 많은 방식들에 주목할 필요성을 제기한다. 더욱이, 3차원적 권력은 실제로 가시적인 충돌이 없을 때나 잠재적 갈등이 표출되는 것을 성공적으로 막아냈을 때조차도 작용한다. 잠재적 갈등이 결코 표출되지 않을 수도 있다. 잠재적 갈등은 권력을 행사하는 사람들의 이해관계와 그들이 배제하는 사람들의 실제 이해관계 간의 대립이다. 배제된 사람들은 자신들의 이해관계를 표현하지 못할 수도 있으며 의식하지 못할 수도 있다. 그러나 이러한 이해관계의 식별은 결국 경험적으로 지지할 수 있고 반박할 수 있는 가설들에 의존한다(Lukes: 2005: 28–29).[1]

표 5-1 세 가지 권력유형 비교

기준	1차원적 권력	2차원적 권력	3차원적 권력
권력개념	의사결정	의사결정 비결정 또는 의제설정	의사결정 비결정 또는 의제설정 선호의 형성
분석의 초점	공식적인 정치영역	공식적인 정치영역 그것을 둘러싼 비공식적인 과정	선호가 형성되는 시민사회 또는 공공영역(공론장)
방법론	득표수 의사결정 영역에서의 결정들의 수	의제가 설정되는 비공식적 과정에 대한 설명	이데올로기 비판: 행위가 어떻게 자신의 물질적 이익을 오인하게 되는가를 폭로
권력의 본질	가시성 투명성 측정가능성	비가시성 가시성(의제 설정자들에게만 가시적/ 내부정보를 획득한 경우에 가시화)	비가시성 권력은 인식을 왜곡하고 선호를 형성
접근방법	관찰 가능한 갈등	의제 변환 비공식적 의사결정	외적 요인들 혹은 허위의식에 의해 형성되는 이해관계

Hay(2002: 180)

1) 룩스는 이러한 복잡성을 권력작용의 매커니즘을 어떻게 확인할 것인가 하는 문제로 표현하고 있다. 3차원적 권력작용은 첫째, 행동보다는 비행동(inaction)을 수반할 수 있으며, 둘째, 무의식적일 수 있으며, 셋째, 집단이나 제도와 같은 집합체에 의해서 이루어질 수 있다. 이러한 권력 작용은 확인하기가 어렵기 때문에 이론 의존적이고 주관적이며 가치의존적일 수 있다.

3. 안토니오 그람시(Antonio Gramsci): 헤게모니(hegemony)론

Antonio Gramsci
1891-1937

안토니오 그람시는 이탈리아 마르크스주의 철학자이자 공산주의 정치가이다. 그는 정치이론, 사회학, 언어학과 관련하여 저술했다. 그는 전통적인 마르크스주의 사상의 경제결정론에서 벗어나려 했다. 그래서 그는 핵심적인 네오 마르크스주의자로 이해되고 있다. 그는 이탈리아 공산당의 창립 멤버로서 한때 당의 리더였으며 무솔리니의 파시스트 체제에서 수감되었다. 그람시는 감옥에서 다양한 주제를 다룬 엄청난 양의 수고를 남겼으며, 이는 20세기 정치이론에 심대한 영향을 미쳤다. 그는 특히 헤게모니 이론가로 알려져 있다. 이 이론은 국가와 지배적인 자본가 계급이 문화적 제도를 이용하여 자본주의 사회에서 권력을 유지하는 방식을 설명한다. 자본주의 사회에서는 상부구조를 형성하는 제도를 통해서 부르주아 계급의 문화가 사람들이 따라야 하는 상식적 가치로 유포된다. 그람시가 계급지배를 위한 상부구조의 기능에 초점을 맞추고 있다는 점에서 마르크스주의의 새로운 지평을 열었다고 하겠다.

1) 경제결정론에 기초한 계급지배 논리의 한계

마르크스주의자들은 계급지배의 메커니즘을 밝히는 데 초점을 맞춘다. 지배의 메커니즘이 명확해야 지배구조를 무너뜨릴 수 있는 적절한 전략이 구상될 수 있기 때문이다. 마르크스주의자들에 따르면, 사회구조는 경제적 토대인 하부구조와 법적, 정치적 상부구조로 구성된다. 그리고 하부구조가 상부구조를 결정한다. 경제적 토대의 생산관계, 즉 계급관계가 상부구조의 법적, 정치적 성격을 결정한다는 것이다. 이를 경제결정론이라고 한다. 자본주의사회는 자본가 계급에 의한 노동자 계급의 착취를 기본으로 하며, 국가는 법적, 정치적으로 이러한 계급지배를 유지한다. 경제결정론에 따르면, 국가는 물리적 강제력(법, 경찰, 군대)을 동원하여 계급지배를 수호하는 도구에 불과하다. 경제결정론을 따르는 전통적인 마르크스주의자들은 계급지배를 위한 권력 자원으로서 '물리적 강제력'에 초점을 맞춘다.

룩스의 3차원적 권력론은 권력행위의 대상으로 하여금 자신의 진정한 이익을 의식하지 못하게 하는 '사회구조의 편견'에 주목한다. 이러한 사회구조의 '편견'이 마르크스주의 이론에서는 '허위의식' 또는 '이데올로기'를 의미한다. 허위의식으로서 이데올로기는 지배계급의 지배를 정당화하는 기능을 한다. 이데올로기의 최면에 걸린 사람들(지배계급뿐만 아니라 피지배계급까지도)은 지배계급의 특수한 이익을 사회의 보편적인 이익으로 믿게 된다. 지배계급은 국가의 물리적 권력자원을 이용할 뿐만 아니라 관념, 사상, 지식, 이데올로기 등과 같은 사회적 권력자원을 이용한다. 지배계급은 국가의 강제력과 시민사회의 이데올로기를 동시에 이용한다. 그러나 전통적인 마르크스주의 권력론은 이데올로기를 경제적 토대를 단순히 반영하는 상부구조로 규정하는 경제결정론의 강박관념에 빠지는 경우가 일반적이다.

2) 헤게모니: 관념에 의한 지배

그람시는 전통적인 마르크스주의자들과 결을 달리하면서 계급지배의 메커니즘을 논증하기 위해 헤게모니 개념을 제시한다. 헤게모니론의 기본 전제는 "인간은 물리적 강제에 의해서만 지배되는 것이 아니라 관념에 의해서도 지배된다."는 것이다. 이것은 계급 권력이 강제력에만 의존하는 것이 아니라 관념에도 의존한다는 것을 의미한다. 관념은 사회구조 전체의 이데올로기적 통일성을 유지하는 데 있어서 중요한 기능을 한다. 물론 관념이 계급투쟁을 제거할 정도로 강력한 것은 아니지만, 계급사회가 지속적으로 기능할 수 있도록 계급투쟁을 완화 또는 지연시킬 수는 있다.

헤게모니[2]란 무엇인가? 헤게모니는 지배계급의 가치관이나 삶의 방식이 사회에서 상식으로 받아들여지는 상태를 말한다. 자본주의사회에서 부르주아 계급의 가치관과 삶의 방식이 상식처럼 당연한 것으로 받아들여지고 있다면, 부르주아 계급은 헤게모니를 쟁취한 것이라고 하겠다. 예컨대 칼뱅의 프로테스탄티즘에 근거한 근검과 절약 그리고 노동의 윤리는 부르주아 계급의 가장 중요한 가치관이자 삶의 방식

---

2) 헤게모니란 단어는 그리스어 eghesthai로부터 파생하였다. 원어는 '인도함' '안내함' '선도자' 등의 의미를 갖고 있다. 또는 eghemoneuo라는 동사로부터 파생되었다고 말해지기도 한다. 원어의 의미는 '안내하다' '앞에 서다' '인도하다'이다. 그리하여 이 말로부터 '선두에 서기' '명령하는 일' '지배하기'라고 하는 의미가 나왔다. 고대 그리스어에서는 egheminia라는 용어는 군대의 최고 지도부를 의미하였다. 그렇기 때문에 이것은 군대용어였다. 이탈리아어 egemone는 대장안내자 및 군의 지휘관을 뜻하기도 했다. 펠로폰네소스 전쟁 당시에는 그리스 도시국가들 사이의 투쟁에서 여러 도시의 동맹을 지휘한 도시국가가 헤게모니를 장악한 도시국가라고 불린다(Grupi, 1986: 7).

이 되었으며, 부르주아 계급이 사회를 지배하면서 사회의 모든 사람들에게 당연한 것으로 받아들여지게 되었다. 그렇게 되면 사람들은 가난한 사람들을 게으르고 나태한 사람으로 보게 되며, 심지어는 죄인으로 취급하게 된다. 실제로 구빈법은 이러한 관점에서 제정되고 시행되었다. 근검절약하며 열심히 노동을 하면서도 부자가 되지 못한 사람들조차도 여전히 자신들의 노력이 부족하다고 생각하고 자책하게 된다. 지배계급의 가치관이나 삶의 방식이 헤게모니를 쟁취하게 되면, 그것과는 다른 가치관이나 삶의 방식은 열등한 것이 된다. 피지배계급의 눈에 지배계급은 우월한 집단으로 보이게 된다. 지배집단의 우월성은 지적·도덕적 지도력으로 나타난다(1988: 249). 피지배계급은 지배계급의 가치관과 삶의 방식을 욕망하게 된다. 그람시가 주목하는 것은 이것이 강제에 의한 것이 아니라 자발적인 것이라는 점이다. 헤게모니는 지배계급의 지배에 대한 피지배계급의 자발적 동의 메커니즘이라고 할 수 있다.

그렇다면 지배계급의 가치관이나 삶의 방식은 어떻게 유포되고 당연한 것으로 수용되는가? 이 물음에 답하기에 앞서 사회구조에 대한 그람시의 생각을 살펴볼 필요가 있다. 그에 따르면, 사회구조는 하부구조와 상부구조의 유기적 관계로 구성된다. 하부구조는 경제적 토대를 의미하며, 상부구조는 정치사회와 시민사회로 구성된다. 상부구조에 대한 그람시의 해석은 전통적 마르크스주의와 결을 달리한다. "… 상부구조의 두 수준을 고정시키는 것이다. 하나는 시민사회로서 사적인 인간들의 총체이다. 다른 하나는 정치사회 또는 국가이다. 두 개의 수준 가운데 하나는 지배집단이 사회 전체에 행사하는 헤게모니 기능에 조응하며, 다른 하나는 국가와 정부에 의해 행사되는 직접적인 지배 혹은 명령의 기능에 조응한다(Gramsci, 1988: 306)." 정치사회는 법, 군, 경찰과 같은 물리적 강제력을 이용하여 계급지배를 위한 질서를 유지한다. 시민사회는 헤게모니가 기능하는 공간이다. 시민사회에서는 학교, 교회, 미디어를 통해 부르주아의 가치관과 삶의 방식이 확산된다. 소위 사회화과정을 통해 사회의 모든 구성원들은 그러한 가치를 수용하고 자신의 것으로 삼는다.

3) 헤게모니 투쟁과 지식인

그람시는 계급지배가 강제만이 아니라 관념에 의해 이루어지기 때문에 관념 투쟁이 우선적으로 이루어져야 한다고 본다. 요컨대 헤게모니 투쟁을 통해서 지배계급의 헤게모니를 무너뜨리고 새로운 헤게모니를 창출해야 한다는 것이다. "정치적 이데올로기들은 실천적 구성물이며 정치적 지배를 위한 도구이다. 다시 말해서 피지배자에게 이데올로기는 그들이 예속되어 있는 환상, 즉 기만에 불과한 반면, 지배자들에게 이데올로기는 그들이 의도적으로 그리고 잘 알면서 만들어낸 기만이라고 말할 수 있다. 실천철학에서 이데올로기들은 단지 자의적인 것에 불과하다. 그것들은 전투가 벌어지고 있는 실제 역사적 사실이며, 그것들의 지배도구로서의 성격은 도덕적인 이유 때문이 아니라 정치적 투쟁 때문에 드러나게 된다. 혁명적 실천의 필수적인 계기로서 정치적 투쟁은 피지배자들을 지배자들로부터 지적으로 독립시키고, 기존의 헤게모니를 파괴하고 새로운 헤게모니를 창출하기 위한 것이다(Gramsci, 1988: 196)."

그렇다면 헤게모니 투쟁은 어떻게 전개되어야 하는가? 지적·도덕적 지도력을 선취하고자 하는 사회세력들 간의 투쟁은 헤게모니 투쟁이다. 이 과정에서 지식인의 역할은 매우 중요하다. 지식인은 독립적인 존재가 아니라 사회집단과 유기적으로 결합된 존재이다. 그들은 유기적으로 결속된 집단의 세계관을 생산하고 유포하는 기능을 담당한다. 그람시에 따르면, 지식인은 기존의 지배구조를 정당화하는 역할을 하거나, 기존의 지배구조로부터의 해방을 추구하는 사회세력을 정당화하는 역할을 한다. "지식인은 독립적인 계급으로서 존재하는 것이 아니다. 모든 사회집단들에는 자체적으로 지식인계층이 존재한다. 그러나 역사적으로 진보적인 계급으로서 지식인들은 커다란 견인력을 행사함으로써 다른 사회집단들의 지식인들을 예속시키고, 그럼으로써 지식인들 사이에 심리적인 혹은 카스트적인 결속의 성격을 갖는 연대체제를 창출한다. 이러한 현상은 특정한 사회집단이 진정으로 진보적인 역사적 시기에 저절로 나타난다(Gramsci, 1988: 251)." 피지배계급의 유기적 지식인은 헤게모니 투쟁에서 결정적인 중요성을 갖는다.

그래서 그람시가 제안하는 혁명 전략은 독특하다. 그의 혁명 전략은 군사전략의 메타포가 이용되고 있는데, 하나는 정면대결로서 1848년의 혁명이나 1917년의 러시아 혁명 당시에 전개되었던 것과 같은 유형으로서 기동전이다. 그런데 이러한 기동전은 지배계급의 이데올로기에 대한 대중의 동의가 광범위하게 이루어져 있는 오늘날의 사회에서는 적합하지 않은 전략이다. 다른 하나는 사회의 모든 전선에 참호를 만들고 정치적, 사회적, 문화적 투쟁을 벌이는 진지전이다. 공장, 학교, 교회, 미디어 등에서 이루어지는 진지전은 유기적 지식인들의 격전지이다. 진지전을 통해서 유기적 지식인들은 기존의 지배관계를 정당화하는 전통적 지식인들과 헤게모니 투쟁을 벌이게 된다. 이 과정에서 대중의 지지를 확보하게 되면, 결정적으로 기동전을 통해 확실한 혁명적 성공을 이루어낼 수 있다는 것이다(Gramsci, 1988: 225-230 참조).

그림 5-1 그람시의 헤게모니

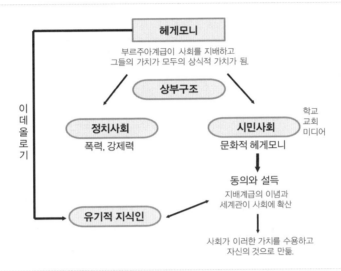

4. 한나 아렌트(H. Arendt): 공동권력(communal power)론[3]

Hannah Arendt
1906-1975

한나 아렌트는 독일 및 미국의 철학자이며 정치이론가였다. 전체주의에서부터 인식론에 이르기까지 수많은 주제에 대한 책과 논문들은 예나 지금이나 정치이론가들에게 지대한 영향을 미치고 있다. 아렌트는 20세기의 가장 중요한 정치철학자들 가운데 한 사람이다. 그녀는 마부르크 대학교(University of Marburg)에서 마틴 하이데거(Martin Heidegger)의 지도를 받았으며 큰 영향을 받았다. 그리고 그녀는 1929년에 하이델베르크 대학교(University of Heidelberg)에서 칼 야스퍼스(Karl Jaspers)의 지도를 받아 박사학위를 받았다. 그녀의 저작들은 매우 광범위한 주제들을 다루고 있으나, 그녀는 정치학, 직접민주주의, 권위주의, 권력과 악의 본질을 주로 다룬 것으로 알려져 있다. 특히 아렌트는 아돌프 아이히만(Adolf Eichmann)의 전범재판을 참관하고 전체주의체제에서는 평범한 사람도 악을 행할 수 있다는 '악의 평범성' 개념으로 지성계만이 아니라 대중들에게도 많이 알려지게 된다.

---

3) 하버마스(1977)는 아렌트의 권력개념을 공동권력으로 개념화한 바 있다.

1) 목적적 권력론

다른 사람에게 나의 의지를 관철시키는 것이 권력행위의 목적이기 때문에 권력은 도구적이라는 생각이 일반화되어 있다. 그러나 아렌트는 이러한 도구적 권력관에 대해 비판적이다. 게다가 그녀는 도구로서의 권력은 오히려 폭력으로 보는 것이 타당하다고 주장한다.

아렌트가 생각하는 폭력이란 무엇인가? 폭력은 인간의 존엄성을 훼손하거나 파괴하는 일체의 것을 말한다. 칸트에 따르면, 인간이 따라야 하는 도덕법칙은 인간을 목적적 존재로 대우해야 한다는 것이다. 인간을 도구나 수단으로 대우하는 것은 도덕적으로 옳지 않다는 것이다. 목적적 존재로서 인간을 대우한다는 것은 인간을 자율적 존재로 대우한다는 것을 의미한다. 인간을 자신의 삶의 원칙을 스스로 결정할 수 있는 존재로 그리고 그렇게 결정한 원칙을 스스로 지킬 수 있는 존재로 대우하는 것이다. 권력은 상대의 의지와 무관하게 나의 의지를 관철시키는 것이다. 권력은 상대가 수동적으로 명령에 복종할 것을 요구한다. 따라서 도구적 권력은 본질적으로 인간의 자율성을 훼손함으로써 인간의 목적성을 파괴하는 것이다. 그러한 의미에서 아렌트는 도구적 권력은 폭력이라고 단언한다.

아렌트는 참다운 권력은 인간의 목적성, 자율성 그리고 존엄성을 보장하고 신장하는 것이라고 생각한다. 그렇다면 인간의 존엄성을 보장하고 신장하는 권력은 어떤 권력인가? 그것은 '공동권력'이다. "권력은 단순히 행동하는 인간의 능력이 아니라 공동으로 행동하는 인간의 능력에 조응한다. 권력은 결코 개인의 재산이 아니다. 그것은 집단에 속하며, 집단이 함께 보유하고 있는 한에서만 존재한다. 어떤 사람이 '권력을 가지고 있다'라고 말할 때, 그것은 그가 일정한 다수의 사람들로부터 그들의 이름으로 행동하도록 위임받고 있다는 것을 의미한다. 권력을 생성시켰던 집단(인민의 권력, 사람들이나 집단이 없이는 권력은 존재하지 않는다)이 사라지는 순간 '그의 권력'도 소멸하는 것이다 (Arendt, 1970: 44)." 아렌트에 의하면, 특정 개인이나 집단 또는 계급이 갖는 권력은 폭력이다. 그것은 특정 개인 이외의 모든 사람들, 특정 집단 이외의 다른 집단들, 특정 계급 이외의 다른 계급들의 자율성을 파괴하기 때문이다. 따라서 정치공동체 구성원 모두가 공유하는 권력만이 참다운 권력이다. 모두가 권력 행위의 주체이기 때문에 어느 누구도 권력에 의해 자율성을 훼손당할 수 없다.

2) 공동권력의 메커니즘

아렌트에 따르면, 인간은 생존에 직접적으로 필요한 것을 생산하는 노동과 자연을 인간의 세계로 창조하는 작업 그리고 말을 통해 의견을 교환하는 행위를 존재 조건으로 한다. 특히 아렌트가 정치적 존재로서 인간을 말할 때 주목하는 것은 행위 개념이다. 말을 통해 의견을 교환하는 행위는 사람들이 다양하다는 사실을 전제로 한다. 사람들이 똑같다면 의견의 교환이 불필요할 것이다. 따라서 아렌트는 행위를 정치의 조건으로 생각한다. 그녀는 고대 아테네를 행위로서의 정치가 적절하게 이루어진 모범으로 삼는다. 아고라 광장에서 시민들이 모여 자신들의 의견을 자유롭게 말하고 어느 순간 합의에 도달하는 모습은 정치의 이상을 보여주는 것이다. 그런데 특기할 만 한 것은 아렌트가 아테네의 정체를 민주정이 아니라 평등정(isonomy)으로 규정하고 있다는 점이다(Arendt, 1970: 40). 민주정은 다수가 지배하는 정치체제이다. 민주정에서는 다수의 결정이 소수를 압도하기 때문에 민주정은 참다운 공동권력이 행사될 수 있는 조건으로서 적합하지 않다는 것이다. 반면 평등정, 즉 이소노미는 공동체 구성원들에게 자유롭게 자신의 의견을 말할 수 있는 평등한 권리가 있다는 점을 강조하는 정체이다. 그러한 의미에서 민주정보다는 평등정이 공동권력의 메커니즘이 작동하는 데 적합하다는 것이다.

공동권력의 메커니즘은 공동체 구성원들이 평등과 자유의 이념에 따라 자신들의 의견을 말하고 토론과 설득을 통해 합의에 도달하는 것이다. 그리고 모든 구성원들은 그렇게 합의된 원칙을 스스로 준수해야 하는 책임을 이행하는 것이다. 공동권력의 메커니즘은 모든 사람들이 자신들이 선택한 원칙에 스스로 복종하는 방식을 취하기 때문에 각자의 자율성이 훼손되지 않는다. 만약 어떤 사람이 그 원칙을 어기게 되면, 자율적인 존재가 되도록 강제되어야 한다. 다시 말해서 자신과의 약속을 지키도록 강제력이 발동될 수 있는데, 그것은 자율성을 훼손하는 것이 아니라 회복하는 것을 의미한다.

3) 공론영역의 활성화

아렌트는 공동권력의 강화를 위한 조건으로 공론영역의 활성화를 요청한다. 공론영역은 평등정, 즉 이소노미를 모델로 한다. 공론영역은 공통의 관심사를 가진 사람들이 공개적으로 자신들의 의견을 교환하는 공간이다. 그러한 의미에서 공론영역은 드러남의 공간이면서 동시에 공동의 세계라고 할 수 있다(임의영, 2019: 184-185).

공론영역은 다음과 같은 조건을 충족시켜야 한다. 말과 행동이 다르지 않아야 한다. 말이 공허하지 않고 행동이 야만적이지 않아야 한다. 말이 의도를 숨기는 것이 아니라 현실을 있는 그대로 드러내기 위해 사용되어야 한다. 행동이 관계와 현실을 폭력적으로 훼손하거나 파괴하는 것이 아니라 관계를 확립하고 새로운 현실을 창조하기 위해 사용되어야 한다. 이러한 조건이 충족될 때 참다운 공동권력이 실현될 수 있다(Arendt, 1958: 200).[4]

5. 미셸 푸코(Michel Foucault): 탈주체적 권력론

미셸 푸코는 프랑스의 철학자, 사상가, 사회이론가, 문학 비평가였다. 푸코의 이론들은 기본적으로 권력과 지식의 관계에 초점을 맞춘다. 요컨대 권력과 지식이 사회제도들을 통해 사회적 통제의 형식으로 이용되는 방식에 초점을 맞춘다. 사람들은 푸코를 후기구조주의자나 포스트모더니스트로 규정하였으나 그는 그러한 규정을 거부하였다. 푸코의 사상은 의사소통 연구, 인류학, 사회학, 문화연구, 문학이론, 페미니즘 그리고 비판이론에 많은 영향을 미치고 있다.

Michel Foucault
1926-1984

---

4) 하버마스는 아렌트의 공동권력개념을 자신의 소통이론과 접목하여 소통적 권력론(communicative power)으로 발전시켰다 (Habermas, 2000). 하버마스는 권력의 정당성 문제에 대해서는 아렌트의 생각을 그대로 수용하면서도 집단 내에서 이루어지는 '소통'을 특히 강조한다. 하버마스와 아렌트와의 차이는 권력의 생산과 관리를 구분하는 데서 나타난다. 다시 말해서 하버마스는 개인들이 상호주관적으로 의사소통을 통해서 발생시키는 '소통적 권력' 이외에 그 권력을 체제의 차원에서 그 내용을 수행하고, 자신을 유지시키며 재생산시키는 '관리적·전략적 차원'의 권력 개념, 즉 '행정적 권력'의 필요성을 강조한다. 두 권력의 관계를 보면, 소통적 권력이 행정적 권력으로 변형되어 그 내용을 수용하는 것이다. 그리고 이러한 변형은 '법령에 따른 권위화의 틀 내에서' 이루어진다 (이동수, 2001: 168). 소통적 권력은 법의 형태로 번역된다. 그리고 법을 매개로 해서 행정적 권력이 형성되고 작동되는 것이다. 따라서 행정적 권력은 결코 자의적으로 사용되어서는 안 된다. 만약 그것이 자의적으로 행사된다면, 그것은 권력이 아니라 폭력이 된다는 것이다.

1) 탈주체적 권력관

일반적으로 권력론은 권력의 주체를 전제로 한다. 그러나 푸코의 권력론은 여타의 권력론과 달리 탈주체적 권력론이라고 하겠다. 푸코 자신이 밝힌 권력에 대한 관점을 살펴보자(Foucault, 1980: 96-102 참조).

첫째, 푸코는 지배와 복종관계를 규정하는 정당한 권력, 그러한 권력이 작동하는 일반적인 메커니즘, 이러한 권력의 지속적인 효과에 관심을 두지 않는다. 오히려 그는 극단의 권력, 즉 권력의 최종적인 목적지들, 권력이 섬세한 모세혈관이 되는 지점들, 즉 그것의 좀 더 국부적이고 국지적인 형태들과 제도들에 관심을 갖는다. 예컨대 그는 학교, 병원, 교도소, 공장 등과 같은 작은 제도들에서 작용하고 있는 미시 권력에 관심을 갖는다.

둘째, 푸코는 행위주체의 의도나 결정에 기반을 둔 권력에 관심을 두지 않는다. 그는 내적인 관점에서 권력을 고려하지 않으며, '누가 권력을 가지고 있는가? 권력을 가진 사람의 목적은 무엇인가?' 등과 같이 대답할 수 없는 질문을 던지지 않는다. 푸코는 외적인 관점에서, 즉 권력이 권력의 대상, 목표, 적용영역과 직접적이고 즉각적인 관계에 있는 지점, 다시 말해서 권력이 스스로를 설치하고 그것의 실제효과를 만들어내는 곳에서 권력을 연구한다. 푸코는 사람들이 지배하기를 원하는 이유, 목적, 전략 등에 대해 관심을 두지 않는다. 대신에 그는 지속적인 예속의 과정에, 즉 우리의 몸을 구속하고, 우리의 몸짓을 지배하며, 우리의 행동을 지시하는 지속적이고 부단한 과정에 관심을 갖는다. 그는 권력의 효과로서 주체가 형성되는 방식에 초점을 맞춘다.

셋째, 푸코의 권력연구는 어떤 행위주체가 다른 행위주체를 배타적으로 지배하는 것, 혹은 권력을 소유한 자와 소유하지 못한 자의 구분을 전제하지 않는다. 오히려 권력은 순환하는 어떤 것으로서, 혹은 고리형태로 단지 기능하는 어떤 것으로서 분석되어야 한다는 것이다. 권력은 이곳, 혹은 저곳에 있는 것이 아니며 또한 누구의 손아귀에 있는 것도 아니며, 상품이나 재산처럼 전유되는 것도 아니다. 한마디로 권력은 그물망 같은 조직을 통해 작동한다. 이러한 측면에서 보면, 개인들은 권력의 수레바퀴이지 그것의 적용지점들이 아니다. 개인은 권력에 의해 구성되며 동시에 권력을 실어 나르는 수레바퀴의 기능을 한다.

넷째, 푸코는 권력의 중심을 상정하고 그로부터 권력이 지향하는 대상들을 세부적으로 찾아가는 기존의 하향적 연구방식과는 반대로, 아래로부터 위로 향하는 권력의 상승적 메커니즘에 관심을 갖는다. 예를 들어, 지배적인 부르주아가 생산에 도움이 되지 않는다는 이유로 광인을 구금하기 위한 시설을 만들었다는 설명은 하향식 설명이 된다. 푸코에 의하면, 이러한 설명은 단순명쾌하나 권력의 미세한 작용을 설명하는 데는 한계가 있다는 것이다. 오히려 그는 정신병원시설에서 이루어지는 구체적인 억압과 배제가 어떠한 수단과 논리에 의해서 이루어지고 있는지를 밝히고, 이러한 구체적이고 세세한 권력의 메커니즘이 방대한 국가기구로 포섭되는 과정을 연구하는 것이 보다 타당하다고 본다.

다섯째, 권력의 주요 메커니즘에는 이데올로기가 수반된다고 생각할 수 있다. 예를 들어, 교육의 이데올로기, 군주제의 이데올로기, 의회민주주의의 이데올로기 등이 있다. 그러나 푸코는 실제로 발생한 것은 이데올로기가 아니라고 생각한다. 그것은 지식의 형성과 축적을 위한 효과적인 수단들 — 관찰 방법, 기록의 기법, 탐구와 조사를 위한 절차, 통제 장치 — 의 산물이다. 따라서 권력은 이러한 정교한 메커니즘을 통해서 행사될 때, 이데올로기적 구성물이 아닌 지식을, 아니 오히려 지식의 장치를 발전시키고 조직하며 유통시키는 것을 의미한다.[5]

2) 권력의 유형

① 주권적 권력(sovereign power)

주권적 권력은 왕이 사람들의 삶에 대한 최종적인 권한을 가지고 있는 군주제에

---

5) 푸코는 지식/권력이 주체의 형성에 미치는 효과를 분석하기 위한 고고학과 계보학을 연구방법으로 삼는다. 푸코는 고고학(archaeology)을 통해 담론을 분석하고 시대마다 사람들의 인식을 지배하는 에피스테메가 다르다는 것을 보여준다. 에피스테메는 일종의 패러다임으로서 인식론적으로 집단무의식적 사유의 토대이다. 시대별로 광인에 대한 인식을 보면, 16세기 르네상스 시기에는 광인을 예언자로, 17세기 고전주의 시기에는 괴물로, 18세기 근대에는 환자로 인식하였다. 이는 주체가 지식에 의해 구성된다는 것을 보여준다. 푸코는 고고학을 통해 인식의 절대성을 무너뜨리고 상대화한다. 푸코는 계보학(genealogy)을 통해 담론 자체보다는 담론 실천이 가져오는 효과에 초점을 맞춘다. 담론 실천의 효과는 특정한 사회를 지배하는 특정한 담론이 진리가 되고 다른 담론들은 억압되거나 배제되는 방식으로 나타난다. 가부장적 사회에서 남성 담론이 여성 담론을 억압하는 경우에서 그 예를 찾아볼 수 있다. 이는 이성, 과학, 지식으로 치장한 담론으로 정당화된다. 계보학은 이러한 담론의 효과를 권력으로 본다(Foucault, 1972, 1980).

서 가장 분명하게 볼 수 있는 권력의 양식이다. 푸코는 이러한 고귀한 권력의 양식을 지칭하기 위해 '주권적'이라는 용어를 사용하였다. 주권적 권력은 인민이나 법률과 같은 권위의 주체들이 다른 사람들을 통제하는 민주주의에서도 작동한다. 예컨대 군주적 권력은 교장이 학생을 제적시키거나 승급시키기 위해 자신의 권한을 이용하는 상황, 무뢰한들이 그들의 희생자를 핍박하는 상황, 일부의 사람들이 다른 사람들에게는 부여되지 않은 투표권을 갖는 상황에서 작동한다. 주권적 권력은 우리에게 익숙한 지배력이나 통제력과 매우 유사하기 때문에 이해하기에 용이하다.

② 규율권력(disciplinary power)

민주주의 사회에서 사람들은 법과 주권에 예속되지만, 그러한 권력만 존재하는 것이 아니다. 민주주의 사회에서 우리는 우리들 자신을 통제한다. 규율권력은 사회에 적응하는 방법에 대한 지식을 바탕으로 우리가 우리 자신에게 행사하는 권력이다. 우리는 삶의 방식에 대해 사회에서 받는 메시지(지식, 보상 및 이미지)를 기반으로 스스로를 훈육한다. 우리는 형벌의 위협이 없는 상황에서도 자신을 규율함으로써 정상인이 되려고 노력한다.

푸코의 분석에 따르면, 규율권력은 주권적 권력의 메커니즘과는 다른 메커니즘을 통해 작동한다. 예를 들어, 주권적 권력은 신체적 형벌이나 보상을 통해 행사된다. 반면에 규율권력은 감시와 지식을 통해 행사된다. 감시 메커니즘 가운데 하나가 시선이다. 시선은 교도관이 모든 수감자들을 한눈에 볼 수 있도록 설계된 원형감옥(panopticon)으로 상징된다. 원형감옥은 교도관이 수감자를 감시하고 있는지 여부를 수감자들이 확인할 수 없도록 설계되어 있다. 수감자들은 교도관들이 보고 있지 않을 때조차도 교도관들이 자신들을 보고 있다고 생각하기 때문에 스스로를 통제하게 된다. 따라서 교도관들은 수감자들을 계속해서 볼 필요가 없다. 그러한 측면에서 시선은 매우 중요한 의미를 갖는다. 시선은 사람들에게 누군가가 자신들을 보고 있다는 느낌을 갖게 한다. 그러한 느낌이 바로 자기규율의 메커니즘이다 (Foucault, 1977).

그림 5-2   파놉티콘

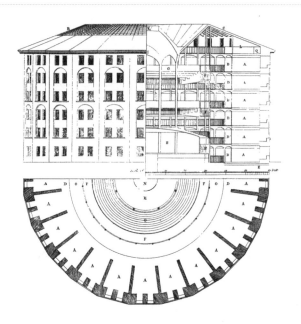

　　규율권력의 또 다른 메커니즘은 특정한 종류의 지식, 특히 인간과학의 지식 생산이다. 규율권력의 양식에서 심리학이나 사회과학의 지식은 우리가 누구인지를 이해하는 데 도움을 준다. 학문적 지식은 무엇이 선한 것이고 무엇이 정상적인 것인지 그리고 어떻게 행동해야 하는지를 판단하는 근거를 제공한다. 지식은 우리에게 유용하게 생산되고 만들어진다. 지식을 통해서 우리는 특정한 방식으로 우리 자신을 다스릴 수 있다. 우리는 이러한 지식을 토대로 영양가 있는 음식을 먹고, 헬스 클럽에 가입하고, 사람들이 우리에게 이야기할 때 경청하고, 교사가 읽으라는 책을 읽도록 스스로를 훈육한다. 푸코는 시선과 인간과학을 규율권력의 메커니즘으로 보았다.

③ 사목권력(pastoral power)

　　푸코는 민주주의에서 작동하는 또 다른 권력 형태인 사목권력을 설명하기 위해 목자의 은유를 사용하였다. 이러한 권력 형태는 기독교의 전통을 통해 파생되었다. 이 은유의 범위에는 한계가 있다. 사목권력은 권력이 종교를 통해 행사되고 있음을 의미하는 것이 아니다. 그것은 또한 민주주의에서 사람들이 양처럼 무기력하다는 것을 의미하는 것도 아니다. 사목권력은 사람들이 양떼처럼 목장에 갇혀 있음을 의미하지 않는다. 사목권력의 은유는 민주주의에는 주권적 권력과는 다른 형태의 권력이 있음을 강조하는 데 도움이 된다. 예를 들어, 왕이 군사력을 강화하는 것은 주권적 권력의 특징이다. 그러나 목자가 양들에게 헌신하는 것은 사목권력의 특징이다. 양떼는 목자에 의존한다. 이것 역시 사목권력의 요소이다. 교회가 내세의 구원을 보장했던 것처럼 국가는 보건, 안전 및 사고 방지 등을 통해 현세에서의 구원을 보장한다. 마지막으로, 권력을 남용하는 왕에게 반역하는 것이 합리적일 수 있지만 목자가 양떼를 보호하고 양육하기 위해서만 권력을 행사한다고 해서 목자에게 반역하는 것은 이치에 맞지 않는다. 푸코는 사목권력을 통해 민주주의 사회에서 돌보는 권력의 양식을 이해하고자 한 것이다. 사목권력이라는 용어는 우리에게 민주적 거버넌스의 요소인 친절한 권력의 행사를 인식할 수 있는 언어를 제공한다(Foucault, 2011; Golder, 2007; 이문수, 2015).

④ 생명권력(bio-power)

생명권력이라는 용어는 현대 민주주의에서 특정 형태의 권력양식을 보여주기 위해 푸코가 만든 신조어이다. 그는 1975년 강의 시리즈 '사회를 보호해야 한다'에서 이 용어를 처음 사용하였다(Foucault, 2015). ≪성의 역사≫ 첫 권에서 푸코는 생명권력이 인구통계학과의 관계를 통해 행사되는 권력 형태라고 설명하였다(Foucault 1978: 139). 우리 현대인은 사회에서 양육되었으므로 인종, 계급, 성별, 나이 등의 관점에서 자신을 이해하게 되고, 그러한 이해를 바탕으로 스스로를 통제한다.

푸코는 1975년 강의에서 생명권력이라는 용어를 사용했을 때, 18세기와 19세기에 걸쳐 일어난 특정 변화, 즉 정부가 생명의 문제를 처리하는 방식의 변화에 대한 역사적 분석에 대해 이야기하고 있었다. 출생, 사망, 건강, 질병 및 인구통계(예: 인종, 계급 및 성별)와 관련된 생명 문제가 정부에 의해 항상 공식적으로 관리된 것은 아니다. 한때는 인구통계를 담당하는 사무관, 장관, 감독위원회도 없었고, 그와 관련된 입법부의 정책적 조치도 없었다. 정부는 출생률, 사망 통계 또는 질병 관리를 기록하거나 예측하지 않았고, 그것들에 개입하지도 않았다. 그러나 이러한 생명의 문제가 정부와 행정 영역에 포함된 18세기 통치영역의 변화는 푸코가 생명권력이라고 부르는 권력의 작동을 알리는 신호였다. 생명권력은 18세기에 국가가 우리의 삶의 더 많은 측면들을 통제하기 시작했다는 것을 의미하는 것이 아니다. 그것은 좋은 것도 아니고 나쁜 것도 아니다. 오히려 생명권력은 출생, 사망, 건강, 질병 및 인구통계와 같은 인구적 요인과 관련하여 우리 자신을 어떻게 생각하는지를 결정하는 권력 양식이다 (Foucault, 2011, 2015).

민주주의 체제에서 우리는 주권적 권력만을 인식하고 다른 형태의 권력을 인식하지 못할 수도 있다. 우리가 여러 가지 모습을 하고 있는 권력을 인식하지 못한다면, 우리는 권력을 인식하지 못한 상태에서 권력의 영향을 받게 된다. 푸코의 목적은 사람들로 하여금 다양한 권력의 작용을 알아볼 수 있게 하는 것이다. 권력의 작동방식을 알게 되면, 우리가 권력관계에 참여할 수 있는 기회가 그만큼 많아지게 된다.

Ⅱ 계층제의 원리와 쟁점

1. 관료제는 계층을 기본구조로 한다.

구조는 사람들 간의 상호작용이 반복적이고 안정적으로 이루어지는 패턴화된 관계를 말한다. 관료제는 구조적으로 상하 간의 권력 작용이 반복적이고 안정적으로 이루어지는 계층화된 관계를 기본 틀로 한다. 그래서 사람들은 관료제를 삼각형이나 피라미드로 이미지화하는 것이다.

1) 계층은 명령과 복종의 관계이다.

계층적인 상호작용의 패턴은 명령과 복종의 권력 관계로 구성된다. 그렇다면 명령과 복종의 상호작용이 안정적으로 이루어질 수 있는 조건은 무엇인가? 그 조건으로는 명령의 정당성과 실현가능성 그리고 복종자의 수용범위 등이 있다.

첫째, 명령은 정당한 것이어야 한다. 다시 말해서 명령은 그것이 법적으로 그리고 사회 규범적으로 수용 가능한 것이어야 한다. 명령의 형식과 내용이 법적으로 규정된 범위를 넘어서는 안 된다. 법의 범위를 넘어서는 명령은 하급자나 하급기관의 불복종은 물론 의회와 국민으로부터의 비판을 초래할 가능성이 높고 사법적 판단의 대상이 될 수 있다. 명령이 법의 범위를 넘어서지 않는다 하더라도 사회적 규범을 넘어서는 경우는 하급자나 하급기관의 불복종을 초래할 가능성은 적으나 의회와 국민으로부터의 비난을 초래할 가능성은 높다.

둘째, 명령은 실현 가능한 것이어야 한다. 명령은 하급자나 하급기관의 지적, 기술적, 육체적 능력과 가용 자원으로 대응할 수 있는 수준의 것이어야 한다. 아무리 좋은 내용을 담은 명령이라 하더라도 실현 가능하지 않다면 복종을 기대할 수 없다.

셋째, 명령은 복종자의 수용 범위 안에서 이루어져야 한다. 명령의 수용 범위는 개인이 가지고 있는 가치관, 이해관계 그리고 조직목표에 대한 인식 등에 의해 결정된다. 정당하고 실현 가능한 명령이라 하더라도 하급자나 하급기관이 수용 범위를 넘어서는 것으로 인식한다면 복종을 기대하기 어렵다. 예를 들어, 하급자가 보기에 상급자의 명령이 조직 전체의 목표와 상충된다는 인식을 갖게 되면 복종하기가 쉽지 않을 것이다. 수용의 범위는 집단 생활에서 발생할 가능성이 높은 동조 현상에 의해 넓혀지기도 하고 좁혀지기도 할 수 있다. 예를 들어, 어떤 사람이 개인적으로 명령의 내용이 자신의 가치관과 충돌하는 것으로 인식하더라도 다른 사람들이 그 명령을 수용한다면 동조할 가능성이 높다는 것이다.

일반적으로는 정당한 권력에 대한 복종 가능성이 매우 높은 것으로 보고 있다. 다시 말해서 명령의 내용이 개인의 가치관이나 사회적 규범과 충돌하는 경우라 하더라도 명령자가 형식적 정당성을 가지고 있는 것으로 인식되면 복종할 가능성이 높다는 것이다.

스탠리 밀그램(S. Milgram, 1974)의 실험은 이러한 주장에 힘을 실어준다. 밀그램은 사람들이 정당한 권력에 대해 어느 정도까지 복종할 것인가를 알아보기 위한 실험을 진행하였다. 실험은 처벌의 학습효과를 알아보는 방식으로 구성되었고 피험자들도 그렇게 알고 실험에 참여하였다. 서로를 볼 수 없고 소리만 들을 수 있는 칸막이를 사이에 두고 한쪽에는 피험자와 실험자가 있고, 다른 쪽에는 학생의 역할을 맡은 조수가 있다. 피험자 앞에는 학생(조수)이 틀릴 때마다 전기 자극을 줄 수 있는 버튼이 있다. 피험자는 질문을 하고 학생의 대답이 틀릴 때마다 전기 자극을 15볼트에서부터 450볼트까지 한 단계씩 높여야 한다. 피험자는 전기 자극을 어느 단계까지 줄 수 있을까? 밀그램이 실험에 앞서 자신의 학생들에게 피험자들이 어느 정도까지 전기 자극을 줄 것인지를 예측하게 해보았는데, 학생들 중 1~2% 정도만 450볼트까지 높일 것이라고 예측하였다. 그러나 실제로는 약 65% 정도의 피험자들이 450볼트까지 전기 자극을 주었다. 어떻게 이런 일이 가능한 것일까? 밀그램은 실험자의 정당한 권위가 그것을 가능하게 했다고 결론을 내린다. 사람들은 명령자가 정당한 권력의 소유자라면, 부당한 명령이라도 복종할 가능성이 높다는 것이다. 관료제의 기본구조인 계층을 구성하는 명령과 복종의 관계에는 바로 이러한 가능성이 내포되어 있다.

2) 권력은 자원을 필요로 한다.

권력은 자원 의존적인 성격을 갖는다. 그렇다면 관료조직 안에서 사용할 수 있는 자원은 어떤 것들이 있는가? 프렌치와 레이븐(French & Raven, 1959)의 권력자원에 기초한 권력유형론은 조직에서 일반적으로 사용하는 자원을 이해하는 데 도움이 된다. 그들은 지위, 매력, 전문성, 상과 벌 등을 일반적인 권력자원으로 본다.

합법적 권력(legitimate power)은 지위권력(positional power)이라고도 한다. 합법적 권력은 조직 내에서 직위 점유자의 지위와 의무에 의해서 실현되는 권력이다. 합법적 권력은 직위 점유자에게 위임된 공식적 권한이다. 거기에는 일반적으로 유니폼, 직함 또는 위엄 있는 사무실과 같은 다양한 권력의 상징이 수반된다.

준거적 권력(referent power)은 사람들의 매력을 끌고 충성을 받아내는 개인의 능력이다. 준거적 권력은 권력자의 카리스마나 대인관계 기술을 기반으로 한다. 어떤 개인은 자신의 어떤 특성 때문에 존경을 받을 수 있으며, 이러한 존경은 다른 사람에게 영향을 미칠 수 있는 기회를 제공한다. 권력에 복종하는 사람은 이러한 특성을 확인하기를 원하며, 추종자로 받아들여지는 것 자체에서 만족을 느낀다.

전문적 권력(expert power)은 개인의 기술이나 전문 지식 및 해당 기술과 전문 지식에 대한 조직의 요구에서 파생되는 개인의 권력이다. 다른 유형과 달리, 전문적 권력은 일반적으로 매우 특화되어 있으며 전문가로서 훈련되고 자격을 갖춘 특정 영역으로 제한된다. 그들이 상황을 이해하고, 해결책을 제시하고, 신뢰할 만한 판단력을 사용하며, 일반적으로 다른 사람들보다 우월한 지식과 기술을 가지고 있을 때 사람들은 그들의 말을 듣는 경향이 있다. 개인이 전문성을 입증하면 사람들은 그를 신뢰하고 그의 말을 존중하는 경향이 있다.

보상적 권력(reward power)은 가치 있는 물질적 보상을 제공할 수 있는 능력에 달려 있다. 그것은 개인이 혜택, 휴식, 선물, 승진, 임금상승 등과 같은 보상을 다른 사람에게 줄 수 있는 정도를 나타낸다. 이 권력의 효과는 분명하지만 남용되면 효과가 떨어진다.

강제적 권력(coercive power)은 부정적인 효과를 이용하는 것이다. 그것은 좌천시키거나 다른 보상들을 보류하는 능력을 의미한다. 가치 있는 보상에 대한 욕구 또는 보상을 받지 못하는 것에 대한 두려움은 권력자에 대한 순종을 이끌어낸다. 강제적 권력은 가장 확실하지만 가장 효과가 적은 권력 형태이다. 왜냐하면 그것은 권력을 경험하는 사람들의 원망과 저항을 불러일으키기 때문이다. 위협과 처벌은 강제의 일반적인 도구이다. 강제적 권력의 광범위한 사용은 조직 환경에서 그렇게 적합한 것이 아니다. 강제적 권력에만 의존하는 리더십 스타일은 너무 차갑고 빈약하다.

조직에서 일반적으로 이용되는 권력 자원들은 대체로 공식적인 계층에 따라 위쪽에 분배되어 있다. 그러나 때로는 그러한 자원들이 계층의 아래쪽에 존재하는 경우도 있다. 권력 자원들 가운데 매력과 전문성은 반드시 계층상의 위쪽에 존재한다고 할 수는 없다. 만일 이러한 자원이 하급자에게 있다면 권력이 계층상의 권력의 흐름과 반대 방향으로 작용할 수 있다. 권력을 자원의존적인 현상으로 보게 되면, 권력관계를 의존관계로 이해할 수 있는 다른 관점을 가질 수 있다. 이러한 관점은 에머슨(Emerson, 1962)의 권력–의존관계이론에서 분명하게 볼 수 있다. 그에 따르면, 행위자 A의 권력은 B의 저항을 극복할 수 있는 능력을 의미하고, 이 능력은 B가 원하는 것을 A가 얼마나 장악하고 있는가와 비례하며, A를 통하지 않고 B가 원하는 것을 성취할 수 있는 정도에 반비례한다.

명령과 복종의 관계에서 쟁점이 되는 것은 정당한 명령권자에 의한 부당한 명령의 문제이다. 아이히만은 전범 재판에서 상관의 명령에 대한 복종의 정당성을 무죄의 논변으로 제시하였다. 계층을 전제로 할 때, 부당한 행위의 책임은 누구에게 있는 것인가? 최초로 명령을 내린 사람인가 아니면 명령을 실행한 사람인가? 명령이 없었다면 부당한 행위는 없었을 것이다. 그러니까 최초의 명령자에게 책임이 있다고 해야 할까? 아니면 명령을 내렸어도 그것이 실행되지 않았다면 부당한 행위가 발생하지 않았을 것이다. 그렇다면 명령을 실행한 자의 책임인가? 아니면 명령자와 복종자 모두의 책임인가?

복종자는 정당한 명령권자의 명령에 복종함으로써 자신을 보호할 수 있는 방패를 갖게 된다. 부당한 명령이라 하여 복종을 하지 않으면, 상관에게 불이익을 당할 것이다. 복종을 하게 되면 부당한 결과에 대한 비난이나 비판이 있더라도 그 책임을 상관에게 전가할 수 있다. 따라서 복종자들은 가능하면 정당한 명령권자의 명령에 복종하는 것이 유리하다. 문제는 그로 인해 국민이 피해를 본다는 것이다. 이를 막을 수 있는 방법은 있는가?

2. 계층은 통제기능을 한다.

계층의 가장 중요한 기능이자 가치는 조직의 안정과 질서 유지에 있다. 그러나 계층 자체에는 역설적이게도 구조적 불안정성이 내장되어 있다.

1) 계층은 조직의 안정과 질서를 유지한다.

관료조직에는 다양한 통제장치가 발달해있다. 법과 규칙이 대표적인 통제장치로 권력의 가시성을 줄여줌으로써 조직의 긴장 정도를 완화하는 기능을 한다. 법과 규칙은 기본적으로 조직의 구성원이 해야 할 일과 하지 말아야 할 일에 대한 규정으로 구성된다. 그리고 그 규정은 포괄적이고 일반적이기 때문에 구체적인 상황에서는 해석이 개입될 수밖에 없다. 다시 말해서 재량이 행사될 수밖에 없다. 그러다 보면 구성원들은 종종 재량을 최대한으로 행사할 것인지 최소한으로 행사할 것인지를 판단해야 하는 기로에 서게 된다. 일반적으로 사람들은 자신을 보호할 수 있는 수준에서 재량의 범위를 결정한다. 이는 구성원들의 적극적이고 능동적인 행위를 기대하기 어렵게 한다. 결국 조직의 의무와 책임을 최소한으로 충족시키는 문제를 야기할 수 있다.

법과 규칙에 의한 통제가 갖는 한계를 보완하기 위한 것이 계층이라 할 수 있다. 계층은 명령과 복종의 권력관계를 바탕으로 하급자나 하급기관에 대한 통제의 통로를 제공한다. 통제는 명령, 복종, 보고, 평가, 상벌이라는 일련의 과정으로 구성된다. 법이나 규칙과는 달리 계층에 의한 통제는 권력의 가시성이 높다. 따라서 조직 내의 긴장 정도를 높일 수 있다. 조직의 긴장정도는 상급자의 리더십이 권력의 가시성에 어떠한 방식으로 영향을 미치는가에 달려있다. 계층에 의한 통제가 지향하는 바는 명확하다.

첫째는 조직의 책임과 의무를 다하게 하는 것이다. 사람들에게는 법과 규칙에 규정된 행동의 범위 안에서 재량권이 부여된다. 계층에 의한 통제는 재량권의 범위에 대한 해석을 업무 담당자에게만 맡기지 않는다. 요컨대 상급자나 상급기관에게는 하급자나 하급기관과 재량권의 범위를 논의하고 확정할 수 있는 권한이 부여된다. 이는 하급자나 하급기관이 자기를 보호할 수 있는 최소한의 수준에 머무는 것을 막는 기제가 될 수 있다. 이처럼 계층에 의한 통제는 조직 구성원들이 책임과 의무를 보다 적극적으로 수행할 수 있는 계기가 될 수 있다. 물론 이러한 기대가 항상 충족될 수 있는 것은 아니다. 리더십 자체가 소극적이거나 강제적이면 오히려 하급자의 자기 방어적이고 수동적인 행위를 조장할 수도 있다.

둘째는 갈등을 조정하고 통합을 이루는 것이다. 조직에서는 다양한 기관과 사람들이 함께 일을 한다. 따라서 개인들의 수준에서건 기관들의 수준에서건 갈등이 발생하지 않을 수 없다. 이러한 갈등은 당사자들 간에 협의를 통해 해결하는 것이 바람직하다. 그러나 그것이 불가능할 때는 계층에 의한 조정이 불가피하다. 상급자나 상급기관이 하급자들 간 또는 하급기관들 간의 갈등을 조정함으로써 조직의 조화를 이루어낼 수 있다. 물론 계층에 의한 조정이 항상 성공적일 수는 없다. 상급자나 상급기관의 조정행위가 정당하고 설득력이 있다면 그 조정은 의미가 있지만, 공정성을 상실한다면 표면적으로는 갈등이 보이지 않는다 하더라도 기회가 되면 언제든지 수면 위로 떠오를 수 있다.

계층에 의한 통제는 조직의 책임과 의무를 다하게 하고, 갈등의 조정과 통합을 통해 조직 전체의 안정과 질서를 유지하는 데 결정적인 기여를 할 수 있다.

2) 계층에는 구조적 불안정성이 내장되어 있다.

계층은 그 자체로 경쟁을 유발하는 구조이다. 조직 내에서의 승진은 구조적으로 경쟁적일 수밖에 없다. 경쟁에는 두 가지 상반된 측면이 존재한다.

하나는 경쟁 자체가 통제기제로 작동한다는 것이다. 경쟁은 조직구성원들이 승진을 위해 노력하게 만든다. 구성원들은 승진을 위해 자신의 능력을 증명해야 하는데, 그것은 상대적으로 높은 실적을 이루어내는 것이다. 이러한 측면에서 계층은 구조적으로 구성원들이 최선을 다해서 자신의 의무와 책임을 수행하게 만드는 통제기제라고 할 수 있다.

다른 하나는 경쟁이 조직의 안정과 질서에 위협이 될 수도 있다는 것이다. 조직에는 경쟁을 전제로 하는 협력이라는 묘한 구도가 형성된다. 소위 '적과의 협력'이라는 이율배반적인 행태가 일상화된다. 조직의 입장에서 경쟁이 성공을 가져올 수도 있지만, 실패를 야기할 수도 있다. 구조적으로 야기되는 경쟁이 조직의 안정성을 위협할 수 있다.

계층은 그 자체가 폭력적인 성격을 갖는다. 명령과 복종의 관계는 사람을 수동적이고 타율적인 존재로 변질시킨다. 안정과 질서를 위한 통제는 개성을 억압하고 구성원들의 동질화 내지는 동조화를 가져온다. 경쟁의 원리는 다른 사람을 적으로 간주하고, 심지어는 자기착취를 당연하게 만든다. 이러한 측면에서 관료제의 권력은 폭력적이다. 관료제의 권력이 본질적으로 폭력적이라고 해서 관료제를 없앨 수는 없다. 그렇다면 그러한 폭력성을 완화하거나 제거할 수 있는 방법이 있을까?

3. 권력은 다양한 층위에서 작동한다.

권력이 공식적인 계층 위에서만 작동하는 것은 아니다. 그것은 다양한 층위에서 작동한다. 권력은 직위와 직위 간의 관계에서, 사람과 사람 간의 관계에서 그리고 개인과 조직 간의 관계에서 작용한다.

1) 권력은 직위와 직위의 관계에서 작동한다.

권력은 형식적인 측면에서 직위와 직위의 관계에서 작용한다. 상급자나 상급기관은 하급자나 하급기관에 대해 권력을 행사할 수 있다. 관료조직에서 직위는 가장 기본적이고 본질적인 권력자원이라고 할 수 있다. 따라서 누군가가 명령을 한다면, 단순히 그 사람이 명령을 할 수 있는 직위에 있다는 것 이외에는 다른 이유가 있을 수 없다. 따라서 조직을 떠나면 명령을 할 수 있는 권한도 복종을 해야 하는 의무도 사라진다.

2) 권력은 사람과 사람의 관계에서 작동한다.

권력은 직위들 간의 형식적 관계와는 다른 층위에서도 작용한다. 직무를 담당하는 사람과 직무를 완전히 분리하는 것은 불가능하다. 예컨대 "OOO 서무계장"이라는 명칭에서 사람과 서무계장을 분리할 수 없다는 것이다. 사람마다 가치관, 성격, 성향 등이 다르기 때문에 동일한 업무를 맡아도 다르게 수행할 수밖에 없다. 또한 사람들마다 동일한 명령이라도 그에 대한 반응이 다를 수 있다. 이는 권력이 단순히 형식적으로 직위에 작용하는 것이 아니라 사람에게도 작용한다는 것을 의미한다. 관료조직 안에서 권력은 구조적이며 형식적인 현상만이 아니라 또한 심리적 현상으로 이해되어야 한다.

3) 권력은 조직과 사람의 관계에서 작동한다.

법과 규칙은 물론이고 다양한 지침들이나 강령, 평가지표, 업무 일과표에 이르기까지 조직에는 다양한 통제 장치들이 존재한다. 이 장치들은 무의식적으로 사람들에게 영향을 미친다. 사람들은 그러한 장치들이 보내는 신호들을 읽고 거기에 맞추어 태도와 행동을 결정한다. 이를 규율권력이라고 한다. 규율권력은 조직의 비가시적인 층위에서 작동한다. 이러한 규율권력에 의해 사람들은 무의식적으로 조직이 요구하는 주체가 된다. 그러한 의미에서 권력은 직위와 직위, 사람과 사람의 관계뿐만 아니라 조직과 개인의 관계에서도 작동한다.

짐바르도(P.G. Zimbardo, 2007)의 '스탠퍼드 교도소 실험'은 조직이 개인에게 미치는 영향, 다시 말해서 규율권력에 의해 주체가 형성되는 과정을 이해하는 데 도움이 될 것이다. 실험은 정신적으로 평범한 피험자들을 두 부분으로 나누고 한쪽에는 죄수의 역할을, 다른 쪽에는 교도관의 역할을 맡기고 일반 교도소와 마찬가지로 생활을 하도록 설계되었다. 실험은 본래 한 달을 목표로 하였으나 불과 며칠 만에 종료된다. 불과 하루 이틀 만에 교도관 역할을 맡은 사람들이 조직적으로 죄수역할을 맡은 사람들에게 괴롭힘과 린치를 가하는 일이 벌어졌기 때문이다. 무엇이 지극히 평범한 사람들로 하여금 악마적 행위를 하게 만들었을까? 교도소는 절대 권력과 절대 무력(無力)이 구조화된 공간이다. 그 공간이 잔학한 행위를 서슴없이 자행하는 주체를 탄생시킨 것이다. 짐바르도는 이러한 현상을 '루시퍼 이펙트(Lucifer Effect)'라고 불렀다. 악인은 악한 심성이 없는 경우에도 누가 악하게 행동하라고 유혹하지 않아도 얼마든지 탄생할 수 있다. 그것은 사람이 어떤 조직구조에 놓이느냐에 달려있다.

다양한 층위에서 작동하는 권력은 명령과 복종의 관계에 있는 모든 사람에게 영향을 미친다. 일반적으로 권위주의는 관료들의 대표적인 특징으로 언급된다. 명령과 복종의 관계가 엄격할수록 사람들이 권위주의적 속성을 갖게 될 가능성이 커진다. 권위주의는 일반적인 사실이나 상대의 의견은 무시한 채 기존의 권위에 기대어 사람을 대하거나 사태를 바라보는 사고방식이나 행동 양식을 말한다. 아도르노를 중심으로 한 연구팀에 의하면(Adorno et al., 1950), 권위주의적 성격은 옳고 그름에 대한 인습적인 믿음에 대해 맹종적이다. 이미 승인된 권위에 대해 순종적이다. 인습적인 생각에 찬동하지 않거나 생각이 다른 사람에 대해 공격적이다. 사람에 대해 부정적인 편견을 가지고 있다. 예컨대 사람들은 기회만 주어지면, 거짓말을 한다든지, 자신의 이익만을 추구한다는 성악설적인 인간관을 갖는다. 강력한 권력을 휘두르는 리더십을 원한다. 상황을 단순화해서 보며 이것 아니면 저것이라는 극단적인 방식으로 생각한다. 창조적이고 도전적인 생각에 저항적이다. 예컨대 자신의 생각을 선으로, 자신의 생각을 위협하는 주의주장들을 악으로 생각하는 흑백논리를 따른다. 만만한 집단에게 자신의 불편한 감정을 투사하는 경향이 강하다. 예컨대 소수자, 여성, 동성애자 등에 대해 극단적인 편견을 갖는다. 폭력과 섹스에 탐닉하는 경향이 있다. 권위주의가 가지고 있는 중요한 문제는 권위에 기대어 편안함을 느끼는 경향으로 말미암아 자유를 오히려 부담스러워하게 된다는 것이다. 그렇다면 관료제의 일반적인 특징인 권위주의를 완화할 수 있는 방법은 무엇일까?

4. 정부 관료제 권력의 근원은 국민이다.

정부 관료제의 권력의 근원은 주권자인 국민이다. 정부 관료제는 국민으로부터 권력을 위임받아 그 권력을 국민에게 행사한다. 그러한 권력을 통치권이라고 한다. 따라서 통치권의 정당성은 주권자의 지지에 근거한다. 민주주의는 이러한 권력의 순환에 기초한다. 그렇다면 통치권이 정당성을 유지하기 위해서는 어떻게 해야 하는가?

첫째, 관료제의 권력행위는 국민의 주권적 권력을 세우는 것이어야 한다. 다시 말해서 국민이 주권적 권력을 행사하는 주체로서 역할을 할 수 있도록 해야 한다는 것이다. 이를 위한 가장 기본적인 조치는 국민의 참여를 확대 및 강화하는 것이다. 참여의 방법은 다양하지만, 특히 국민들이 의제를 설정하고 토론하며 합의를 도출할 수 있는 공론장을 형성하는 데 관심을 기울일 필요가 있다. 공론장은 국민들이 공동 권력을 경험할 수 있는 공간이다. 공론장에서 국민들이 목적적 존재로서 자신의 정체성을 세우고 진정한 권력의 행사자임을 경험하게 해야 한다. 이를 통해서 인민 주권과 인민 자치라는 민주주의의 가치를 실현할 수 있다.

둘째, 관료제의 권력행위는 국민의 안전을 지키는 것이어야 한다. 다양한 질병이나 재난 재해로부터 국민의 안전을 지키는 과정에서 사목권력이 작동한다. 사목권력이 적절하게 작동하지 않는다면 인민 복지와 안녕이라는 민주주의의 가치를 실현하기 어렵다. 주의해야 할 것은 온정적 권력의 행사라 할지라도 개인의 자유를 침해할 가능성을 간과해서는 안 된다는 점이다. 좋은 의도로 시작한 일이 나쁜 결과를 가져오는 경우가 생각보다 흔하기 때문이다.

셋째, 관료제의 권력행위는 국민에게 양질의 공공서비스를 제공하는 것이어야 한다. 국민에게 적절한 공공서비스를 제공하기 위해서는 국민에 대한 정보를 충분히 확보해야 한다. 국민에 대한 인구통계학적 접근은 불가피한 것이다. 문제는 그것이 의도와는 무관하게 사람들이 자신의 정체성을 형성하는 신호로 읽힐 수 있다는 것이다. 공식적 통계에 의해 자신이 어떤 존재로 분류되고 있다는 사실이 개인에게 자신의 정체성을 인식하는 데 영향을 미칠 수 있다. 소위 생명권력이 작동한다는 것이다. 생명권력의 작동은 필연적인 것이다. 문제는 생명권력이 작동한다는 사실을 인식하는 것이 중요하다. 그래야 그 권력이 부정적으로 영향을 미칠 가능성을 막을 수 있기 때문이다. 따라서 생명권력에 대한 인식 역시 국민을 주권자로 세우는 데 있어서 중요한 의미를 갖는다.

정부 관료제의 역할은 공공서비스를 제공하는 것이다. 그것은 말 그대로 봉사활동이다. 그런데 그러한 행위가 반복되다 보면, 정부 관료제가 국민에게 시혜를 베푸는 것으로 비춰질 수 있다. 그렇게 되면 국민은 그 서비스를 자신의 권리로 생각하지 못하게 된다. 관료제가 국민의 권리의식을 회복하기 위해 할 수 있는 것은 무엇일까?

5. 관료는 유기적 지식인이다.

관료는 유기적 지식인이다. 유기적 지식인은 자신이 속해 있는 집단이나 조직 또는 계급이나 계층에 유기적으로 결합된 존재이다. 관료는 자신이 유기적으로 결속된 집단의 세계관을 생산하고 유포하는 기능을 한다. 그것은 기존의 지배구조를 정당화하는 것일 수도 있고, 비판적인 것일 수도 있다. 예컨대 가부장적 문화에 익숙한 관료는 가부장적인 정책과 행정을 정당화하는 태도와 행태를 보일 것이다. 일부 남성 관료들과 여성 관료들이 이러한 관행에 비판적일 수 있다. 인종주의적 편견이 강한 문화에 익숙한 관료는 인종주의적 정책과 행정을 정당화하는 태도와 행태를 보일 것이다. 일부 백인 관료와 유색인 관료들이 이러한 관행에 비판적일 수 있다. 이처럼 관료들은 유기적 지식인으로서 조직 안에 내면화된 지배구조와 사회에 만연된 지배구조를 행정적, 정책적으로 정당화하거나 그것에 도전할 수 있다.

일반적으로 정책을 결정하는 고위 관료들의 사회적 배경은 사회의 엘리트계층과 대체로 일치한다. 따라서 관료는 사회의 계층적 또는 계급적 권력 관계를 정당화하고 강화하는 역할을 할 수 있다. 다시 말해서 지배관계를 강화하는 정책을 적극적으로 지지하고, 그에 반하는 정책에 대해 반대하는 행태를 보일 수 있다. 관료가 사회의 엘리트동맹의 일원으로 인식되면 사회의 권력 관계에서 지배자의 위치를 점하게 되고, 그런 관점에서 세상을 바라보게 된다. 그래서 관료는 항상 결단의 순간을 맞이하게 된다. 기존의 지배구조에 편승하는 도구적 지식인이 될 것인가 아니면 기존의 지배구조에 저항하는 지식인으로 거듭날 것인가 하는 선택의 순간이 있게 마련이다.

관료는 공익을 추구하면서 동시에 사익을 추구하는 존재이다. 따라서 가장 중요한 관료의 윤리는 공익을 위해 사익을 절제하는 능력과 관련된 것이라고 하겠다. 그런데 공익과 사익이 충돌하는 경우를 직접적으로 마주하는 경우에는 관료의 입장에서 어떠한 선택을 하든 도덕적 문제에 대한 인식이 발생할 수 있다. 그러나 공익과 사익의 충돌이 사회계층이나 계급적 차원에서 발생할 때는 도덕의 문제 자체를 인식하지 못할 수 있다. 왜냐하면 관료의 사회적 배경이나 네트워크가 공익의 의미를 왜곡시킬 수 있기 때문이다. 관료제 안에서 이러한 한계를 넘어설 수 있는 방법이 있을까?

CHAPTER 07

분업의 원리

Ⅰ 분업론의 전개

1. 플라톤(Platon)의 분업론: 정의로운 도시국가의 토대

Platon

고대 그리스 철학에서 분업론은 플라톤에 의해 본격적으로 다루어진다. 플라톤은 ≪국가≫에서 그의 형제인 아데이만토스(Adeimantos)와 소크라테스의 대화를 통해 생존에 필요한 다양한 조건들을 혼자서 충족시킬 수 없는 인간의 한계로 인해 사람들이 함께 모여 나라를 형성하게 되었음을 논증한다. 또한 한 사람이 하나의 일에 몰두하는 것이 사회 전체를 위해 유익함을 설파한다.

그래서 내(소크라테스)가 말했네. "내가 생각하기로는 나라가 생기는 것은 우리 각자가 자족하지 못하고 여러 가지 것이 필요하게 되기 때문일세. 아니면 자네는 나라를 수립시키는 기원으로서 다른 무엇을 생각하는가?" "다른 어떤 기원도 없습니다." 그가(아데이만토스) 대답했네. "그러니까 바로 이런 경위로 해서, 즉 한 사람이 한 가지 필요 때문에 다른 사람을 맞아들이고, 또 다른 필요 때문에 또 다른 사람을 맞아들이는 식으로 하는데, 사람들에겐 많은 것이 필요하니까, 많은 사람이 동반자 및 협력자들로서 한 거주지에 모이게 되었고, 이 공동생활체에다 우리가 나라라는 이름을 붙여주었네. 안 그런가?" ⋯ "자, 그러면 이론상으로 처음부터 나라를 수립해보세. 그런데 나라를 수립시키는 것은 우리의 필요가 하는 것 같으이." ⋯ "그렇지만 여러 가지 중에서도 첫째이며 가장 중요한 것은 생존을 위한 음식물의 마련일세." ⋯ "그리고 둘째 것은 주거의 마련일 것이며, 셋째 것은 의복 및 그와 같은 유의 것들의 마련일세." ⋯ "자, 그러면 나라는 이처럼 많은 여러 가지 것의 마련을 위해, 이를 어떻게 충족시켜줄 것인가? 농부가 한 사람, 집짓는 사람이 또 한 사람, 또 다른 사람으로 직물을 짜는 사람이 있어야 할밖에? 혹시 우리는 여기에다 제화공이나 아니면 신체와 관련된 것들을 보살피는 또 다른 사람을 보탤 것인가?" ⋯ "⋯ 한 사람인 농부는 네 사람을 위한 식량을 마련해야만 하고, 또 그 식량을 마련하기 위해 4배의 시간과 노고를 바치고서 그걸 다른 사람들과 나누어야만 하는가? 아니면 남들에 대하여는 아랑곳하지 않고, 오직 자신만을 위해 그 식량의 4분의 1의 분량을 4분의 1의 시간 동안에 생산하고, 나머지 4분의 3의 시간을 일부는 집의 마련을 위해, 그리고 일부는 옷의 마련을 위해, 그리고 또 일부는 신발의 마련을 위해 보냄으로써 남들과 나누는 수고는 하지 않고 스스로 자신의 힘으로 자신의 일을 처리해야만 하는가?" "소크라테스 선생님, 아마도 그 편보다는 먼저 말씀하신 편이 더 수월할 것 같습니다." 역시 아데이만토스가 대답했네. "그건 단연코 조금도 놀랄 일이 못되네. 자네가 말하고 있는 동안에 나도 이런 생각을 했으니까. 첫째로 우리 각자는 서로가 그다지 닮지를 않았고, 각기 성향에 있어서 서로가 다르게 태어나서, 저마다 다른 일에 매달리게 될 것이라는 걸세. ⋯" ⋯ "그럼 다음은 어떤가? 어떤 이가 일을 더 잘 해내게 되는 것은 한 사람으로서 여러 가지 기술에 종사할 때인가, 아니면 한 사람이 한 가지 기술에 종사할 때인가?" "한 사람이 한 가지 기술에 종사할 때입니다." 그가 대답했네. "그러고 보면, 이 점도, 즉 어떤 사람이 어떤 일의 적기(適期)를 놓쳐버리게 되면, 그 일을 완전히 망치게 될 것이란 것도 분명한 걸로 생각되네." ⋯ "이로 미루어 볼진대, 각각의 것이 더 많이, 더 훌륭하게, 그리고 더 쉽게 이루어지는 것은 한 사람이 한 가지 일을 성향에 따라 적기에 하되, 다른 일들에 대해서는 한가로이 대할 때에 있어서네(Platon, 1997: 146-149 발췌 인용)."

인용문에서 몇 가지 의미 있는 생각들을 살펴보자. 첫째, 인간에게는 의식주가 가장 기본적인 필요들인데, 문제는 인간의 한계로 말미암아 그것들을 혼자의 힘으로 모두 충족시킬 수 없다는 것이다.

둘째, 사람들은 다양한 필요들을 충족시키기 위해 자신이 충족시킬 수 없는 생필품의 생산자들과 함께 모여 사는 방법을 찾게 되는데, 그러한 집단을 도시국가라고 할 수 있다는 것이다. 요컨대 도시국가는 필요에 의해 구성된 생존공동체, 분업에 기초한 협력공동체라는 것이다.

셋째, 한 사람이 여러 가지 일을 동시에 하는 것보다는 한 가지 일에 종사하는 것[일인일업(一人一業)]이 개인을 위해서도 국가 전체를 위해서도 유익하다는 것이다. 즉 개인의 경우 자신이 잘 할 수 있는 것을 할 수 있기 때문에 유익하며, 국가의 경우 구성원들이 잘 하는 것을 함으로써 보다 좋은 생필품을 보다 많이 생산할 수 있기 때문에 전체적으로 유익하다.

넷째, 사람들은 타고난 성향에 따라 자신에게 맞는 일을 하는 것이 바람직하다는 것이다. 분업은 개인의 타고난 성향에 기초한다. 타고난 성향에 충실할 때 분업의 효율성은 극대화될 수 있다.

다섯째, 자신이 종사하는 일과 그 밖의 다른 일들 간의 경중이 분명해야 한다는 것이다. 요컨대 개인은 자신의 성향에 따라 한 가지 일에 종사하되, 그 밖의 일로 인해 그것이 방해받아서는 안 된다는 것이다. 결론적으로 "한 사람이 한 가지 일을 성향에 따라 적기에 하되, 다른 일들에 대해서는 한가로이 대할 때"가 최적의 국가적 상황이라고 하겠다.

이러한 분업론은 플라톤의 정의로운 국가 모형의 토대이다. 플라톤에 의하면, 정의로운 국가는 일인일업의 원칙이 충실하게 지켜지는 국가이다. 그에 따르면, 국가는 통치자 계급, 수호자 계급, 생산자 계급으로 이루어진다. 통치자 계급의 덕은 지혜이고, 수호자 계급의 덕은 용기이며, 생산자 계급의 덕은 절제이다. 생산자 계급은 오직 생산에, 통치자 계급은 오직 통치에, 수호자 계급은 오직 국가수호에 전념할 때, 이상적인 국가가 유지되고, 그 속에서 정의가 실현될 수 있다. 정의로운 국가는 일인일업의 원리가 적용되면서 전체적인 조화가 이루어지는 국가를 말한다. "그것(올바름)은 외적인 자기 일의 수행과 관련된 것이 아니라, 내적인 자기 일의 수행, 즉 참된 자기 자신 그리고 참된 자신의 일과 관련된 것일세. 자기 안에 있는 각각의 것이 남

의 일을 하는 일이 없도록, 또한 혼의 각 부류가 서로를 참견하는 일이 없도록 하는
반면, 참된 의미에서 자기 자신의 것인 것들을 잘 조절하고 스스로를 지배하고 통솔
하고 또한 자기 자신과 화목함으로써, 이 세 부분을, 마치 영락없는 음계의 세 음정,
즉 최저음과 최고음 그리고 중간음처럼, 전체적으로 조화시키네(Platon, 1997: 308) …
올바름을 생기게 함은 곧 혼에 있어서 여러 부분이 서로 지배하며 지배받는 관계를
'성향에 따라' 확립함이요, 반면에 '올바르지 못함'을 생기게 함은 곧 서로 다스리며
다스림을 받는 관계를 '성향에 어긋나게' 확립함이 아니겠는가?(Platon, 1997: 310)"

2. 애덤 스미스(A. Smith)의 분업론: 생산력 발전의 토대

Adam Smith
1723-1790

스미스는 경제학의 아버지로 불린다. 아마도 ≪국부론≫만큼 영향
을 미친 책은 없을 것이다. 노동분업, 자유무역, 교환에서의 이익,
정부 간섭의 제한, 가격, 시장의 일반구조에 대한 그의 설명은 근대
적인 것이다. ≪국부론≫은 단순히 경제학에 관한 책이 아니다. 그
책은 철학, 정치학, 역사학, 경제학, 인류학, 사회학을 망라하는 정
치경제학에 관한 것이다. ≪국부론≫의 핵심인 자유시장과 자유방
임은 스미스의 거대한 학문체계의 일부에 불과하다. 그는 본래 경제
학자가 아니라 철학자였다. 그의 첫 번째 저작인 ≪도덕감정론≫은
도덕성을 지배하는 자연법칙과 인간이 그것을 알게 되는 방식을 설
명하고자 하였다. 인간의 이기심을 주장한 ≪국부론≫과 공감과 정
의를 주장한 ≪도덕감정론≫은 스미스의 사상적 일관성과 관련하여
많은 논쟁을 불러일으켰다. 대체적으로는 ≪도덕감정론≫을 ≪국부
론≫의 이해를 위한 열쇠로 보고 있다.

애덤 스미스는 국부의 원천과 본질에 대한 탐구를 '분업'에서 시작한다. 요컨대
그는 분업의 경제적 효과에 주목한다. 분업에 대한 논의는 다음과 같은 결론적인 언
명으로 시작된다. "노동 생산력의 가장 큰 향상과 그것이 지시되거나 적용되는 기술,
기교 및 판단의 상당 부분은 분업의 효과였던 것으로 보인다(Smith, 1977: 17)." 스미
스는 분업의 효과를 핀 공장의 사례를 통해 극적으로 보여준다. 노동자 한 사람이 수
작업으로 핀을 만든다면 잘 해야 하루에 몇 개정도 만들 수 있다. 그러나 핀 제조과
정을 18개 공정으로 나누어 열 명이 분업을 하면 하루에 4만 8천 개의 핀을 만들 수

있고 한 명이 하루에 4천 8백 개의 핀을 만드는 꼴이 된다는 것이다. 그런 의미에서 분업의 경제적 효과는 가히 상상을 초월하는 수준이라는 것이다.

그렇다면 분업이 발생하게 된 이유는 무엇인가? 스미스는 그 이유를 인간의 이성적 계산에서 찾지 않고 인간의 본질적인 성향, 즉 '교환하는 성향'에서 찾는다. "그렇게 많은 이익을 가져온 분업은 원래 그것이 가져다주는 일반적인 부유함을 예견하고 의도하는 인간의 지혜의 효과가 아니다. 그것은 그렇게 광대한 효용이 없어 보이는 인간 본성의 어떤 특정한 성향, 즉 … 교환하는 성향의 매우 느리고 점진적이지만 필연적인 결과이다(Smith, 1977: 29)." 교환을 가능하게 하는 조건은 바로 개인의 자기애, 즉 이기심이다. 개인은 상품을 생산하고 교환함으로써 이익을 극대화하는 데 관심을 집중한다는 것이다. 스미스의 ≪국부론≫에서 가장 많이 인용되는 문장은 이러한 특성을 명확하게 보여준다.

우리가 우리의 저녁밥을 기대하는 것은 푸줏간 주인, 양조자, 또는 빵 굽는 사람의 자비가 아니라, 바로 자신들의 이익에 대한 그들의 관심 때문이다. 우리는 그들의 인간성이 아니라 자기애에 대해 말하고, 그들에게 우리 자신의 필수품이 아니라 그들의 이익에 대해 이야기한다. 거지 이외에는 어느 누구도 동료 시민들의 자비에 주로 의존하기를 선택하지 않는다. 거지조차도 전적으로 의존하지는 않는다. 호의적인 사람들의 자선은 그에게 생존에 필요한 전체 기금을 실제로 제공한다. 자선의 원리가 그에게 필요한 모든 생필품들을 궁극적으로 제공한다 하더라도, 때에 맞추어 그에게 그것을 제공하지도 못하고 제공할 수도 없다. 그가 때때로 원하는 것들의 대부분은 다른 사람들의 경우와 동일한 방식으로, 조약에 의해, 물물교환에 의해, 그리고 구매에 의해 공급된다(Smith, 1977: 30-31).

스미스의 분업에 관한 논의에는 모호한 부분이 있다. 사회적 분업과 작업장에서의 분업이 어떻게 다르고 어떻게 서로 영향을 주고받는지에 대한 문제가 명확하게 설명되고 있지 않다는 것이다. 분업의 경제적 효과는 작업장에서의 생산성을 토대로 설명하거나 사회의 전체적 부가 증가한다는 논리로 설명이 되고 있으나, 사회적 분업과는 다른 메커니즘이 작동하는 작업장에서의 분업 발생 원인에 대해서는 명확한 설명이 없다.

스미스는 분업이 노동과정에 미치는 영향에 대해서는 치밀한 설명을 제시한다. 그에 따르면, 분업은 첫째, 모든 개별 노동자의 기교(dexterity)를 향상시킨다. "노동자의 기교의 향상은 필연적으로 그가 수행 할 수 있는 일의 양을 증가시킨다. 분업은 모든 사람들의 일을 단순한 하나의 작업으로 축소시키고, 그 작업을 그의 삶의 유일한 업으로 만듦으로써 필연적으로 노동자의 기교를 엄청나게 향상시켰다(Smith, 1977: 22)."

둘째, 하나의 작업에서 다른 작업으로 이동하는 데 소요되는 시간을 절약한다. "30분마다 자신의 일과 도구를 바꿔야 하고, 거의 매일 20가지 다른 방식으로 자신의 손을 적용해야 하는 모든 나라의 노동자들이 자연적으로, 또는 오히려 필연적으로 갖게 되는 빈둥거리는 습관이나 나태하고 조심성 없는 습관은 노동자를 거의 언제나 게으르게 만들고, 가장 긴박한 때에도 전력을 다 할 수 없게 만든다(Smith, 1977: 23)."

셋째, 노동을 촉진시키고 축소시키며, 한 사람이 많은 사람의 일을 할 수 있게 하는 많은 기계를 발명하게 한다(Smith, 1977: 21-22). "사람들의 전체적인 관심이 여러 가지 사물들 사이에서 소산 될 때보다는 하나의 대상을 향할 때 어떤 대상을 얻는 더 쉽고 영리한 방법을 발견할 가능성이 훨씬 더 크다. 분업의 결과 모든 사람의 관심 전체가 자연스럽게 하나의 아주 단순한 대상을 향하게 된다. 그러므로 노동의 각 특정 부문에 고용된 사람들 가운데 이런 저런 사람이 작업의 성격이 개선의 여지가 있는 곳이면 어디에서든지 자신들의 특수한 작업을 수행하는 더 쉽고 영리한 방법을 조만간 찾게 될 것이라는 점이 자연스럽게 기대된다. 노동이 가장 세분화된 제조공장에서 사용 되는 기계의 상당 부분은 노동자들 각자가 매우 단순한 작업에 종사하면서 자연스럽게 그 작업을 수행하는 좀 더 쉽고 영리한 방법을 찾는 데 생각을 집중했던 평범한 노동자들의 발명품이었다(Smith, 1977: 24)."

스미스는 사회적 분업 및 작업장의 분업이 가져오는 경제적 효과를 매우 높게 평가하고 있음에도 불구하고, 분업이 드리우고 있는 어두운 그림자를 간과하지 않는다.

노동 분업이 진행됨에 따라 노동으로 생활하는 사람들, 즉 인민의 가장 큰 부분의 고용은 매우 단순한 몇 가지 작업에, 종종 한두 가지 작업에 국한되어가고 있다. 그러나 상당 부분의 사람들의 이해력은 필연적으로 평범한 고용에 의해 형성된다. 결과가 언제나 같거나 거의 같은 단순한 몇 가지 작업을 수행하는 데 평생을 바쳐온 사람은 결코 발생하지 않은 어려움을 제거하기 위한 대책을 발견하는 데 자신의 이해력을 활용하거나 자신의 창의력을 발휘할 계기를 갖지 못한다.

따라서 그는 자연스럽게 그러한 노력의 습관을 상실하게 되고, 인간 피조물로서 가장 어리석고 무지한 상태에 빠지게 된다. 그는 마음의 무기력 때문에 합리적인 대화에 참여하거나 거기에서 즐거움을 느낄 수 없을 뿐만 아니라 관대하고 고귀하며 부드러운 감정을 가질 수 없게 되어 결과적으로 사생활의 일상적인 의무들 가운데 많은 부분에 대해 합당한 판단을 내릴 수 없게 된다. … 자기 자신의 특수한 작업에서 그의 기교는 이렇게 지적, 사회적 미덕과 용감한 미덕을 대가로 획득되는 것으로 보인다. 이는 발전되고 문명화된 사회에서 만일 정부가 그것을 방지하기 위한 노력을 취하지 않는다면, 노동 빈민, 즉 상당 부분의 인민들이 필연적으로 빠져들 것이 틀림없는 상태이다(Smith, 1977: 1040-1041)."

스미스는 분업으로 인해 단순 작업에 종사하는 사람들에게 심리적으로 그리고 행태적으로 일어날 수 있는 부정적인 측면에 주목한다. 분업으로 인해 노력의 상실, 창의력의 상실, 합리적 대화의 회피, 감정의 고갈, 판단력의 약화 등 심각한 문제가 발생할 수 있다는 것이다. 흥미롭게도 자유방임주의자로 알려진 스미스는 이에 대해 정부가 대책을 세워야 한다고 주장한다. 분업화된 단순 작업에 종사하는 대다수의 인민들이 이러한 나락으로 떨어지지 않도록 정부가 적극적으로 개입할 필요가 있다는 것이다.

3. 칼 마르크스(K. Marx)의 분업론: 인간 소외의 근원[1]

1) 사유재산, 교환, 노동 분업의 관계

마르크스에 따르면, 원시공산사회에서의 노동 분업은 나이, 성, 육체적 힘과 같은 신체적인 특성에 기초해서 이루어졌다. 이러한 분업은 진정한 의미에서 분업이라고 할 수 없다. "육체노동과 정신노동의 분업이 등장할 때부터 노동 분업은 진정으로 시작된 것이다(Marx, 1976a: 44-45)." 이와 더불어 사유재산도 등장하였다. 노동 분업과 사유재산은 동일한 표현으로서 전자는 활동에 초점을 맞춘 것이고 후자는 활동의 결과에 초점을 맞춘 것이다. 마르크스는 노동 분업의 등장과 사유재산의 등장을 동

---

1) Wallimann(1981)을 참조하여 기술함.

일하게 다룬다. 요컨대 그에게 있어서 진정한 노동 분업은 육체노동과 정신노동의 분리 그리고 사유재산의 등장을 조건으로 한다. 또한 진정한 노동 분업은 교환을 수반한다. 다시 말해서 그것은 교환과 생산물의 상품화를 조건으로 한다는 것이다. 마르크스에 의하면, 사유재산, 상품교환, 전 사회적인 노동 분업은 동시적인 것이다.

노동 분업은 두 차원에서 발생한다. 하나는 사회 전체의 차원이고, 다른 하나는 조직(공장, 기업)의 차원이다. 자본주의 이전의 사회에서는 사회 전체의 노동 분업이 생산의 물질적 조건으로부터 발생했으며, 나중에는 법적으로 공식화되었다. 가부장적 지배체제, 중세의 장원경제, 인도의 카스트 체제 같은 것이 여기에 해당된다. 이러한 체제에서는 사회 전체의 노동 분업이 경제 외적인 권위에 의해 이루어진다. 그러나 자본주의 사회에서는 노동 분업이 경제 외적 권위가 아니라 경제적 권위, 즉 '자유 경쟁'에 의해 이루어진다. 그리고 기업조직에서의 분업은 기업가의 권위에 의해 결정된다. 마르크스는 이러한 흐름 속에서 다음과 같은 법칙을 제시한다. "사회에서의 노동 분업이 권위에 의해 결정되는 정도가 약화될수록 작업장에서의 노동 분업이 발달하는 정도는 더욱 커지고, 노동 분업이 한 개인의 권위에 예속되는 정도 역시 더욱 커진다. 따라서 노동 분업과 관련하여 작업장에서의 권위와 사회에서의 권위는 서로에 대해 역비례의 관계에 있다(Marx, 1996: 362)." 자본주의사회에서 사회 전체 차원에서의 노동 분업은 무정부적(자유 경쟁)이며, 작업장의 노동 분업은 전제적이다.

작업장에서의 노동 분업은 노동자들의 수 증가, 생산수단의 집중도 상승, 그리고 이러한 집중을 수반하는 기계의 도입에 의해 증대된다. 기계는 사회에서의 노동 분업을 증대시키고, 작업장에서의 작업을 단순화하며, 자본을 집중시키고, 인간을 파편화하였다(Marx, 1976b: 188). 노동 분업은 새로운 기계의 발견을 촉진시켰으며, 결과적으로 노동을 더욱더 단순하고 비숙련된 노동으로 변화시키는 경향이 있다. 노동 분업은 사회적 노동의 사회적 생산력을 발전시키지만 노동자의 일반적인 생산력을 대가로 하는 것이다. 농민은 노동 분업에 예속된 제조업 노동자보다 더 많은 지능을 요구하는 작업을 수행한다. 노동 분업의 증대에 힘입어 증대된 사회적 생산력은 노동자에게 자기 노동의 증대된 생산력이 아니라 자신의 노동을 지배하는 자본의 증대된 생산력으로서 대립한다.

자본주의적 상품생산 방식이 일반화되면, 노동 분업은 전통적인 방식에서 벗어나 완전히 견제가 불가능한 방식으로 발전하게 된다. "임노동에 의한 생산이 보편화되면, 상품생산은 일반적인 생산양식이 된다. 이러한 생산양식은, 일단 일반화되면, 지속적으로 증대되는 사회적 노동의 분업, 즉 자본가에 의해 상품 형태로 생산되는 물건들의 점증적인 분화, 상호보완적인 생산과정의 독립적인 과정들로의 더 큰 분화를 가져온다(Marx, 1997: 41)."

2) 비자발적 노동 분업

상품을 교환했던 자본주의 이전 사회에서의 노동 분업은 공식적인 권위에 의존하였으며, 따라서 자유 경쟁에 의해 창출된 무정부적 조건에 예속되지는 않았지만, 그것이 강제력에 기초한 것이 아니라고 할 수는 없다. 자본주의사회 뿐만 아니라 자본주의 이전의 사회에서도 노동 분업은 비자발적이다.

마르크스에게 노동 분업과 사유재산은 동전의 양면이다. 전자가 없이는 후자가 없고, 후자 없이는 전자가 없다. 사유재산은 분명 비자발적인 노동 분업을 수반한다. 마르크스에 따르면, 비자발적인 노동 분업은 사회 안에서 모순을 야기할 수 있다. 왜냐하면 "노동 분업은 정신적 활동과 육체적 활동, 놀이와 노동, 생산과 소비를 상이한 개인들에게 맡긴다는 것을 의미하기 때문이다(Marx, 1976a: 45)." 결국 이러한 것들이 모순에 빠지지 않게 할 수 있는 유일한 방법은 노동 분업을 부정하는 것이다.

인간은 자신에게 강제된 노동 분업에 예속되어 있을 뿐만 아니라 계급에 예속되어 있다. 이러한 예속이 인간의 삶의 조건을 운명 짓는다. 이러한 두 조건은 사유재산과 비자발적인 노동 분업의 폐지를 통해서만 제거될 수 있다. 공산주의 혁명은 바로 기존의 생산 활동과 비자발적인 노동 분업을 폐지하는 데 초점을 맞춘다.

자본주의 체제에서 개인들은 자본주의 이전의 사람들보다 더 자유로운 것처럼 보인다. 그러나 진실은 정반대이다. 왜냐하면 그들은 비인격적인 힘들에 더 예속되어 있기 때문이다. 자본주의 하에서 노동 분업은 경제외적인 강제가 아니라 자유경쟁이라는 경제적 강제에 의해 이루어진다. 자본주의 하에서 노동은 자유로운 선택의 문제로 생각된다. 그럼에도 불구하고 개인은 노동 분업에 예속되어 있으며, 노동 분업을 결정하는 자유 경쟁의 힘에 강제된다. 개인에게 있어서 이러한 분업은 비자발적이다. "누구나 인정할 수밖에 없는 것처럼 작업장 안에서 노동 분업은 사람들에 대한 자본가의 권위를 의미하며, 분업은 그에게 속하는 메커니즘의 일부에 불과하다. 사회 안에서의 노동 분업은 독립적인 상품생산자들을 접촉하게 하는데, 그들은 경쟁의 권위, 즉 그들의 상호 이해관계의 압력에 의해 발휘되는 강제력의 권위가 아닌 다른 어떠한 권위도 인정하지 않는다(Marx, 1996: 361)." 작업장에서의 기업가의 권력과 기업들 간의 경쟁은 경제적 강제로서 노동자와 기업가 모두를 예속시킨다.

비자발적인 노동 분업은 바로 소외(alienation)의 근원이다. 소외는 본래 나의 것이었던 것이 객관화되어 독립적인 힘을 가지고 오히려 나를 지배하는 관계의 역전을 의미한다. "인간이 자연적으로 진화된 사회에 존재하는 한, 말하자면 특수 이익과 공동 이익 사이에 틈이 존재하는 한, 따라서 활동이 자발적으로가 아니라 자연적으로 분화되는 한, 노동 분업은 인간 자신의 행동이 자신에게 대립되는 소원한 힘이 되어 그에 의해 통제되기보다는 오히려 그를 예속화한다는 사실의 첫 번째 예를 제공한다. 왜냐하면 노동 분업이 발생하자마자, 각각의 인간은 특정한 배타적 활동 영역을 갖게 되는데, 그것은 그에게 강제된 것이며, 그는 그것으로부터 벗어날 수 없기 때문이다(Marx, 1976a: 47)." 비자발적 노동은 마르크스의 소외를 이해하는 중요한 열쇠이다.

3) 비자발적 노동 분업과 소외

마르크스의 인간의 본질에 대한 이해는 두 가지 측면에서 설명될 수 있다. 첫째, 생물학적으로 인간이 동물과 다른 특성들은 인간 본질의 변하지 않는 측면을 구성한다. 인간은 의식적 존재이며, 동물이 할 수 없는 방식으로 다른 사람들과 관계할 수 있다. 둘째, 역사적으로 조건화된 인간의 본질이 존재한다. 인간의 독특한 본질은 역사적으로 변화한다는 것이다. 마르크스의 소외 이론은 인간의 본질에 대한 생물학적 정의로부터 파생된다. 마르크스에 따르면, 인간은 자신의 본질에 따라 살아가지 못하기 때문에 소외된다. 노동자는 자신의 의지에 따라 생산물과 생산 활동을 결정하지 못하기 때문에 생산물과 생산 활동으로부터 소외된다. 그럼에도 불구하고 인간은 그렇게 할 수 있는 자연적 능력을 가지고 있다. 이러한 능력 때문에 인간은 생물학적으로 동물과 다른 것이고, 인간적인 존재가 될 수 있는 것이다. 생산물과 생산 활동을 자신의 의지에 따라 결정하지 못하게 되면, 인간은 자기 자신으로부터, 자연으로부터, 자신의 유적 본질로부터, 그리고 다른 사람으로부터 소외된다.

　　노동자가 생산물과 생산 활동을 자신의 의지에 복속시킬 수 없다는 것은 강제적인 무엇인가가 존재한다는 것을 의미한다. 자본은 노동을 통제한다. 노동자는 살기 위해 자신의 노동력을 팔지 않을 수 없다. 이러한 의미에서 자본주의 체제에서 노동은 비자발적이며 강제적이라고 할 수 있다. 자본주의 하에서 "노동은 강제된 노동이다(1975b: 274)." 여기에서의 강제는 어떤 개인이 다른 개인을 강제하는 그런 것이 아니다.

　　자본가는 자본의 인격화된 대리인에 불과하며, 자신의 영향력 밖에 있는 어떤 요인들에 의해 제한된다. 경쟁이 바로 그것이다. 노동이 강제되고 비자발적인 것은 어떤 특수한 개인의 통제력을 넘어서는 요인들에 의존한다. 이러한 요인들은 독립적이고 소원한 힘이 된다. 사회적 노동 분업 자체가 비자발적이기 때문에 노동은 비자발적이다.

　　자본주의 하에서 경쟁은 규제자가 되었으며, 노동 분업의 비자발적 성격은 폐지되지 않았다. 시장에서의 경쟁은 특정한 산업에서 뿐만 아니라 사회 안에서 그리고 국가들 간 노동 분업의 성격을 결정한다. 아무리 자본가가 무엇을 생산할 것인지를 결정하고 노동력과 노동 생산물을 자신의 의지에 예속시킨다고 할지라도 그는 자신의 통제권 밖에 있는 어떤 이유 때문에 그렇게 하는 것이다. 노동자가 예속되고, 자신의 자연적 능력에 반해서 자신의 노동력을 예속시키는 것은 바로 소원한 의지(거대한 체제의 힘)이다. 결국 노동자는 생산물, 생산 방법, 생산 목적을 결정할 수 없다. 동물과 달리 인간은 본래 그렇게 할 수 있다. 따라서 자본주의 하에서 생산은 노동자의 소외를 대가로 해서만이 존재할 수 있다.

　　노동 분업의 비자발적 성격은 마르크스의 소외이론의 핵심이다. 모든 형태의 소외의 공통분모는 노동 분업의 비자발적 성격에서 발견될 수 있다. 그 때문에 노동자는 자신의 노동력을 소원한 의지에 복속시키지 않을 수 없다. 자본가 자신은 단지 자본의 대리인, 즉 자신의 지위를 향유하지만 시장의 법칙에 의해 제한되는 행위자에 불과하다. 노동 분업이 개인들의 교환행위의 결과라 할지라도 그들 자신의 의지와는 무관하게 생성되기 때문에 인간을 소원한 의지에 복속시킨다.

4. 에밀 뒤르켐(E. Durkheim)의 분업론: 사회의 유기적 연대의 토대

에밀 뒤르켐은 프랑스 사회학자로서 마르크스 및 베버와 함께 현대 사회학의 주요 창립자로 인정받고 있다. 그의 주장 가운데 가장 중요한 것은 사회는 독자적인 실재, 즉 그것을 구성하는 부분들로 환원될 수 없는 실재라는 것이다. 개인의 양심이 상호작용하고 서로 융합하여 완전히 새롭고 부분의 합보다 더 큰 종합적 실재가 형성된다. 이러한 실재는 사회학적 용어로 이해될 수밖에 없으며 생물학적 또는 심리학적 설명으로 환원될 수 없다. 사회가 독자적인 실재라는 사실은 인간사회가 과학적으로 연구될 수 있는 토대가 된다. 뒤르켐은 과학적 연구를 위해 소위 '사회적 사실', 즉 개인과 독립적으로 존재하며 개인에게 영향을 미치는 집단적 삶의 요소에 초점을 맞춘 새로운 방법론을 발전시켰다. 그는 이러한 방법론에 따라 사회적 노동분업, 사회학적 방법의 규칙, 자살 및 종교적 삶의 기본 형태에 관한 저서를 저술하였다.

Émile Durkheim
1858-1917

뒤르켐은 기본적으로 근대 이전의 사회에서 근대사회로의 이행을 설명하는 열쇠 개념으로서 분업에 주목한다. 그러다 보니 그는 분업의 경제적 효과에 초점을 맞추었던 스미스와는 달리 분업의 사회적 효과에 초점을 맞춘다. 여기에서는 분업의 기능과 원인 그리고 비정상적인 분업에 대한 뒤르켐의 논의를 살펴본다.

1) 분업의 기능

뒤르켐은 분업의 경제적 효과를 넘어 사회적 효과에 주목한다. 다시 말해서 분업은 사람들을 단순히 분리하는 것을 넘어서 사람과 사람의 사회적 관계를 형성하는 토대로서 기능한다는 것이다.

> 분업의 가장 주목할 만한 효과는 분업이 가져다준 생산성이 아니라 각 기능 간에 연대감을 만들어준다는 데에 있다. … 분업의 역할은 단순히 기존 사회를 개선하는 것이 아니라 분업 없이는 사회가 존재할 수 없는 어떤 것을 제공해 주는

것이다. 만약 우리가 성적인 분업을 어느 선을 넘어서까지 퇴행시킨다면, 부부관계는 사라지고 일시적 성적 관계만이 살아남을 것이다. 그리고 성이 인간관계 전체로부터 분리되지 않았다면 사회생활의 모든 형식은 태어나지 않았을 것이다. 분업의 경제적 효율성이 특정한 결과를 가져온다 할지라도, 어쨌든 분업의 결과는 순수한 경제적 이해관계의 영역을 무한히 넘어선다. 왜냐하면 분업의 결과는 나름의 독립적 실체를 가지고 사회의 도덕적 질서를 확립하는 것이기 때문이다. 개인들은 서로 밀접하게 연결되어 있는데, 이런 연결 관계가 없다면 개인들은 독립적인 형태로 존재할 것이다. 분업 덕분에 개인들은 자신들의 노력을 결합시킬 수 있다. 그들은 서로 연대의식을 갖는데, 이러한 연대의식은 서비스가 교환되는 단기간이 아니라 그 시간을 훨씬 넘어서까지 확장된 형태로 작동한다(Durkheim, 2012: 102).

뒤르켐은 사회의 결속력은 오직 분업에 의해 보장될 수 있다고 본다. 또한 사회의 기본적인 특성을 결정하는 것도 분업이라는 것이다. 분업은 연대의식을 형성하는 계기를 제공하고 사회의 질서와 조화를 가능하게 한다. 요컨대 분업은 도덕적 성격을 갖는다(Durkheim, 2012: 105). 뒤르켐은 동질성에 기초한 기계적 연대와 대비하여 분업에 기초한 연대의 형태를 유기적 연대라 규정한다.

앞에서 말한 유대는(기계적 연대는—필자) 개인들이 서로 유사하다는 것을 전제한다. 기계적 연대는 개인의 인격이 집단 속에 흡수될 때에만 가능하다. 유기적 연대는 개인이 고유한 행동영역을 가지고 있고, 개성을 가지고 있는 경우에만 가능하다. 그래서 집합의식이 규제할 수 없는 특수한 기능들을 확립하기 위해서 개인의식의 일부를 남겨놓아야 한다. 개인의식의 활동영역이 확장될수록 유기적 연대에서 비롯된 사회적 결속은 더 강해진다. 사실상 노동이 분화될수록 개인은 점점 더 사회에 의존하게 된다. … 사회는 개인들이 독자적 운동을 더 많이 할수록 집단적 행동을 할 수 있는 능력이 커진다. 이런 형태의 연대는 우리가 고등동물에서 볼 수 있는 연대와 비슷하다. 여기에서 각 기관은 자신만의 고유한 모습과 자율성을 지닌다. 그러나 유기체의 통일성은 각 부분의 개체화가 더 현저하게 진행될수록 더 강화된다. 이러한 유추에 의해, 우리는 분업에 기인하는 연대를 유기적 연대라고 부를 것을 제안한다(Durkheim, 2012: 194).

분화가 진행될수록 분화된 단위들 간의 상호의존도가 더욱 증대된다. 상호의존도가 증대될수록 사회구성원들의 연대의식이 고양된다. 연대의식이 고양되는 만큼 사회적 결속력도 강화된다. 분업이 경제적 효과를 넘어서 사람들의 사회적 관계를 새로이 형성하는 데 결정적인 계기로서 기능한다는 점에서, 다시 말해서 연대의식을 형성하는 데 결정적인 계기로서 기능한다는 점에서 분업은 사회적이며 도덕적인 효과를 가져온다.

2) 분업의 원인

그렇다면 분업을 발생하게 하는 원인은 무엇인가? 뒤르켐은 복지와 행복을 향상시키기 위한 인간의 이성적 계산과 결정에서 분업의 원인을 찾는 대신 사회적 사실(social fact)의 경향성에서 분업의 원인을 찾는다.

> 사회분업은 해당 사회의 부피와 밀도의 직접적 함수로서 변화한다. 그리고 사회가 발전하는 동안 분업이 지속적으로 발달하는 이유는 사회의 밀도가 규칙적으로 훨씬 더 높아지고 일반적으로 그 부피가 아주 커지기 때문이다. … 사람들은 분업의 원인이 복지와 행복을 위한 개인들의 열망 때문이라고 설명해왔다. 그런데 분업 발달의 조건은 사회가 더 확장되고 그 밀도가 더 높아질수록 더 잘 충족된다. 그리고 이것과 구분되는 또 다른 법칙이 있는데, 그것이 바로 우리가 정립한 법칙이다. 우리는 여기서 사회적 부피의 증가와 밀도의 증가가 더 큰 사회적 분업을 허용한다고 주장하는 것이 아니라, 그것이 더 큰 사회분업을 필연적으로 가져온다고 주장하는 것이다. 다시 말하면, 사회적 부피의 증가와 도덕적 밀도의 증가는 그것을 통해서 분업이 실현되는 도구가 아니라 사회분업을 가져오는 결정적 원인이라는 것이다(Durkheim, 2012: 388-389).

분업은 사회의 규모 및 밀도와 함수관계에 있다는 법칙적 언명 뒤에는 생존을 위한 인간의 투쟁이라는 보다 근원적인 사회적 사실이 숨어있다. "분업은 생존을 위한 투쟁의 결과이다. 그러나 분업은 생존을 위한 투쟁이 완화된 상태로 전개된 것이다. 분업 덕분에 경쟁자들은 사실상 서로 죽이도록 강요받지 않고 공존할 수 있게 된다. 또 분업의 발달 덕분에 더 동질적인 사회에서는 사라질 운명이었을지도 모를 더 많은 개인들이 자신들의 삶을 유지하고 생존할 수 있는 수단을 제공받는다(Durkheim, 2012: 401)."

3) 비정상적인 분업의 형태

뒤르켐은 마르크스와는 달리 분업이 필연적으로 인간의 소외를 가져온다는 생각에 반대한다. 분업의 부정적 결과들은 필연적인 것이 아니라 예외적이라는 것이다 (Durkheim, 2012: 553). 뒤르켐은 그러한 예외적 결과를 산출하는, 즉 연대의식을 산출하지 못하는 경우를 비정상적인 분업이라고 부른다. 그 예로 그는 아노미적 분업과 강요된 분업을 제시한다.

첫째, 아노미적 분업은 분업 단위들 간의 상호작용을 인도하고 제어하는 규범체계가 확정되지 않아 혼란스런 상태를 말한다. 이러한 상태에서는 관계의 불확실성이 커지게 된다. 따라서 연대의식이 형성되기 어렵다.

> 분업이 연대의식을 산출하지 못한다면 그것은 사회의 여러 기관 간의 관계가 규제되지 않고, 그 기관들이 아노미 상태에 있기 때문이다. 그렇다면 이 같은 상태는 과연 어디에서 오는 것일까? 특정한 규범체계란 시간이 지남에 따라 사회적 기능 사이에 자연스럽게 확립되는 관계들이 갖는 확정된 형식이다. 따라서 우리는 우선적으로 이렇게 주장할 수 있다. 즉, 서로 연대의식을 가진 기관들이 충분히 접촉을 하고, 그 접촉이 충분한 시간을 갖고 이루어지는 곳이라면 어디에서나 아노미 상태는 불가능하다는 것이다. … 그런데 이와는 반대로 어떤 불확실한 환경이 개입하게 되면, 거기에는 특정 강도를 지닌 흥분만이 남게 되며, 이것은 한 기관에서 또 다른 기관으로 전달될 수 있다. 이 경우 기관 사이의 관계는 접촉 빈도가 아주 드물기 때문에, 확정된 관계를 이룰 수 있을 정도로 충분히 반복되지 않는다. 그 말은 새로운 순간마다 새로운 탐색이 필요하다는 뜻이다. … 비록 몇몇 규칙들이 간신히 형성되었다고 할지라도, 그 규칙들은 일반적으로 모호하다 (Durkheim, 2012: 547-548).

둘째, 자발적 분업은 연대의식의 형성을 위한 필요조건이다. 아무리 분업을 위한 규범이 존재한다고 할지라도, 만일 분업이 강요된다면, 다시 말해서 불평등한 사회적 권력관계에서 분업이 이루어진다면, 연대의식의 형성은 불가능하다. 뒤르켐은 이러한 경우를 강요된 분업이라 부른다.

　　분업을 위한 규범이 존재하는 것만으로는 충분치 않다. 왜냐하면 때때로 악의 원인이 되는 것은 이 규범들 자체이기 때문이다. 바로 이것이 계급투쟁에서 벌어지는 일이다. 계급이나 카스트를 제도화하는 것은 분업을 조직하는 것이다. 그것들은 엄격히 규제된 조직들이다. 그러나 이러한 조직은 종종 불화의 원인이 되기도 한다. 하층계급은 관습이나 법이 자신들에게 부여한 역할에 더 이상 만족하지 않음으로써, 자신들에게 금지된 역할을 갈망하고 상층계급의 역할을 수행하고 있는 사람들의 사회적 지위를 빼앗으려 한다. 바로 여기에서 사회 내부의 전쟁이 일어나게 되는 것이다(Durkheim, 2012: 555).

II 분업의 원리와 쟁점

1. 관료제는 분업을 기본구조로 한다.

1) 분업의 이유

관료제는 구조적으로 분업을 기본 틀로 한다. 그렇다면 분업이 왜 필요한가?

첫째, 분업이 필요한 이유는 인간의 능력의 한계에서 찾을 수 있다. 인간의 지적 능력은 문제를 동시에 인지할 정도로 완벽하지 않다. 따라서 복잡한 것을 단순화하거나 요소화하는 특성을 갖는다. 단순화는 마치 약도를 그리듯이 중요한 특성만을 중심으로 전체를 재구성하는 것이다. 요소화는 복잡한 것을 작은 단위로 쪼개는 것이다. 인간의 신체적 능력은 시공간의 제약으로부터 벗어날 수 없다. 이 때문에 인간은 여러 가지 일을 동시에 할 수 없다. 다시 말해서 인간은 일을 병렬적으로 할 수 없다. 따라서 순차적으로 일을 하는 것이 신체적 제약에 따르는 길이다. 관료조직에서 일을 해야 하는 사람들은 독자적으로 인지적, 신체적 한계를 벗어날 수 없다. 따라서 조직은 업무를 요소화하여 사람들의 인지적, 신체적 한계에 적정한 수준의 일을 할 수 있도록 하는 것이 타당한 조치일 것이다. 이러한 측면에서 분업은 필수불가결한 선택이라고 하겠다.

둘째, 분업이 필요한 이유는 관료조직이 대응해야 할 일의 질이 다양해졌으며 양 또한 엄청나게 증가하였다는 것이다. 근대적 관료제가 발전하는 시점은 거대국가의 등장과 민주주의의 발전을 특징으로 한다. 거대국가는 대규모의 영토와 인구를 구성요소로 한다. 따라서 정부 관료제가 해야 할 일의 양이 증가할 수밖에 없다. 민주주의의 발달은 국민의 요구가 점점 증대하고 있음을 의미한다. 국민의 요구는 양도 양이지만 질적으로도 매우 다양하다. 따라서 질적 양적 측면에서 행정업무가 증대하고 이에 효율적으로 대응하기 위해 분업이 고도화되기 시작한 것이다.

셋째, 분업이 필요한 이유는 무엇보다도 분업이 갖는 효율성 때문이다.

(i) 분업은 업무처리의 질과 속도를 향상시킨다. 각각의 업무는 지속적이고 반복적으로 단일의 조직단위에서 전담하기 때문에 질적으로 업무처리의 수준이 향상되고, 업무처리의 속도 역시 빨라져 시간을 절약하는 데 도움이 된다.

(ii) 분업은 다양한 업무들을 병렬적으로 동시에 수행하는 것을 가능하게 한다. 순차적인 업무처리는 시간적 제약에 순응하는 방식인데 반해서 병렬적 업무처리는 시간적 제약을 극복하는 방식이다. 이는 업무의 효율화에 매우 중요한 의미를 갖는다.

(iii) 분업은 업무와 관련된 암묵지(tacit knowledge), 즉 노하우를 발견하고 축적하는 데 용이하다. 한 가지 업무를 지속적으로 반복하면서 수행하게 되면 사람들은 말로 표현하기가 쉽지 않지만 나름대로의 효율적인 업무 방법을 터득하게 된다. 이를 암묵지라고 하는데, 분업은 이러한 암묵지의 생산과 축적에 매우 유리한 조건을 제공한다. 암묵지는 업무 수행의 질과 속도 등을 향상시키는 데 유익하다.

(iv) 분업은 업무의 교육훈련과 학습을 용이하게 한다. 구성원들에게 모든 업무를 교육하는 것 또는 그들이 모든 업무를 학습하는 것은 시간과 노력에 있어서 매우 비효율적이다. 그에 비해 특정 업무의 교육과 학습은 시간적으로나 노력에 있어서 상당히 효율적으로 이루어질 수 있다.

2) 분업의 기준

분업은 기준에 따라 체계적으로 이루어지는 것이 업무의 조정과 관리에 유익하

다. 일반적으로 분업은 행정의 목적, 과정, 고객 또는 대상물, 장소 등과 같은 기준에
의해 이루어진다.

첫째, 목적을 기준으로 하는 분업은 교육이나 질병예방과 같은 특정 목적을 기
준으로 이루어진다. 추구하는 목표가 명확하기 때문에 조직의 구성원들과 국민들이
조직의 임무를 이해하는 데 유익하다. 그런데 정부의 목표들 중에는 명확하게 규정
하기 어려운 것들이 적지 않다. 이처럼 목표가 명확하지 않은 경우에는 목적에 따라
업무를 분류하기 어렵다.

둘째, 과정을 기준으로 하는 분업은 동일한 작업 기술을 가진 사람이나 전문가
를 하나의 단위로 묶는 방식을 취한다. 이 경우는 전문적인 업무처리가 가능하고 업
무의 효율화를 기하는 데 유익하다. 그러나 전문성의 강화는 조직단위들 간의 조정
을 어렵게 할 수 있다.

셋째, 고객 또는 대상물을 기준으로 하는 분업은 동일한 고객이나 대상물을 다
루는 사람들을 하나의 단위로 묶는 방식이다. 이 경우는 고객에 대한 서비스의 질 향
상과 대상물을 다루는 기술의 향상에 유익하다. 정부의 고객이나 대상물은 특정한
범주로 유형화할 수 없는 경우가 적지 않다. 이러한 경우는 고객 및 대상물을 기준으
로 하는 분업화가 쉽지 않다.

넷째, 장소를 기준으로 하는 분업은 행정이 이루어지는 동일한 장소를 구획하는
방식이다. 이 경우는 지리적으로 분산된 업무를 수행하는 데 유리하다. 그러나 지역
별로 전문적인 서비스를 제공하는 데 한계가 있을 수 있다.

분업은 계층제와 더불어 관료제의 구조를 결정하는 요소이다. 구조적 측면에서
분업은 필연적인 것으로 이해된다. 그렇다면 분업은 구조적으로 어느 수준까지 이루
어져야 하는가? 분업의 수준을 결정하는 요인은 무엇인가?

2. 분업은 전문화를 촉진한다.

분업과 전문화는 동전의 앞면과 뒷면의 관계에 있다고 할 수 있다. 분업은 전문
화를 촉진하고, 전문화는 분업을 촉진한다. 그렇다면 분업이 촉진하는 전문성은 무엇
을 의미하는가?

첫째, 업무와 관련된 지식과 기술의 전문성이다. 지식은 단순히 잡다한 정보를

아는 것이 아니라 인과관계에 대한 지식을 말한다. 기술은 일반적으로 자연적인 과정의 확장을 말한다. 예컨대 망원경과 현미경은 눈의 자연적 능력을 확장한 것으로 기술이라고 할 수 있다. 지식과 기술의 관계를 보면, 지식이 기술 발전의 원동력이 될 수도 있고 기술이 지식발전의 원동력이 될 수도 있다. 과학적 지식을 적용하여 다양한 인공물을 제작함으로써 기술발전을 가져올 수도 있고, 기술 발전을 통해 더 많은 것을 관찰하게 됨으로써 지식의 발전을 이룰 수 있다. 따라서 지식과 기술은 불가분의 관계에 있다고 하겠다. 분업은 동일한 업무를 지속적이고 반복적으로 하게 함으로써 분업단위와 그 구성원들이 업무의 전문성을 강화할 수 있다. 다시 말해서 업무와 관련된 지식과 기술이 서로를 지지하면서 전문성을 강화한다.

둘째, 업무와 관련된 법에 대한 전문성이다. 관료제에서는 일반적인 운영과정에서 준수해야 하는 법과 특정 업무를 처리하는 데 준수해야 할 법에 대한 지식이 요구된다. 후자는 특히 분업과 관련된 법이다. 법에 대한 전문성은 실무를 통해 법의 실제와 적용 방법을 정확히 아는 것을 의미한다. 따라서 법에 대한 해석에 있어서 권위를 인정받을 수 있다. 또한 법의 제정과 개정에 있어서도 중요한 역할을 할 수 있다.

셋째, 관리에 대한 전문성이다. 지식과 기술은 자연과학 분야에 국한된 것이 아니라 사회과학, 인문학, 예술, 종교 등을 망라한다. 특히 조직 관리와 관련된 지식과 기술은 관료조직에서 매우 중요하다. 관료제에서는 계층에 따른 승진이 이루어지고 상위층으로 갈수록 관리능력이 중요한 요소가 된다. 이 경우는 수직적 분업(계층)에서 특히 요청되는 전문성이라고 하겠다.

분업은 적재적소에 전문성을 갖춘 사람을 배치하는 데 유리하다. 그러다 보니 인사에 있어서 전문성을 확보하기 위한 방안을 찾는 것이 무엇보다 중요한 과제가 된다. 전문가(specialist)를 채용할 것인가 아니면 일반가(generalist)를 채용할 것인가? 전문가를 채용한다면 전문성을 어떻게 측정하고 평가할 수 있는가? 전문성이 검증된 외부 인사를 채용하는 방식은 경력직 구성원들에게 어떤 영향을 미칠 것인가? 일반가를 채용한다면 전문성을 어떻게 향상시킬 것인가? 전문성을 향상시키기 위한 교육훈련은 어떻게 구성되어야 하는가? 분업은 구성원들의 전문성을 향상시키는 데 반해서 또한 인격에도 영향을 미친다. 전문성은 장인으로서의 자부심과 업무에서의 성취감을 가져온다. 그러나 다른 한편으로는 전문성이 인격적인 벽을 만들 수 있다. 소통의 부재, 자기 방어, 인간적 교류의 감소 등 많은 어려움을 야기할 수 있다. 이러한 문제들은 필연적인 것인가? 이를 극복할 수 있는 방법은 무엇인가?

3. 분업은 통제장치이다.

분업은 관료제의 통제 장치 가운데 하나이다. 통제의 목적은 책임을 완수하게 하는 것이며, 나아가 작업의 성과를 향상시키는 것이다.

첫째, 분업은 책임 소재의 명확화를 통해 통제기제로서 작동한다. 분업이 가져오는 효과는 책임소재를 명확히 할 수 있다는 것이다. 관료제의 목표를 이루기 위한 활동은 많은 사람들이 함께 한다. 따라서 활동의 결과에 대한 책임은 모든 구성원들에게 있다고 해도 과언은 아닐 것이다. 소위 많은 손들이 관여한다는 것이다. 모두에게 책임이 있다는 말은 그 누구에게도 책임이 없다는 말과 다르지 않다. 따라서 관료제는 개인의 책임을 물을 수 없는 조직이라고 할 수도 있다. 관료제에는 근본적으로 이러한 책임의 문제를 가지고 있다. 그럼에도 불구하고 분업은 조직의 단위들이 해야 할 업무를 특정함으로써 책임 소재를 명확하게 하는 기제로 작동한다. 분업에 의해 적어도 분업단위에 대해 책임을 물을 수 있는 근거가 존재하게 된다는 것이다.

둘째, 분업은 경쟁을 통해 통제기제로서 작동한다. 분업은 작업성과를 향상시키는 통제기제로서 작동한다. 작업성과의 향상은 책임 소재를 명확히 함으로써 기대할 수 있다. 특히 분업단위들 간의 경쟁은 작업성과를 높이는 데 중요한 자극제가 된다.

분업은 책임과 성과를 매개로 통제기제로 작동한다. 그러다 보면 분업 단위의 구성원들 사이에는 운명공체들에서 발견할 수 있는 일종의 집단정신이 형성된다. 집단정신은 분업 단위에 대한 충성을 강화한다. 때로는 단위조직에 대한 충성이 전체 조직에 대한 충성을 압도할 수도 있다. 예를 들어, 정부의 부처들이 공익보다는 자기 부처의 이익을 앞세우는 문제가 발생할 수 있다. 이것은 일종의 목표대치 현상이라 할 수 있다. 그렇다면 이러한 목표대치를 극복할 수 있는 방법은 무엇인가?

분업과 관련하여 조직 전체의 측면에서 가장 중요한 통제의 목표는 조정과 조화이다. 분업은 양면성을 갖는다. 한편으로 분화는 분업 단위들 간의 의존도를 높인다. 다른 한편으로 분화는 단위들 간의 경쟁을 유발함으로써 조정을 어렵게 한다. 그런데 의존도가 높다고 해서 조정이 용이한 것은 아니다. 분업 단위들 간의 조정을 위한 방법은 무엇인가?

CHAPTER 08

정치의 원리

관료제가 본질적으로 정치적인 속성을 가질 수밖에 없다는 인식은 오래된 것이다. 애플비(P. Appleby, 1947)에 따르면, 관료제는 두 가지 측면에서 정치적이다. 첫째, 관료제의 행정은 의회에서 결정된 정책을 수행한다. 행정은 그 시대의 일반적인 정치적 상황에 민감하다. 행정은 기술적인 기능을 보편적이고 정치적인 상황에 적응시킨다. 둘째, 관료제의 행정은 국민의 비판, 태도, 요구에 민감하다. 행정은 민주주의 사회를 지지하고 그것에 기여하도록 행정의 정신, 기술, 방법을 조정한다.

이 장에서는 관료제의 정치원리를 일선관료제, 대표관료제, 관료정치, 관료제의 정치화, 관료제의 통제, 관료제와 민주주의의 관계 등에 대한 논의를 통해 살펴본다.

I   일선관료제(street-Level bureaucracy)

일선관료제라는 개념은 립스키(M. Lipsky, 1969)에 의해 처음으로 제시되었다. 그는 정책집행은 최종적으로 실제로 정책을 집행하는 사람들, 즉 일선관료들에 의해 이루어진다고 주장하였다. 그리고 그는 ≪일선관료제(1980)≫를 통해 자신의 아이디어를 보다 구체화한다.

- 163 -

1. 일선관료와 일선관료제

일선관료는 현장에서 시민 또는 서비스 수혜자와 규칙적으로 그리고 직접적으로 교류하는 관료를 말한다. 일선관료는 서비스와 편익을 제공하고 제재를 행사하는 데 있어서 어느 정도의 재량권을 가지고 있다. 이러한 일선관료들로 구성된 관료제를 일선관료제라고 한다.

2. 일선관료의 재량과 정책결정

일선관료들의 결정과 행동은 실제로 그들이 일하는 기관의 정책이 되며, 그 기관을 대표한다. 시민들은 일선관료들이 자신들과 관련된 업무에 대해 내리는 결정을 통해서 직접적으로 정책을 경험하기 때문이다. 정책은 일선관료들이 시민에게 제공하는 편익이 되기도 하고 시민들에게 행사하는 제재가 되기도 한다. 시민들은 눈에 보이지 않는 고위 공직자들의 행동이나 그들의 결정 내용이 담긴 추상적인 서류를 통해 정책과 행정을 이해하는 것이 아니다.

일선관료들은 재량의 범위 안에서 정책을 만들 수 있다. 그들의 재량권은 그들이 전문가이며 자신들의 고유한 전문영역에서 나름대로 판단을 내릴 수 있다는 사실에 의해 정당화된다. 또한 재량은 일선관료들이 조직의 감독과 권위로부터 상대적으로 자유로우며 공식에 맞추어 해결할 수 없는 복잡한 과업을 수행한다는 점에서 정당화될 수 있다.

일선관료들은 그들의 관리자들이나 조직의 다른 집단들과 갈등할 수도 있으며 상이한 관점을 가질 수도 있다. 그들은 업무 수행 방식에 영향을 미치는 파업, 계획적 결근 또는 무관심한 태도를 통해 조직의 권위에 저항할 수 있다. 조직의 권위로부터 어느 정도의 자유재량을 가지고 일선관료들은 조직이 기대하지 않은 방식으로 정책을 결정할 수도 있다. 그들의 행동과 결정이 조직의 정책적 지향과 항상 일치하는 것은 아니다. 따라서 일선관료들은 기관이 선언한 정책, 의도, 목표에 반하는 결과를 초래할 수도 있다.

3. 일선관료의 작업조건과 작업의 성격

1) 자원의 불충분성

일선관료들의 가용자원은 그들이 수행해야 하는 과업에 견주어 항상 부족하다. 자원의 부족은 다양한 측면에서 나타난다. 인력과 시간 그리고 개인적 차원에서 능력이 부족할 수 있다.

2) 서비스 수요의 지속적 증대

정부의 서비스에 대한 수요는 정부의 서비스의 증대에 맞추어 증가하는 경향이 있다. 서비스가 더 많이 제공되면 시민들은 그만큼 서비스를 더 이용한다. 기관의 자원이 늘어나면, 더 많은 서비스를 제공하라는 요구가 있게 된다.

3) 조직목표의 모호성 또는 갈등

정부기관들은 종종 모호하거나 갈등하는 목표들을 추구한다. 예를 들어, 보건복지부의 국민 건강의 증진이라는 목표는 무슨 의미인지 명확하지 않다. 우체국의 우편물의 신속정확한 배달이라는 목표는 종종 충돌할 수 있다. 신속하게 하면 정확도가 떨어지고, 정확하게 하려면 속도가 떨어지기 때문이다.

4) 성과측정

일선관료의 업무수행이 기관의 목표를 달성하는 데 기여한 정도를 평가하는 것은 매우 어렵고 심지어 불가능한 경우도 있다. 그 이유는 다양하다. 목표들이 명확하지 않거나 충돌하는 경우에는 성과측정이 용이하지 않다. 일선관료들은 일을 하는 과정에서 많은 사람들과 복잡하게 얽혀 있기 때문에 성과측정이 어렵다. 일선관료들이 현장에서 취할 수 있는 최선의 행동이 어떤 것인지를 확인하기 어렵다. 무엇보다도 일선관료들의 활동에 대한 세세한 정보를 확보하기 어렵다. 그럼에도 불구하고 다양한 지표로 일선관료에 대한 평가는 진행된다. 일선관료들은 평가지표에 맞게 자신들의 행동을 변화시키는 경향이 있다.

5) 포로가 된 고객에 대한 서비스

고객 또는 서비스 수혜자들은 종종 자신이 관심을 가지고 있는 서비스를 자발적으로 선택하지 않으며 관료제의 주요 준거집단이 아니다. 일선관료들은 시민들이 필요로 하는 서비스의 유일한 공급자이다. 따라서 고객들이 일선관료들이나 기관을 비판하는 것은 쉽지 않다. 종종 기관들이 시민에게 서비스를 제공하는 데 성공하지 못하더라도 별로 잃는 것이 없다. 이러한 불평등한 권력관계에도 불구하고 고객들이 그러한 관계에서 완전히 무력한 것은 아니다. 일선관료들의 성과가 고객의 반응에 의해 평가된다면, 그들은 고객들에게 의존적이 될 것이다. 따라서 고객의 불만은 일선관료들에게 어느 정도 압력으로 작용하다.

일선관료들은 고객에게 어느 정도의 통제력을 행사할 수 있다. 첫째, 일선관료는 편익과 제재를 분배하여 통제력을 행사할 수 있다. 예를 들어, 보건담당자는 환자에게 친절하게 행동할 수도 있고 무례하게 행동할 수도 있다. 둘째, 일선관료는 고객과 상호작용하는 상황을 구조화함으로써 통제력을 행사할 수 있다. 예를 들어, 보건담당자는 화살표와 라인을 표시하여 환자들이 시설을 이용하는 동선을 통제할 수 있다. 셋째, 일선관료는 적절한 고객의 역할에 대한 교육를 통해 통제력을 행사할 수 있다. 예를 들어, 보건시설의 이용과 관련된 정보는 환자가 처방약을 받기 위해 어디로 가야할지, 어디에서 기다려야 할지를 지시한다. 보건 담당자는 자신이 제공하는 정보에 따라 환자들이 행동할 것으로 기대한다.

4. 일선관료들의 행태

일선관료들의 행태는 그들의 과업과 과업환경에 의해 형성된다. 일선관료들은 당면하는 문제들을 해결하기 위해 루틴을 구축하거나 단순화를 시도함으로써 복잡성을 줄이려고 한다. 일선관료들은 서비스를 할당하고, 고객이 절차에 따라 협조하도록 통제하며, 자신들의 자원(시간과 노력)을 절약하고 관리하기 위해 루틴한 절차를 구축

한다. 그들은 루틴한 업무처리의 결과를 관리한다. 루틴한 절차에 의해 감당할 수 없는 불만이 제기되는 경우에는 기관의 불만처리 전문가의 도움을 받는 방법을 취하기도 한다. 이러한 루틴과 단순화에서 일선관료들은 공식적인 정책지침이나 조직의 기대에 맞지 않는 행동을 취하거나 결정을 하는 방식으로 정책을 만들 수도 있다.

II 대표관료제(representative democracy)

대표관료제라는 용어는 킹슬리(J.D. Kingsley)의 ≪대표관료제(1944)≫라는 책 제목에서 비롯되었다. 킹슬리는 영국 관료제에서는 사회적, 정치적, 경제적 엘리트들의 지배 때문에 사회의 모든 계급의 이익을 대변하는 정책과 프로그램을 제공하지 못하고 있다고 비판한다. 이러한 문제를 해결하기 위해 그는 대표관료제가 필요하다고 주장한다. 킹슬리의 대표관료제는 사회계급에 초점을 맞추고 있었으나, 이후 논의가 진행되면서 성, 인종, 민족 등의 다양성을 관료제에 반영하는 방향으로 확대되었다. 이 절에서는 리쿠치와 라이진(Riccucci & Ryzin, 2016)이 정리한 내용을 소개한다.

1. 대표관료제의 의미

대표관료제 이론은 민주주의의 가치라는 맥락에서 관료제의 정치적 권력을 정당화하는 방법을 찾는 데 초점을 맞춘다. 이론의 기본적인 입장은 인구의 다양성을 반영하는 관료제는 정책결정에서 모든 집단들의 이해관계를 반영할 가능성이 높다는 것이다. 만약 관료제가 다양한 이해관계들에 민감하고, 이러한 이해관계들이 관료제의 결정과 행동에서 대표된다면, 관료제 그 자체는 대표제로 이해될 수 있다. 만약 관료제가 대표제적인 성격을 갖는다면, 관료제의 정치적 역할은 다수의 지배, 소수의 권리 보장 그리고 동등한 대표성 등과 같은 민주주의적 가치들을 실현할 수 있다.

2. 대표성의 유형

1) 수동적 대표성(passive representativeness)

수동적 대표성은 관료제의 인적 구성이 전체 인구의 구성을 반영하는 인사제도를 의미한다. 관료제의 대표성을 측정하는 가장 일반적인 방법은 관료제의 성별, 인종별, 민족별 비율과 전체 인구에서 그러한 집단의 비율을 비교하는 것이다. 대표율 1.0은 완벽한 대표성을, 1.0 이하는 과소대표성을, 1.0 이상은 과잉대표성을 의미한다. 수동적 대표성을 갖는 관료제는 사회적 형평성, 공정과 정의 등과 같은 민주적 가치들을 증진시키는 데 기여한다. 특히 정부 관료제에서 수동적 대표성에 입각한 인사제도를 운영하게 되면, 사회 전반에 이러한 인사제도가 확산되는 효과를 얻을 수 있다. 조직 관리의 측면에서는 다양한 사회적 배경을 가지고 있는 구성원들을 효율적으로 관리할 수 있는 다양성 관리 프로그램을 개발할 필요가 있다. 다양성이 조직의 효과성을 높이는 데 기여할 수 있도록 조직 안에서 차이가 조화를 이룰 수 있는 관리방법을 모색해야 한다는 것이다.

2) 능동적 대표성(active representativeness)

능동적 대표성은 단순히 인사상 인구구성을 반영하는 것을 넘어서 관료들이 대표하는 집단들의 이해관계를 직간접적으로 정책이나 행정활동에 반영하는 것을 의미한다. 능동적 대표성이 전제하는 것은 선출된 공직자뿐만 아니라 경력직 관료들도 정책결정에 참여할 수 있는 권력과 재량권을 갖는다는 것이다. 관료들은 업무를 수행하는 과정에서 어느 정도의 재량권을 갖는다. 재량권을 행사하는 과정에서 관료들은 자신의 사회적 배경을 반영할 가능성이 높다. 예를 들어, 소수집단 출신의 관료들은 다수집단 출신 관료들의 태도와 행동을 변화시키기 위해 노력함으로써 간접적으로 소수집단의 이해관계를 정책과 행정에 반영하게 할 수 있다. 이러한 측면에서 능동적 대표성은 재량의 행사와 책임에 있어서 민주주의적 가치를 향상시킨다. 능동적 대표성에 의해 관료들은 정책과정에서 사회의 모든 이해관계를 효율적으로 반영할 수 있기 때문이다.

3) 상징적 대표성(symbolic representativeness)

상징적 대표성은 수동적으로 대표된 관료제의 존재 자체가 비록 관료들이 직접적인 행동을 취하지 않더라도 시민들에게 긍정적인 영향을 미친다는 것이다. 관료의 사회적 배경은 같은 사회적 배경을 가지고 있는 시민들로 하여금 신뢰감을 갖게 하고 관료제의 정당성을 인정하게 만든다. 따라서 관료들이 직접적으로 어떠한 행동을 취하지 않는 경우에도(즉 능동적 대표성이 작동하지 않는 경우에도) 시민들의 협조를 받을 수 있으며, 궁극적으로는 효과적인 정책결과를 만들어낼 수 있다. 이는 민주주의를 실현하는 데 소요되는 사회적 비용을 줄이는 데 도움이 된다.

III 관료정치(bureaucratic politics)

관료정치 개념은 앨리슨(G. Allison, 1971)에 의해 처음으로 제시되었다. 그는 1962년 쿠바 미사일 위기에 대한 미국 정부의 정책적 대응을 합리모형, 조직모형, 관료정치 모형으로 비교분석하였다. 이 절에서는 앨리슨의 관료정치모델을 중심으로 살펴본다.

1. 관료정치의 의미

정부 관료제에서 이루어지는 정책결정은 계층성에 근거한 명령에 의해 이루어지지 않는다. 왜냐하면 정부 관료제는 획일적인 조직이 아니라 다양하게 분화된 부처들로 구성되어 있기 때문이다. 따라서 정책은 명령이 아니라 일종의 정치적 게임에 의해 결정된다는 것이다. "정치는 선택기제이다. 각각의 참여자들은 자신들의 재량권을 가지고 자신들이 생각하는 국가적, 조직적, 집단적, 개인적 이해관계를 증진시키는 정책을 끌어낸다(Allison, 1971: 171)." 이처럼 관료정치는 관료제 안에서 이루어지는 정치적 의사결정 방식을 의미한다.

2. 주요 가정들

관료정치 의사결정 모형은 다음과 같은 가정을 전제로 한다.

첫째, 집행부는 다양한 목적과 의제를 가지고 있는 많은 조직들과 개인들로 구성되어 있다. 문제들은 일군의 행위자들의 관심과 참여를 유인하고, 참여자들은 다양한 이해관계와 동기를 가지고 그 문제에 접근한다.

둘째, 어떠한 우세한 개인이나 조직도 존재하지 않는다. 다시 말해서 집행부에서 어느 한 행위자가 일방적으로 행동할 수 없다. 대통령은 특정한 문제에 대해서는 가장 강력한 행위자일 수 있으나 그가 유일한 행위자가 될 수는 없으며 그의 영향력은 제한적이다.

셋째, 최종적인 결정은 정치적으로 만들어진다. 다시 말해서 정부가 결정하는 것은 협상과 타협, 즉 정치과정의 산물이다.

넷째, 정책을 만드는 것과 그것을 실행하는 것은 다르다. 일단 결정이 이루어지면, 그것을 집행하는 과업은 구체적인 행동을 결정해야 하는 다른 사람들에게 넘겨진다. 그러한 구체적인 결정들은 집행자들의 운영절차와 이해관계에 의해 이루어진다.

정부의 행위는 집행부의 조직들 간의 협상의 산물이다. 행위자들은 그들 조직의 이해관계를 가지고 있으며, 이러한 이해관계를 정책에 반영하는 능력은 정책결정 과정에서 그들의 역할에 의해 결정된다. 정책은 협상게임에 참여하는 행위자들의 다양한 이해관계들을 반영한다. 또한 게임 참여자들의 상대적인 권력을 반영한다. 참여자들의 권력은 정책결정을 구조화하기 위해 이용되는 절차에 의해 결정된다.

 관료제의 정치화[1]

1. 관료제의 정치화의 개념

관료제의 정치화는 매우 다의적이다. 인사에 초점을 맞추는 경우는 실적제가 아

---

1) 이창길(2020)을 참조하여 기술함.

닌 엽관제에 의해 관료를 채용하는 것을 의미한다. 정책에 초점을 맞추는 경우는 정치적 압력에 민감하게 반응하는 경우로서 예컨대 집권당의 정책을 적극적으로 수행하는 것과 같은 것을 의미한다. 행태에 초점을 맞추는 경우는 관료들이 개인적으로 또는 집단적으로 실질적인 정치적 플레이어로 행동하는 것과 같은 경우를 의미한다. 관료제의 정치화는 포괄적으로 '정치적 압력이나 자발적 선택에 의해 관료제가 정책, 인사, 행태 상 정치적 기준을 적용하는 것(이창길, 2020: 105)'으로 정의할 수 있다.

2. 관료제의 정치화의 유형

1) 인사의 정치화

인사의 정치화는 실적보다는 정치적 기준에 의해 관료를 임용하는 것을 의미한다. 공식적인 정치화는 특정 직위에 대해 관료를 정치적으로 임명할 수 있는 제도화된 규정이 있다는 의미를 담고 있으나, 인사의 정치화는 이러한 공식적인 규정이 없더라도 비공식적으로 정치적 전보나 승진이 이루어진 경우를 포함한다. 따라서 경력직 공무원을 정치적 직위에 승진 또는 전보하더라도 정치적 기준에 의해 이루어진 경우 역시 인사의 정치화에 포함된다. 인사의 정치화는 정치적 기준에 의해 임명된 고위직 공무원의 규모와 비율로 측정할 수 있다. 즉 대통령이나 장관 등 인사권자가 고위 공무원은 물론 하위 공무원을 정치적 기준에 따라 임명한 공식적·비공식적 규모와 비율로 측정할 수 있다. 이러한 인사의 정치화는 정치인들이 활용하기에 가장 용이한 정치화의 도구이다.

2) 정책의 정치화

관료제의 정치화는 정책의 결정이나 집행이 정치적 기준에 따라 이루어지는 것을 의미한다. 정책의 정치화는 일반적으로 인사의 정치화의 결과로 나타날 수 있다. 그러나 정책의 정치화는 인사의 정치화가 부재하는 경우에도 발생할 수 있다. 정책에 대해 관료들이 어느 정도까지 정치화될 수 있는지는 단순히 인사의 정치화로 설명될 수 없다. 정치인들에게는 정책에 대한 통제를 강화하려는 동기가 있다. 그러한 측면에서 보면, 인사의 정치화도 정책의 정치화를 위한 여러 가지 수단들 가운데 하나라고 할 수 있다. 정치인들은 자신의 정치적 목적을 달성하기 위해 인사의 정치화 이외에도 예산의 통제, 행정 절차의 활용, 감시와 감독 강화, 부처 정책의 사전 통제 등 다양한 수단을 이용할 수 있다. 관료들은 통제에 대응하여 정책을 결정하고 집행함으로써 정치화된다.

3) 행태의 정치화

행태의 정치화는 관료들이 정치적 기준에 따라 행동하는 것을 의미한다. 관료는 정치적 여건과 상황을 이해하고 정치의 작동방식과 파급효과를 고려하여 자신의 재량권을 행사한다. 일반적으로 행태의 정치화는 자발적인 성격을 띠고 있으며, 적극적이건 소극적이건 아니면 가시적이건 비가시적이건 정치인을 지지하거나 방해하는 방식을 취할 수 있다. 또는 매우 적극적으로 관료들이 자신들의 이해관계를 실현하기 위해 정치적 플레이어로서 행동하는 경우도 있다.

3. 정치화의 원인과 결과

1) 정치화의 원인

① 외부적 원인

관료제가 정치화되는 원인을 관료제의 외부에서 찾을 수 있다. 다시 말해서 정치인들의 관료제에 대한 태도에서 관료제의 정치화의 원인을 찾을 수 있다.

첫째, 정치인들의 관료제에 대한 통제 욕구에서 정치화의 원인을 찾을 수 있다. 정치인은 국민들의 의지를 종합하고 표출하여 그것이 실현되도록 하는 것을 기능으로 한다. 일반적으로 이를 정치적 책임성과 대응성이라고 말한다. 정치인들의 과업을 실제로 현실화하는 일은 관료제가 한다. 따라서 정치인들은 정치적 책임성과 대응성을 실현하기 위해 관료제가 자신들의 요구에 맞게 행동하도록 만들려는 욕구를 갖지 않을 수 없다. 관료제는 이러한 정치인들의 욕구에 반응하면서 정치화된다.

둘째, 정치인들의 관료제에 대한 불신에서 정치화의 원인을 찾을 수 있다. 일반적으로 정치인은 임기 내에 공약을 실현함으로써 정치적 생명을 유지하고자 한다. 그에 비해 신분과 정년이 보장된 관료는 정치인의 시간적 압박으로부터 자유롭다. 그러한 성격상의 차이 때문에 정치인은 관료제에 대한 불신이 클 수밖에 없다. 따라서 정치인은 관료제를 장악하거나 통제하려고 한다.

이처럼 정치인의 욕구나 관료제에 대한 불신이 관료제에 대한 통제를 강화하려는 시도로 표현되고, 그 과정에서 관료제가 정치화된다.

② 내부적 원인

관료제의 정치화의 원인을 관료제 내부에서 찾을 수 있다. 다시 말해서 관료들의 자발적이고 능동적인 동기에서 관료제의 정치화의 원인을 찾을 수 있다.

첫째, 개인적 차원에서 관료가 정치적 야망을 갖는 경우에 관료제가 정치화된다. 특히 고위 관료들은 본래 정치권력의 변화에 직접적으로 영향을 받는다. 그들은 정치권력과 우호적인 관계를 형성함으로써 경력 상의 발전과 성공을 추구한다. 이는 정치적 당파성에 따라 행정을 수행하는 계기가 된다. 고위 관료가 정치적 지향성을 갖게 되면, 하위관료들 역시 그렇게 될 가능성이 크다.

둘째, 기관적 차원에서 관료가 기관의 힘을 자신의 힘과 동일시함으로써 기관의 권력이나 이해관계를 강화해야 한다는 일종의 집단주의적 행태에서 정치화의 원인을 찾을 수 있다. 관료제는 자신의 특권을 보호하고 확장하려는 경향성을 갖는다. 따라서 관료제는 이를 위해 직접 정치적 플레이어로 행동할 가능성이 있다. 정치적으로 편향된 자원의 배분이나 정보의 활용, 행정수단들을 동원한 정치적 반대자에 대한 공격 등이 행정 기관들의 대표적인 정치적 행태라고 하겠다.

관료제의 정치화는 외부적 원인과 내부적 원인에 의해 이루어지는데, 일반적으로는 두 가지 원인이 동시에 작용하는 것으로 보인다. 문제는 관료제의 정치화가 때로는 행정의 민주성, 책임성, 반응성을 향상시키는 계기가 되기도 하지만, 때로는 행정의 불공정과 편파성 심지어는 부정부패의 계기가 되기도 한다는 데 있다.

2) 정치화의 결과

① 정치적 중립성에 미치는 영향

관료제의 정치화는 공무원의 정치적 중립성에 부정적인 영향을 미칠 수밖에 없다. 일반적으로 정치적 중립성은 정치-행정 이원론에 입각하여 공무원의 정책결정 관여 배제, 충성이 아닌 실적에 따른 공무원의 선발과 관리, 선거운동 등의 당파적 정치활동 금지, 정치적 고려를 배제한 객관적, 전문적 판단에 근거한 행정, 정권의 정책 및 행정에 대한 공개적 비판의 금지, 개인적인 철학이나 의견과 무관하게 충실한 정권 정책의 수행 등을 의미한다(박천오, 2011). 관료제의 정치화는 곧 이러한 정치적 중립의 훼손을 야기할 수 있다.

② 관료제의 대응성과 책임성에 미치는 영향

국민과 정치인 간의 관계가 건전한 주인-대리인의 관계를 형성하는 경우, 관료제의 정치화는 긍정적인 결과를 가져올 수 있다. 관료제를 통제하는 정치인이 국민의 의지를 적절하게 종합하여 표출하고 실현하고자 하는 의지를 가지고 있다면, 관료제에 대한 민주적 통제가 적절히 이루어져 관료제의 책임성과 대응성을 향상시키는 계기로 작용할 수 있다.

 관료제의 통제[2]

1. 민주적 통제

관료제가 공공정책을 결정할 때마다 민주주의 문제를 생각하지 않을 수 없다. 과연 국민이 선거를 통해서 관료제를 통제할 수 있을까 하는 의구심을 불러일으키기 때문이다. 선거에 의한 통제가 항상 유효할 수는 없다. 그러나 그러한 통제가 제대로 이루어지지 않는다면, 관료제는 국민의 영향을 받지 않으면서도 국민의 이름으로 중

---

2) Gruber(1987)을 참조하여 기술함.

요한 조치를 취할 가능성이 더욱 커진다. 관료제의 행동이 수용 가능한 범위에서 이루어질 수 있도록 국민이 어떤 식으로든 통제력을 행사할 수 있다면, 이러한 문제를 완화하거나 회피할 수 있을 것이다. 그러한 의미에서 관료제에 대한 통제는 매우 중요한 의미를 갖는다.

일반적으로 책임성과 반응성(응답성)은 관료제를 통제하는 근거가 된다. 통제는 관료제의 책임성과 반응성을 확보하기 위한 기제라는 것이다. 관료제의 활동 가운데 어떤 측면들이 엄격하게 통제되어야 하는지는 상황에 따라 결정될 수밖에 없다. 통제의 정도도 그 방법에 따라 다양하다. 관료제가 국민의 요구에 응답해야 할 의무가 있다는 주장을 통해 관료제를 통제하는 것은 다소 추상적이고 일반적인 제약이기 때문에 통제의 정도가 상대적으로 약하다고 하겠다. 반면에 국회가 입법을 통해 관료제의 활동을 엄격하게 제한하는 경우는 그 제약이 구체적이고 강제성을 띠기 때문에 통제의 정도가 상대적으로 강하다고 하겠다. 통제는 관료제의 부패나 불공정 행위를 금지하는 소극적인 방식으로 이루어질 수도 있고, 관료제가 추구해야 할 목표나 정책을 규정하는 적극적인 방식으로 이루어질 수도 있다.

사회적 존재로서 인간의 행위는 어떤 방식으로든 제한을 받을 수밖에 없다. 예를 들어, 행위자는 행동을 선택하는 과정에서 자신의 가치관이나 자신이 사용할 수 있는 자원 그리고 공식적인 규칙들에 의해 제한을 받게 된다. 이러한 제한이 주권자인 국민이나 선거에 의해 선출된 의원들과 같은 민주적 정치행위자들에 의해 부과되면 민주적 통제가 이루어지는 것이다. 민주적 통제는 단독으로 또는 집단적으로 활동하는 시민, 의원 그리고 대통령이나 자치단체장과 같은 선출직 공무원들과 이들이 정치적으로 임명한 공무원 등에 의해 이루어질 수 있다. 민주적 통제는 어떤 유형의 행동을 제재하는 소극적 방식으로, 또는 어떤 유형의 행동을 장려하는 적극적인 방식으로 이루어질 수 있다.

그러나 주의해야 할 점은 시민의 요구와 관료제의 행동이 단순히 일치한다고 해서 통제가 이루어졌다고 단정해서는 안 된다는 것이다. 우연의 일치로 관료들이 국민들이 원하는 방식으로 행동하는 경우, 보이는 것과는 달리 관료제가 민주적 통제 하에 있다고 할 수는 없다. "통제는 행위자 간의 관계이다. 이는 하나 이상의 행위자의 선호, 욕구 또는 의도에 하나 이상의 다른 행위자가 순응하게 하는 것이다. 통제는 인과적 성격을 갖는다. 어떤 행위자의 행동은 다른 행위자의 선호의 원인이나 결과로 해석된다(Dahl, 1982: 52)." 국민의 영향력이 미친 경우가 아니라면 관료제에 대한 민주적 통제가 이루어졌다고 볼 수 없다.

통제는 관료들의 예측을 통해 이루어질 수도 있다. 관료들이 국민들이 원하는 것을 정확하게 예측하고 그 기대에 맞추어 행동해야 한다는 압박감을 갖는다면, 일종의 민주적 통제가 작용한 것으로 볼 수 있다. 그러나 관료들이 예측을 잘못하여 국민이나 입법부가 승인하지 않는 방식으로 행동한다면, 그들의 행동이 국민에 의해 통제되었다고 말할 수는 없다.

2. 통제의 두 측면과 관료의 행태

관료제의 의사결정 행위는 크게 두 측면으로 나누어 볼 수 있다. 하나는 결정을 하기 위해 거치는 절차적 측면이고, 다른 하나는 실제로 이루어진 결정의 내용적 측면이다. 따라서 통제도 절차적 측면과 내용적 측면에서 다르게 이루어질 수 있다. 예를 들어, 절차적 측면에서 관료들은 결정을 하기에 앞서 공청회를 열어야 한다는 압력을 받을 수 있다. 내용적 측면에서 관료들은 기본소득 지급과 같은 결정을 하도록 압력을 받을 수 있다.

물론 절차와 내용의 구별은 절대적인 것이 아니다. 절차와 내용은 상황에 따라 결정된다. 공청회 개최는 결정을 내리는 과정임과 동시에 진행 방법에 대한 이전의 결정 내용일 수도 있다. 또한 절차가 내용의 결정 요인이 될 수 있다. 결정이 이루어지는 방식이 결정의 내용에 영향을 미칠 수 있다는 것이다. 그럼에도 불구하고 절차와 내용의 구별은 이론적으로도 유용하고 실제로도 적용 가능하다. 모든 결정에는 절차적 측면과 내용적 측면이 있다. 구체적인 통제 기제를 통해 둘 중에 하나 또는 둘 모두를 동시에 제한할 수 있다.

제약의 정도는 다양하다. 행동에 대한 제약이 크면 클수록 관료가 선택할 수 있는 행동의 범위, 즉 재량의 범위는 그만큼 좁아진다. 관료제와 민주주의의 조화와 관련하여 가장 중요한 이슈는 관료들의 재량권 문제이다. 행정의 책임에 대한 프리드리히(Carl Friedrich)와 파이너(Herman Finer)의 논쟁은 그 대표적인 예라고 하겠다.[3]

---

3) 파이너(1941)는 공무원의 민주적인 책임성을 강조하면서, 이를 확보하기 위해서는 정교한 제도적 장치를 통한 통제가 이루어져야 함을 주장한다. 그에 반해 프리드리히는 전문 직업주의에 기초한

그림 8-1 통제모형과 관료형태

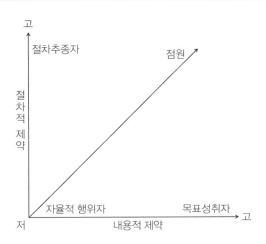

Gruber(1987:15)

[그림 8-1]은 절차적 제약 정도를 세로축으로 하고, 내용적 제약 정도를 가로축으로 하는 그래프이다. 통제 기제들은 관료들이 결정하는 절차에 영향을 미치는 정도와 결정의 내용에 영향을 미치는 정도에 따라 그래프 상의 어딘가에 위치한다.

그래프를 읽는 데 주의해야 할 점이 있다. 첫째, 이 그래프는 관료제에 대한 민주적 통제에 초점을 맞춘 것으로서 민주적 통제 이외의 기제들을 포함하고 있지 않다. 사실상 관료들의 행동을 엄격하게 제한하는 통제 기제들은 그래프 상에 있지 않다. 왜냐하면 그러한 제약들은 시민들에 의해 부여된 것이 아니기 때문이다. 실제로 모든 관료들은 함께 일하는 다른 관료들의 능력이나 그러한 능력을 이용하는 복잡한 조직의 제한된 능력에 의해 제약을 받는다. 이러한 제약들이 공중의 압력이나 결정의 산물인 경우에 한해서만 민주적 통제로 볼 수 있다.

둘째, 제약에 대한 논의가 곧바로 민주주의에 대한 논의로 해석되어서는 안 된

책임관을 강조한다. 그에 따르면, 전문적인 직업이 요청하는 지식에서 행위의 기준들이 파생된다는 것이다. 파이너는 제도적 통제를, 프리드리히(1935)는 전문직업적 통제를 강조한다는 점에서 입장의 차이를 보이지만, 기본적으로 책임성을 확보하기 위한 방법으로 공무원 자신의 내적 통제가 아니라 제도나 직업윤리와 같은 외적 통제 방법을 모색하고 있다는 점에서는 차이가 없다. 따라서 이 논쟁은 단지 외적 통제의 다양한 방법 가운데 어떤 것이 더 중요한 지를 따지는 수준에 불과한 것이라 하겠다(Stewart, 1992).

다. 국민이나 국민의 대표들에 의해 제약이 가해질 때마다 관료제에 대한 통제가 이루어진다고 말 할 수 있다. 그러나 통제의 적절성 여부는 민주주의에 대해 가지고 있는 생각에 따라 다를 수 있다. 상당히 약한 통제 기제가 어떤 민주주의 관념에는 맞을 수 있으나 다른 민주주의 관념에는 받아들여지지 않을 수 있다. 그래프 상의 다양한 지점들은 관료제가 어떻게 통제되어야 하는가에 대한 다소 상이한 민주주의 관념들을 표현하는 것으로 해석되어야 한다.

　그래프의 네 모퉁이는 민주주의에서 관료들이 어떻게 행동해야 하는지에 대한 네 가지의 이상적인 입장을 나타낸다. 이러한 입장들은 극단적인 경우이기 때문에 구체적인 통제 기제에는 반영되기 어렵다. 그러나 이러한 입장을 이해하는 것은 실제로 제안되는 통제 기제들을 그래프 상에서 찾고 그것들의 관계를 분명하게 이해하는 데 도움이 된다.

　（ⅰ）자율적 행위자로서 관료: 그래프 상에서 절차적 제약과 내용적 제약이 가장 낮은 왼쪽 아래 지점에 있는 관료는 자율적인 행위자로서 행동한다. 그러한 관료의 활동은 유능하거나 전문적이거나 아니면 시민들에게 만족감을 준다. 그러나 그러한 활동은 관료 자신의 선택에 의한 것이지 시민들의 선택에 의한 것은 아니다.

　（ⅱ）점원(clerk)으로서 관료: 그래프 상에서 자율적 행위자와 정반대 지점에서 민주적으로 통제되는 관료는 점원으로서 행동한다. 절차적으로나 내용적으로나 관료제에 대한 통제가 매우 엄격하기 때문에 관료가 재량을 행사할 수 있는 여지가 전혀 없다. 이는 정치와 행정이 분리될 수 있으며 모든 행정 활동은 의회의 결정에 따라야 한다는 것으로 지금은 거의 받아들여지지 않는 관점이다.

　（ⅲ）절차추종자로서 관료: 그래프 상에서 왼쪽 위 지점은 절차적 제약이 가장 강하고 내용적 제약이 가장 약한 곳이다. 여기에서 관료는 절차추종자로서 행동한다. 관료는 무엇보다도 적법절차에 중점을 둔다. 관료의 의사결정이 세밀하게 규정된 절차를 따르는 한 민주주의와 일치하는 것으로 간주된다. 그러나 결정의 내용은 관료들의 재량에 달려있다.

　（ⅳ）목표성취자로서 관료: 그래프 상에서 오른쪽 아래 지점은 내용적 제약이 가장 강하고 절차적 제약이 가장 약한 곳이다. 여기에서 관료는 목표성취자로서 행동한다. 관료의 역할은 자신이 최선이라고 생각하는 절차에 따라서 이미 공적으로 결정된 목표를 달성하는 것이다.

3. 민주적 통제의 유형

실제로 이루어지는 민주적 통제는 어떠한 유형들이 있을까? 다섯 가지 유형의 통제를 기본형으로 생각해볼 수 있는데, 그것들은 참여를 통한 통제, 고객과의 관계를 통한 통제, 공익에 의한 통제, 책임에 의한 통제, 자기통제 등이다. 다섯 가지 통제 유형의 지점은 [그림 8-2]에서 확인할 수 있다.

그림 8-2   민주적 통제유형

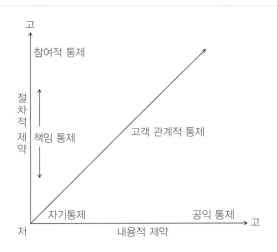

Gruber(1987:18)

1) 참여적 통제

참여에 의한 통제는 그래프 상에서 절차적 통제가 강하게 이루어지는 왼쪽 위의 지점에 위치한다. 이러한 통제는 공공관료제가 공중으로부터 분리되어 있고, 폐쇄적이며 비민주적인 것으로 인식될 때 제안된다. 이 제안은 의사결정과정에 시민들의 직접적인 참여를 늘리는 데 초점을 맞춘다. 참여적 의사결정 자체가 이 제안의 목적이라고 할 수 있다. 이는 절차적으로 시민의 직접적인 참여를 늘리게 되면 내용적으로도 좋은 결정을 하게 될 것이라고 가정한다. 어쨌든 참여적 통제는 기본적으로 결정의 과정에 초점을 맞추고 있으며, 결정의 내용은 부차적인 것으로 본다. 시민의 역할을 늘리기 위해 절차를 제한하는 것은 본질적으로 내용을 제한하는 것은 아니다. 즉 참여적 통제가 좋은 결과를 가져올 것이라는 보장은 없다.

2) 고객 관계적 통제

고객관계에 의한 통제는 그래프 상에서 절차적 통제와 내용적 통제의 정도가 중간 수준에서 이루어지는 중앙 지점에 위치한다. 이러한 통제는 관료의 결정이 내용적으로 시민의 욕구를 충분히 만족시키지 못하고, 절차적으로 고객과 관료 간의 소통이 미흡한 것으로 인식될 때 제안된다. 이러한 통제는 엄밀하게 행동의 매뉴얼을 작성하는 것이 아니라 고객으로부터 의견과 조언을 구하는 것이기 때문에 통제가 중간 정도의 수준에서 이루진다고 할 수 있다. 절차적으로는 결정에 의해 가장 영향을 많이 받는 집단들의 대표들과의 상담을 통해, 즉 일반적으로는 자문그룹이나 패널을 통해 통제가 이루어진다. 그러한 상담은 참여적 통제와는 성격이 다르다. 참여적 통제는 참여 그 자체에 가치를 부여하는 반면, 고객 관계적 통제는 고객 집단의 욕구와 가치에 대한 정보를 전달하기 위해 고안된 것이기 때문에 상대적으로 한정된 기관과 시민 간의 접촉에 초점을 맞춘다. 상담은 기관의 정책을 실질적으로 변화시키기 위해 설계된 것이기 때문에, 고객 관계적 통제는 참여적 통제보다 내용적으로 통제의 강도가 더 강하다.

3) 공익 통제

공익에 의한 통제는 부적절한 것은 아니지만 관료와 개별 시민들이나 집단의 대표들 간의 접촉이 널리 이루어지고 있다는 가정 하에서 제안된다. 관료와 시민들 간의 접촉을 통해서 만들어진 정책들은 특정한 집단들의 이해관계에 편향될 수 있다. 공익에 의한 통제는 관료제에 대한 민주적 통제의 전형으로서 관료제의 결정 내용은 전체의 이익에 기여하는 것이어야 한다는 입장이다. "정치적 책임성은 전체 유권자의 관점에서만 의미를 갖는다. 일부 유권자들의 입장이 그것을 대체할 수는 없다 (Wolin, 1960: 433)." 공익에 의한 통제전략은 주로 관료제 활동의 내용적 측면을 제한하기 때문에 그래프 상에서 오른쪽 아래 지점에 위치한다. 이러한 전략은 선출직 공무원들이 훨씬 더 보편적인 이익을 위해 행동할 것이라고 가정한다. 통제 기제는 관료제에 대한 선출직 공무원들의 영향력을 강화하여, 관료들이 이들 공무원들이 주도하는 정책에 보다 잘 반응하게 만드는 것이다. 이러한 접근방식의 적절한 형태는 행정기관에 정무직 공무원의 수를 늘리려는 노력으로 나타난다. 왜냐하면 정무직 공무원들은 대통령이나 자치단체장들의 결정을 전달하는 역할을 하기 때문이다. 또한 이러한 접근방식은 선출직 공무원들이 예산의 지출을 지시하기에 용이하게 설계된 품목별예산제도에 의해 반영될 수도 있다. 좀 더 강력한 방식은 의회가 실질적인 의사결정을 더 많이 함으로써 관료의 재량권을 축소시키는 것이다.

4) 책임 통제

책임에 의한 통제는 그래프 상에서 절차적 제약이 중간과 최상 수준 사이에서 이루어지고 내용적 제한은 낮게 이루어지는 세로축 지점에 위치한다. 책임에 의한 통제는 관료제가 부패하거나 비효율적이거나 불공평하게 행동하여 자신의 권력을 남용함으로써 민주주의를 위협한다고 인식될 때 제안된다. 따라서 통제 기제는 그러한 권력의 남용을 막는 절차적 제한조치를 취하는 데 초점을 맞춘다. 이러한 제약은 일반적으로 기관 행동의 일부 측면에만 국한되기 때문에 기관이 의사결정에 도달하는 기본 과정을 변경하는 것을 목표로 하는 참여적 통제보다는 제약의 정도가 약하다. 책임에 의한 통제 기제에는 윤리강령이나 공무원인사제도 등이 포함된다. 또한 기관의 의사결정에 대한 검토를 위해 옴부즈만이나 감독위원회 등을 활용할 수도 있다. 이러한 조치들은 적절한 방식으로 결정이 이루어지게 하는 데 우선적으로 초점을 맞추고 있으며, 결정의 내용에 대해서는 부차적으로 관심을 갖는다.

5) 자기통제

자기통제는 외부통제가 약하고 간접적인 방식으로 이루어진다고 인식될 때 제안된다. 따라서 자기통제는 그래프 상에서 절차적 통제와 내용적 통제가 가장 낮은 지점에 위치한다. 소극적인 측면에서 자기통제는 관료들이 공중이 수용할 수 있는 행동의 한계를 확인하고 그러한 한계 안에서 행동할 것이라는 믿음에 기초한다. 적극적인 측면에서 자기통제는 관료들은 공중에게 봉사해야 하는데, 관료들 자신만이 봉사하는 방법을 결정하는 최선의 위치에 있다는 믿음에 기초한다. 사실상 자기통제에는 민주적 통제의 정신에 반하는 기제들이 많이 있다. 예를 들어, 관료들의 전문성, 그들의 개인적인 성취감, 또는 그들의 배경 같은 요소들이 민주주의를 달성하는 데 유의미한 기여를 할 것이라고 기대하는 것이다. 그러나 이러한 기제들은 완벽한 자기통제에 너무나 가깝기 때문에 그래프의 경계 안에 위치하는 것으로 보기 어렵다. 이러한 기제들이 민주주의에서 바람직한 목표들을 성취하는 방법일 수도 있지만, 민주적 통제방식이라고 보기는 어렵다. 관료들이 시민들의 선호에 일치하는 방식으로 행동한다 하더라도, 그 행동이 시민이 아닌 관료들 자신들의 입장에서 취해진다면, 민주적 통제가 작동한 것이라고 할 수 없다.

Ⅵ 관료제와 민주주의

관료제의 가장 중요한 문제는 민주주의 문제라고 할 수 있다. 베버는 관료제에 의해 민주주의가 심각하게 훼손될 가능성에 대해 우려한 바 있다. 미국의 보수적인 정치 활동가였던 알랜 키즈(Alan Keyes)는 이러한 우려를 극단적으로 표현한다. "관료제는 본질적으로 반민주적이다. 관료들은 자신들이 봉사해야 하는 사람들과의 관계가 아니라 구조상의 지위에서 자신들의 권력을 이끌어낸다. 사람들은 관료제의 주인이 아니라 그것의 시민에 불과하다." 물론 우리는 현실적으로 관료제가 민주주의의 가치를 훼손하는 경우를 종종 목격하게 된다. 그럼에도 불구하고 관료제는 약간의 변형이 이루어지고는 있지만 여전히 건재하다. 이는 관료제가 민주주의를 위협하는 부분이 있기는 하지만, 다른 한편으로는 민주주의의 가치를 실현하는 데 기여하는 바가 있기 때문인 것으로 보인다. 따라서 "관료제는 민주주의에 대한 장벽이 아니라 필수적인 보완물이다(2003: 206)."라는 요셉 슘페터(Joseph Schumpeter)의 주장 역시 타당한 것으로 보인다. 그렇다면 관료제와 민주주의는 어떠한 관계에 있는 것일까? 에치오니-할레비(Etzioni-Halevy, 1983)는 민주주의와 관료제가 서로에 대해 딜레마 관계에 있는 것으로 본다.

1. 민주주의에 대한 관료제의 딜레마

관료제가 민주주의의 딜레마를 창출한다. 다시 말해서 관료제는 민주주의에 위협적이면서 동시에 기여하는 측면이 있다는 것이다. 관료제의 독자적인 활동영역과 권력이 강화될수록 민주주의에 위협적이다. 다른 한편으로는 정치적 비효율성과 부패를 방지함으로써 민주주의의 존립에 기여한다.

1) 관료제의 부정적 측면

관료제의 위협적인 측면을 살펴보자. 관료제는 고도의 정보처리능력을 발전시킴으로써 국민에게 적절한 서비스를 제공할 수 있는 능력을 향상시키고 있지만, 다른 한편으로는 그러한 정보처리능력이 국민의 사생활을 침해할 수 있는 가능성을 높이고 있다. 이는 개인의 자유와 권리를 핵심으로 하는 민주주의의 기본 정신을 훼손할 수 있다. '에드워드 스노든(Edward Snowden)의 폭로'와 '이탈리아 해킹팀'은 2000년대를 상징하는 놀라운 사건으로 기록될 것이다. 스노든은 2013년 6월 미국 정부가 9.11 테러 이후 블랙리스트에 오른 위험인물들을 감시하기 위해 개인정보 수집 계획인 프리즘(PRISM) 프로젝트에 착수하였는데, 그것이 사실은 미국 국민들과 세계 도처를 감시하는 빅브라더 효과를 지향한다고 폭로하여 세계를 경악케 하였다. 2015년 7월에는 해킹프로그램을 판매하는 이탈리아의 IT회사가 해킹을 당하는 아이러니한 사건이 발생하였다. "이탈리아 회사 '해킹팀'의 고객 명단에는 우리나라 외에도 미국, 독일, 러시아, 스위스를 포함해 수단, 칠레, 헝가리, 체코, 사우디아라비아, 이집트, 이스라엘, 싱가포르 등 30여 개국 90여 곳의 정보·수사기관이 포함돼 있다(조선닷컴, 2015.07.19.)." 이들이 구입한 해킹프로그램은 최신의 통신장비를 도감청할 수 있는 것이다. 이처럼 관료제는 국민의 사생활을 감시할 수 있는 능력을 더욱 강화함으로써 민주주의를 훼손할 가능성이 커지고 있다.

이와 더불어 관료제가 전문성과 정보력을 바탕으로 의회를 압도하는 경향이 강화되면서 의회에 의한 관료제의 통제가 제한됨으로써 민주주의가 훼손될 가능성이 증대하고 있다. 민주주의의 근간을 이루는 원리들 가운데 하나는 법을 만드는 기관과 법을 집행하는 기관을 분리함으로써 견제와 균형 속에서 권력의 집중을 막는 것이다. 그러나 의회는 입법과정에서 전문성과 정보의 상대적 열세 때문에 정부에 의존하는 정도가 커지고 있다. 게다가 정부입법의 비중도 더욱 커지고 있다. 따라서 의회에 의한 관료제의 통제가 매우 제한적일 수밖에 없다. 결국 권력의 집중을 막는 민주주의의 기본원리가 훼손될 가능성이 커진다.

2) 관료제의 긍정적 측면

관료제가 민주주의에 기여하는 측면을 살펴보자. 민주적 의사결정의 핵심적인 대상은 자원의 배분이다. 선거에서의 표를 가장 중시하는 정치인들이나 정당은 합리적인 자원배분보다는 지지표를 얻는 데 유리한 자원배분을 시도하는 기회주의적 성향이 강하다. 이는 민주적 의사결정의 본질적 의미를 훼손하는 것이다. 자원의 낭비와 비효율적 활용 문제에 대응하기 위해서는 정파적 이해관계를 초월해서 합리적 기준에 따라 자원을 배분함으로써 민주적 의사결정의 본질적 의미를 유지하는 노력이 필요하다. 관료제는 이러한 역할을 해왔고, 할 수 있다. 그러한 의미에서 관료제는 민주주의에 기여한다.

2. 관료제에 대한 민주주의의 딜레마

민주주의가 관료제의 딜레마를 창출한다. 민주주의는 관료제에 대해 상반되는 두 개의 신호를 동시에 보내고 있다는 것이다. 한편으로는 관료제가 정치적으로 중립적일 것을 요구하면서도, 다른 한편으로는 정치적일 것을 요구한다는 것이다. 정치적 중립은 관료제가 정파적 이해관계를 초월해야 한다는 것으로, 오로지 전문성과 합리적 판단에 따라 공공업무를 수행하라는 요구를 담고 있다. 그렇다면 민주주의가 관료제에게 정치적일 것을 요구하는 것은 어떠한 의미인가? 민주주의는 정당의 경쟁을 특징으로 한다. 정당들은 다양한 공약을 만들고 선거전에 참여한다. 유권자들은 공약을 보고 투표한다. 선거에서 승리한 정당은 유권자의 선택을 존중하여 공약을 시행한다. 이것이 민주주의의 기본과정이다. 집권당의 공약을 실현하는 역할은 관료제가 수행하게 된다. 그러니까 관료제는 승리한 정당을 위해 일을 해야 한다. 만일 관료제가 집권당의 공약을 성공적으로 실현한다면, 다음 선거에서 집권당이 다시 승리할 가능성이 커진다. 이러한 측면에서 보면, 관료제는 제도적으로 특정 정당을 지지하지 않을 수 없다. 이처럼 민주주의가 관료제에 대해 정치적 중립성과 정치적 편향성을 동시에 요구하는 역설 때문에, 관료의 행위는 정치적 논란의 대상이 될 수밖에 없다.

이명박 정부 출범 직전인 2008년 1월 대통령직 인수위원회의 국정홍보처 업무보고에서 유명한 말이 되어버린 '영혼 없는 공무원' 문제를 살펴보자. 이 말이 나오게 된 경위는 이렇다. 당시 인수위원들이 홍보처 폐지를 강조하자 홍보처 직원들은 "대통령중심제 하에서 국정홍보는 어쩔 수 없는 일이다. 우리는 영혼이 없는 공무원이다."라고 하소연하였다. 이후 '영혼 없는 공무원'은 일종의 관용구가 되어버렸다. 기존의 집권당이 선거에서 패하고 승리한 정당이 업무를 인수하는 과정에서 공무원들에게 "당신들은 왜 집권당을 이롭게 하는 일을 했는가?"라고 질문을 던지는 것은 공무원의 어쩔 수 없는 운명에 시시비비를 따지는 것이다. 공무원이 집권당의 정책을 수행하는 것은 공무원의 의무이다. 그런데 이것을 새로운 집권세력이 정치적으로 해석을 하면, 공무원의 행위는 정치적인 것이 될 수밖에 없다. 이러한 비판에 어떻게 답할 수 있을까? 제도적으로 정치적일 수밖에 없는데 정치적으로 중립적이어야만 하는 공무원의 미묘한 운명을 "공무원은 영혼이 없다."라는 말로 표현하여 많은 논란을 일으켰다. 영혼이 없는 공무원이라는 말은 어떤 맥락에서 읽느냐에 따라 그 의미가 달라진다. 이 말을 정치적인 맥락에서 읽으면, 영혼이 없는 공무원은 공무원의 정치적 딜레마를 피하기 위한 답변으로 해석될 수 있다. 어찌 보면 미묘한 정치적 딜레마에 빠져있는 공무원에게 그러한 말이 나오게 만든 질문이 오히려 문제일 수도 있다. 그러나 영혼이 없는 공무원이라는 말을 윤리적 맥락에서 읽으면, 그것은 매우 위험

표 8-1 민주주의와 관료제의 딜레마 관계

민주주의에 대한 관료제의 딜레마	관료제에 대한 민주주의의 딜레마
부정적 측면 • 개인의 사생활 훼손 가능성 • 관료제의 익히권력 압도	**민주주의가 보내는 상반된 신호** • 관료제는 정치적으로 중립적이어야 한다. • 관료제는 정치적이어야 한다.
긍정적 측면 • 정치인의 기회주의적 행위 견제 • 자원의 합리적 배분	

한 의미를 담고 있는 것으로 보인다. 공무원은 인간의 보편적 권리나 국민의 기본적인 권리 혹은 헌법의 정신에 대해 생각할 필요 없이, 오직 명령에게 복종하는 기계에 불과하다는 말로 해석될 수 있기 때문이다.

CHAPTER 09

책임의 원리

 톰슨(D.F. Thompson): 행정윤리의 가능성

아이히만 현상[1]은 행정윤리의 존재이유에 대해 근본적인 문제를 제기한다. 윤리적 판단이 가능하기 위해서는 행위주체가 판단능력이 있어야 하고, 윤리적 판단의 대상이 될 수 있어야 한다. 조직구성원의 무사유성과 무사유적 인간을 만들어내는 관료조직의 메커니즘 때문에 행정윤리의 전제조건이 흔들릴 수 있다. 톰슨(Thompson, 1985)은 이를 중립의 윤리와 구조의 윤리로 설명한 바 있다.

1. 중립의 윤리

중립의 윤리는 조직의 구성원들은 자신들의 개인적인 도덕원칙이 아니라 조직의 결정과 정책을 따라야 한다는 의미에서 중립적이라는 것이다. "공무원의 명예는 상위 권위의 명령을 마치 그 명령이 자신의 신념과 일치하는 것처럼 양심적으로 집행

---

1) 1961년의 예루살렘 전범재판에서 루돌프 아이히만(R. Eichmann)은 공무원으로서 상부의 명령을 충실하게 이행했을 뿐이기 때문에 자신은 범죄자가 아니라고 항변하였다. 이렇게 자신의 책임을 조직계층에 전가하는 현상을 아이히만 현상이라고 한다(Arendt, 2006).

하는 능력에 주어진다(Weber, 2007: 63)." 따라서 행정인은 독자적으로 도덕적 판단을 하지 않고, 조직의 목표를 실현하기 위한 도구로 이해되기 때문에 판단의 주체가 될 수 없다는 것이다. 그렇다면 중립의 윤리가 갖는 한계는 무엇인가?

첫째, 조직에서의 법과 명령은 세세한 행동에 초점을 맞추기보다는 대략적인 행위의 맥락을 제공한다. 관료는 그 맥락 안에서 재량권을 행사하게 된다. 재량권은 관료가 구체적인 행동의 방법을 스스로 선택할 수 있는 자유의지의 영역이다. 재량권과 관련해서 관료는 윤리적 판단의 주체가 될 수 있으며, 당연히 윤리적 판단의 대상이 될 수 있다.

둘째, 중립의 윤리는 관료에게 정책에 동의하면 조직에 남아 충성하고, 동의하지 않으면 조직을 떠나는 단 두 개의 선택지만이 존재하는 것으로 가정한다. 허쉬만(Hirschman, 2005)에 따르면, 관료에게는 조직을 떠나는 것(exit), 조직에 남아 충성을 다하는 것(loyal)과 비판의 목소리를 내는 것(voice) 등 세 가지 선택지가 있다는 것이다. 게다가 관료에게는 조직에 남아 있으면서도 반대의사를 표현할 수 있는 다양한 방법들이 있다. 이는 관료가 자유의지에 따라 선택할 수 있는 대안들이 존재한다는 것을 의미한다. 이처럼 다르게 행동할 수 있는 가능성이 존재할 때, 윤리적 판단은 가능해진다.

2. 구조의 윤리

구조의 윤리는 결정과 정책 그리고 그것의 집행결과에 대한 책임은 관료가 아니라 조직 혹은 정부 전체에 있다는 것이다. 관료 개인에게 책임을 물을 수 없는 이유는 다음과 같다. 첫째, 조직 활동의 최종결과는 '많은 손(many hands)'에 의해 만들어진다. 둘째, 개인적 의도와 집단적 결과는 다를 수 있다. 가령 개인이 선한 의지를 가지고 역할을 수행한 것이 조직적으로 다른 결과를 가져올 수 있다. 셋째, 공직의 의무와 조직의 일상적인 일들이 개별적인 행동을 요구하는데, 개별적인 행동들이 결합하여 나쁜 정책과 결과를 가져올 수 있다.

그렇다면 구조의 윤리가 갖는 한계는 무엇인가? 첫째, 윤리는 단지 개별 행위자를 대상으로 하는 것이 아니다. 구조 역시 윤리적 판단의 대상이 될 수 있다. 구조는 저절로 작동하는 것이 아니라 그것을 구성하는 행위자들에 의해 작동된다. 구조적 결과가 행위자들의 의도와 다르게 나타났다 하더라도, 결국은 행위자들의 개별행위와 연관되어 발생한 것이기 때문에 행위자들이 윤리적 책임으로부터 자유롭다고 할 수는 없다. 따라서 집단적으로든 개별적으로든 책임을 묻는 방식에 대한 논의는 불가피하다.

둘째, 나쁜 결과의 발생에 직접적으로 원인을 제공한 행위뿐만 아니라 나쁜 결과를 막는 일을 회피하거나 실패한 경우 역시 윤리적 책임으로부터 자유로울 수 없다. 행위가 가져올 의도된 결과 이외에도 '의도하지 않은 결과들'이 발생할 가능성에 대한 대비책의 마련 여부는 윤리적 판단의 대상이 될 수 있다. 이러한 의미에서 보면, 아이히만 현상은 행정윤리의 존재이유를 흔들고 있다기보다는 오히려 행정윤리의 지평을 넓히는 계기가 될 수 있을 것이다.

II 롬젝과 더브닉(B.S. Romzeck & M.J. Dubnick): 책임의 유형

1. 행정책임의 의미와 분류기준

행정책임은 공공기관과 그 구성원들이 조직의 안과 밖에서 갖는 다양한 기대를 관리하는 것을 의미한다. 행정책임은 통제의 원천과 통제의 강도를 기준으로 유형화될 수 있다. 통제의 원천은 내적 통제와 외적 통제로 분류된다. 내적 통제는 공식적인 계층관계에 내재하는 권위 또는 기관 안에서의 비공식적인 관계에 내재하는 권위에 의한 통제를 말한다. 외적 통제는 법률이나 법적 계약에서 체결된 공식적인 합의에 의한 통제 또는 기관 외부의 이해관계자들에 의한 비공식적인 권력의 행사에 의한 통제를 말한다. 통제의 정도는 공공기관이나 그 구성원들에게 부여되는 재량권에 따라 강한 통제와 약한 통제로 분류된다. 통제의 원천과 통제의 강도를 교차하여 [표 9-1]과 같이 네 가지 행정책임을 유형화할 수 있다.

표 9-1   책임의 유형

기관통제의 원천 통제의 정도	내적 통제	외적 통제
높음	계층적 책임	법적 책임
낮음	전문가적 책임	정치적 책임

Romzeck & Dubnick(1987: 229)

2. 행정책임의 유형

1) 계층적 책임(관료제적 책임)

계층적 책임은 관료제에서 가장 일반적으로 적용되는 책임유형이다. 관료들의 기대들은 계층상의 최상층에 있는 사람들의 우선적인 관심사에 맞추어 관리된다. 감독 통제는 폭넓은 기관 활동의 영역에 강력하게 적용된다. 계층적 책임은 두 개의 요소로 구성된다. 하나는 상급자와 당연히 명령을 따라야 하는 하급자 간의 조직화되고 정당한 관계이며, 다른 하나는 강력한 감독 또는 감독을 대신하는 표준운영절차와 같은 대리체제나 분명하게 언명된 규칙이나 규정이다.

2) 법적 책임

법적 책임은 계층적 책임과 마찬가지로 관료제에서 폭넓게 적용되는 책임유형이다. 그러나 계층적 책임과는 달리 법적 책임은 기관 밖의 행위자들과 기관 간의 관계를 토대로 한다. 외부의 통제자들은 법적 제재를 부여하거나 공식적인 계약의 의무를 주장할 수 있는 위치에 있는 개인이나 집단이다. 전형적으로 외부의 통제자들은 관료들이 반드시 수행해야 하는 법과 정책을 만든다. 정책적 차원에서 보면, 외부의 통제자는 법제정자이고, 관료는 집행인이다.

법적 책임의 통제자와 피통제자 간의 관계는 계층적 책임의 상급자와 하급자 간의 관계와 다르다. 계층적 책임에서 책임 관계는 계층적이고, 계층적 책임은 하급자에게 상벌을 부여할 수 있는 상급자의 권한에 토대를 둔다. 그러나 법적 책임에서 책임 관계는 상대적으로 자율적인 행위자들 간의 관계이며, 공공기관과 법적 통제자 간의 공식적인 또는 암묵적인 계약관계를 의미한다. 법적 책임의 대표적인 예는 국회가 법을 만들고, 관료가 그 법을 집행하는 경우이다.

3) 전문가적 책임

전문가적 책임은 정부가 기술적으로 어렵고 복잡한 문제를 점점 많이 다루게 되면서 큰 관심을 받게 되었다. 어렵고 복잡한 문제에 부딪히게 되면 관료들은 적절한 해결책을 제공해 줄 수 있는 전문적인 관료들에게 의존하게 된다. 그러한 관료들은 자신들의 행동에 대해서 완전한 책임을 지며, 기관의 리더들에게 자신들이 최선을 다할 수 있도록 자신들을 신뢰하라고 요구한다. 그들은 실패하면 비난을 받거나 해고될 수 있다. 실패하지 않는다면 일을 하는 데 충분한 재량권을 부여받을 것이다. 이처럼 전문가적 책임은 조직 활동에 대한 통제권을 전문가 관료의 손에 맡기는 것을 특징으로 한다. 전문가적 책임의 핵심은 전문가에 대한 존중이다. 물론 외부의 전문가협회들이 간접적으로(교육이나 전문가적 표준을 통해) 기관 내부의 전문가 관료의 의사결정에 영향을 미칠 수는 있으나, 통제의 원천은 본질적으로 기관의 내부에 위치한다.

전문가적 책임에서 책임 관계는 계층적 책임과 같이 상급자가 통제자이고 하급자가 피통제자인 관계와 다르다. 전문가적 책임 관계는 비전문가와 전문가의 관계로서 기관의 관리자는 비전문가의 역할을 하고, 전문가 관료는 전문성을 요하는 중요한 결정을 한다.

4) 정치적 책임

정치적 책임은 민주주의 체제에서 강조되는 책임이다. 전문가적 책임이 전문가에 대한 존중을 특징으로 한다면, 정치적 책임은 국민의 요구에 대한 반응성을 특징으로 한다. 정치적 책임은 마치 선출된 대표(이 경우에는 관료)와 유권자(관료가 책임져야 할 사람들)의 관계와 같다. 그렇다면 관료는 누구를 대표하는가? 잠재적 유권자로는 공중 일반, 선출직 공직자, 기관의 최고위층, 기관의 고객, 다른 특수한 이익집단들 그리고 미래세대 등이 있다. 관료는 유권자의 정치적 선택과 요구에 응답하여야한다. 정치적 책임이 행정에서 편애주의와 부패를 야기할 수도 있지만, 그것은 좀 더개방적이고 대의적인 정부를 위한 토대로서 기여한다.

책임 유형들에 내재된 책임 관계의 특성을 비교해보면 [표 9-2]와 같다.

표 9-2 책임 관계 비교

책임의 유형	책임 관계	관계의 토대
계층적 책임	상급자/하급자	감독
법적 책임	법 제정자/법 집행자 주인/대리인	수탁
전문가적 책임	비전문가/전문가	전문가에 대한 존중
정치적 책임	유권자/대표	유권자에 대한 반응

Romzeck & Dubnick(1987: 230)

3. 책임유형의 선택

공공기관에 적합한 통제의 유형은 어떤 것일까? 어느 하나의 책임유형을 선택하는 것은 무의미하다. 공공기관에서는 네 가지 책임체계를 모두 작동시켜야 한다. 다만 어떤 유형의 책임에 보다 많은 비중을 두어야 할 것인가를 결정해야 할 때는 기관의 과업의 성격, 기관의 주도층이 채택하고 있는 관리전략 그리고 기관의 제도적 맥락 등을 종합적으로 고려할 필요가 있다.

  하몬(M. Harmon): 책임의 패러독스

1. 책임의 구성요소와 합리주의적 책임관

행정책임의 구성요소는 행위주체, 제도적 책임, 의무이다(Harmon, 1995: 19-27). 행위주체(agency)에 책임을 물을 수 있는 기본적인 조건은 행위의 자발성, 원인성, 의도성이다. 행위가 강제나 무지에 의한 것이 아니라 자유의지에 따른 것이어야 한다. 행위주체의 행위가 사건 발생에 원인을 제공한 것이어야 한다. 행위주체가 그 사건 발생을 의식적으로 의도한 것이어야 한다. 제도적 책임(accountability)은 행위에 대한 해명을 요구하고 응답하는 제도화된 권력관계, 행위에 대한 설명의 요구와 그에 대한 응답(answerability), 대안적 행동의 가능성(다르게 행동할 수 있는 가능성)에 대한 해명 등을 내용으로 한다. 의무(obligation)는 해야 하거나 해서는 안 되는 것을 의미하는 당위를 말한다. 이는 두 가지 측면을 갖는다. 하나는 제도적 권력관계에서 파생되는 복종의 의무로서 도덕적으로 중립적이다. 다른 하나는 보편적 도덕원칙을 따라야 하는 의무이다. 개념적으로 행위주체가 도덕원칙에 따라 제도적 책임을 수행할 때, '행정의 윤리적 책임'이 실현 가능한 것으로 볼 수 있다.

도구적 합리성에 기초한 '합리주의적 책임관'에서는 행위주체, 제도적 책임, 의무의 성격이 변질된다. 행위주체의 자발성, 원인성, 의도성 가운데 원인성만이 주요 요소가 된다. 의무는 보편적인 도덕원칙보다는 제도적 권력에 대한 복종을 의미한다. 결과적으로 복종의 의무와 행위주체의 원인성을 기초로 책임을 묻고 그에 응답하는 제도적 책임이 합리주의적 책임관의 핵심을 이룬다. 따라서 개인적 책임은 유의하지 않다(Harmon, 1995: 39).

2. 행정책임의 역설

행정책임에는 역설이 내재한다. 다시 말해서 행정책임의 구성요소인 행위주체, 제도적 책임, 그리고 의무에는 역설이 존재한다. 역설은 상반된 성격을 갖는 경향성이 동시에 존재하는 상황을 말한다. 상반되는 경향성들이 서로를 끌어당기는 관계에 있는 경우는 행정의 윤리적 책임을 확보하는 데 도움이 된다. 그러나 상반되는 경향성들이 반발하여 밀어내는 관계에 있는 경우에는 대체로 병리적인 현상이 나타나게 된다. 합리주의적 책임관이 행정책임에 내재하는 역설에 어떠한 영향을 미치는지 살펴보자.

1) 의무의 역설

개인에게는 따라야 할 규범을 창조하거나 선택할 수 있는 자유가 있다. 다른 한편으로 개인에게는 사회적 관계에서 발생하는 제약을 준수해야 할 책임이 있다. 이처럼 의무에는 규범을 선택할 수 있는 자유지향성과 자유를 제약하는 책임지향성이 공존한다. 두 개의 상반되는 경향성 사이에 끄는 힘이 작용한다면 균형 있는 의무감이 형성될 수 있다. 그러나 두 경향 사이에 미는 힘이 작용한다면 어느 한 방향으로 치우치게 된다. 극단적인 자유지향성은 자신의 이익에 몰두하는 기회주의로 흐를 가능성이 있다. 극단적인 책임지향성은 개인이 주체성을 잃고 제약에 순종하는 도구로 전락할 가능성이 있다. 합리주의적 책임관은 도덕원칙을 스스로 세우는 자유를 억압하고 조직의 원칙에 복종해야 하는 의무를 장려한다. 그러다 보면 자유는 기회주의로 변질되고, 개인은 목적을 위한 도구로 전락될 수 있다(Harmon, 1995: 112, 119).

2) 행위주체의 역설

행위주체는 위임된 범위 안에서 재량권을 가지고 목표를 추구하는 존재이다. 다른 한편으로 행위주체는 제도화된 상벌체계에 의해 수동적으로 복종하는 존재이다. 행위주체에는 자율지향성과 타율지향성이 공존한다. 두 개의 상반된 경향성 사이에 끄는 힘이 작용하면, 균형 있는 행위주체의 형성이 가능하다. 그러나 두 경향성 사이에 미는 힘이 작용하면, 어느 한 방향으로 치우치게 된다. 극단적인 자율지향성은 행위주체에게 모든 책임을 묻는 데 반발하여 책임을 전가하는 행동을 조장할 수 있다. 극단적인 타율지향성은 행위주체에게서 모든 책임을 면제해야 하기 때문에 조직은 조직의 실패를 은폐하기 위해 희생양을 만드는 기제를 작동시킬 수 있다. 합리주의적 책임관은 타율지향성을 자극하여 행위주체에게 책임전가의 기회를 제공하며, 다른 한편으로는 조직실패에 대해 책임질 희생양을 만드는 기제를 발달시킨다(Harmon, 1995: 150).

3) 제도적 책임의 역설

제도적 책임은 한편으로는 시민과 의회의 결정에 응답해야 하는 정치적 책임을 의미하며, 다른 한편으로는 전문성, 경험, 직업윤리에 따라 정책을 형성하고 집행해야 하는 전문적 책임을 의미한다. 제도적 책임에는 정치적 책임지향성과 전문적 책임지향성이 공존한다. 두 개의 상반된 경향성 사이에 끄는 힘이 작용하면, 균형 있는 제도적 책임을 확보할 수 있다. 그러나 두 경향 사이에 미는 힘이 작용하면, 어느 한 방향으로 치우치게 된다. 극단적인 정치적 책임지향성은 전문적 문제해결의 가능성을 약화시킬 수 있다. 극단적인 전문적 책임지향성은 시민과 의회에 대한 응답자로서의 역할을 약화시킬 가능성이 있다. 합리주의적 책임관은 기술적 합리성을 체현할 수 있는 전문성을 강조한다. 따라서 제도적 책임의 본래적 의미인 응답의 기능을 약화시킬 가능성이 있다(Harmon, 1995: 186 – 187).

행정책임에 내재하는 역설은 극단으로 흐르면 병리적으로 왜곡될 수 있다. 도구적 합리성을 토대로 하는 합리주의적 책임관은 특히 그럴 가능성이 크다. 합리주의적 책임관에 의해 책임의 역설이 파괴적으로 전개된다면, 행정의 윤리적 책임을 확보하는 것은 불가능하다.

3. 윤리적 무능과 행정악

'거대한 톱니바퀴와 이'는 관료조직과 관료의 관계를 상징하는 은유이다. 이 은유에 따르면, 관료조직의 모든 활동은 기술적인 문제가 된다. 따라서 관료조직을 지배하는 유일한 이념은 기술적 합리성이라고 할 수 있다. 기술적 합리성은 과학적 – 분석적 사고방식과 기술적 진보에 대한 믿음을 내용으로 한다(Adams & Balfour, 2009: 28). 과학적 – 분석적 사고방식은 인과법칙에 근거하여 생각하고, 전체를 부분으로 분해해서 생각하는 방식을 말한다. 그것은 모호한 가치나 의미를 추구하는 것이 아니라, 명백한 사실에 초점을 맞춘다. 기술적 진보에 대한 믿음은 모든 문제는 기술적으로 해결이 가능하다는 신념을 말한다. 기술적 합리성은 전체와 부분의 관계를 기능적 관계로 본다. 부분이 제기능을 하지 못하는 경우 문제가 발생한다. 그 문제는 기술적인 문제이다. 기술적 합리성은 고장난 부분의 기능을 기술적으로 회복시키는 것이다. 이러한 의미에서 기술적 합리성은 만하임(Mannheim, 1940: 53)의 기능적 합리성과 유사하다. 기능적 합리성은 일련의 행위들이 목표를 이루는 데 적합하게 조직되고, 각각의 행위들에 대해 적절한 기능적 역할과 지위가 부여된 경우를 의미한다. 기술적 합리성은 도구적 이성에 초점을 맞춘다. 본래 이성은 목표를 이루는 데 적합한 수단을 찾아내는 능력뿐만 아니라 규범적이고 윤리적인 사고능력을 동시에 가지고 있는데, 그 가운데 전자의 능력만을 기형적으로 키우고 장려한다. 영혼 없는 전문가는 바로 기술적 합리성이 체현된 인간이다.

애덤스와 밸포(Adams & Balfour, 2009)는 기술적 합리성에서 '행정 악(administrative evil)'의 가능성을 본다. "행정 악의 일반적인 특징은 정상적인 전문적, 행정적 역할을 맡고 있는 평범한 사람들이 자신들이 나쁜 무엇인가를 하고 있다는 사실을 깨닫지 못한 채 악한 행위에 가담할 수 있다는 것이다(xxxii)." 행정 악은 사회적 현상으로서 공사를 불문하고 모든 종류의 복잡한 조직에 존재한다. 행정 악은 사람들에 의해 명백하게 인식되는 경우도 있지만, 대체로 가면에 가려져 있기 때문에 사람들이 그것을 쉽게 알아챌 수 없다는 데 심각성이 있다. 따라서 애덤스와 밸포는 그 가면을 벗기는 것이 행정 악을 극복하기 위한 출발점이 될 것이라고 생각한다.

Ⅳ 영(I. Young): 공유적 책임론(사회적 연결모델)

합리주의적 책임관에 의하면, 행정책임은 적극적으로 조직구성원의 순응을 유도하고, 소극적으로는 일탈을 막는 기제이다. 그러한 행정책임은 개인들에게 윤리적 도피처를 제공한다(Harmon, 1995). 그것은 행정책임으로부터 윤리성을 배제한다. 현대 사회에서 강력한 지배력을 가지고 있는 관료제의 합리주의적 책임론은 사회의 윤리적 책임관에 부정적인 영향을 미치게 될 것이다. 따라서 윤리적 책임에 민감한 — 윤리적 무사유성에서 벗어나 윤리적 사유성을 지향하는 — 행정책임론을 구축해야 할 필요성이 있다. 그것은 단순히 관료조직의 자정노력에 기대하는 것이어서는 안 된다. 관료조직 자체가 합리주의적 책임관을 심화시키는 관성을 가지고 있기 때문이다. 따라서 관료조직을 둘러싼 사회의 윤리적 압력이 관료제의 책임윤리에 내재하는 역설을 자극함으로써 상반되는 경향들 사이에 끄는 힘이 작용하게 만들 수 있는 방법을 찾아야 할 것이다. 여기에 한 가지 더 고려할 것은 조직의 복잡성과 사회의 복잡성으로 인해 조직과 사회에 내재하는 악의 가능성이 언제, 어디서, 어떻게 현재화될지 예측하기 어렵다는 것이다. 불확실성은 윤리관을 구성하는 데 매우 중요한 제약조건이 되어야 한다. 따라서 행정의 윤리적 책임을 강화하기 위한 논의의 지향점은 사회 및 조직 활동이 가져올 결과의 불확실성에 대비하여 사회적 책임의 공유를 통해 조직구성원을 보편적 도덕에 민감하게 만드는 것이 되어야할 것이다.[2]

이와 관련해서는 영(Young, 2013)의 사회적 연결모델에 의존해서 행정의 윤리적 책임을 확보하는 데 필요한 몇 가지 조건들에 대해 생각해보고자 한다. 사회적 연결모델은 사회의 구조적 악은 의식적이건 무의식적이건 사회구성원들의 행위를 통해 현실화되는 것이기 때문에 사회구성원 모두가 구조적 악에 대해 책임을 공유해야 한다는 논리를 대전제로 한다. 이 모델에 따르면, 관료제가 생산하는 구조적 악 역시 시민들이 함께 공유해야 할 책임의 대상이라고 하겠다. 관료제의 윤리적 책임성을 강화하기 위한 시민들의 참여는 일종의 윤리적 의무라는 것이다. 관료 및 시민이 책임을 공유하는 것의 의미와 방식에 대해 좀 더 자세히 살펴보자.

첫째, 관료제가 생산하는 악에 대해 책임 있는 사람과 책임 없는 사람의 구별이 있을 수 없다. 관료제에서는 계층제와 분업의 원리에 따라 책임의 소재를 명확히 하고자 한다. 이를 기준으로 공과에 대한 응분의 상벌을 부여한다. 관료제에서의 책임은 책임이 있는 사람과 그렇지 않은 사람을 명확히 구분할 수 있다는 가정에 근거한다. 그러나 조직 활동의 결과는 어느 한 사람이 아니라 '많은 손'에 의해 이루어진다.[3] 따라서 특정인에게 결과에 대한 책임을 묻는 것은 당연하지만, 그것만으로는 한계가 있을 수밖에 없다. 관료조직에 의해 시행되는 제도와 정책들은 다양한 사회적 행위자들

---

2) 관료조직 내부에 윤리적인 문화를 안착시키기 위해서는 당연히 조직 안에 그와 관련된 다양한 제도들이 마련되어야 한다. 문제는 그러한 제도들이나 정책 혹은 지침들이 없다는 데 있는 것이 아니라 그러한 것들이 마련되어 있음에도 불구하고 제대로 작동하지 않는다는 데 있는 것이다. 가령 내부고발의 경우도 법적으로 보호의 대상이지만, 내부고발자를 배반자로 낙인찍는 조직풍토 때문에 보호가 적절히 이루어지지 않게 되고 그렇게 되면 내부고발을 기대하기 어렵다. 시민사회가 내부고발자에 대한 지지나 보호를 요구한다면 그러한 조직풍토는 완화될 가능성이 크다. 이러한 의미에서 이 글은 시민의 윤리적 압력이 관료조직의 윤리적 민감성을 강화할 수 있을 것이라 전제하고, 이에 초점을 맞춘다.
3) '많은 손'은 일반적으로 책임회피의 논리로 이용되고 있다. 여기에서는 그것이 책임회피보다는 오히려 모두에게 책임이 있다는 논리로 재해석될 수 있다고 본다.

의 수행에 의해 실현된다. 따라서 전체적인 제도와 정책에 의해 만들어진 결과에 대해 관료조직에만 전적으로 책임이 있다고 말하기도 어려워진다. 그러한 제도와 정책을 요구한 시민이나 그것을 만든 의회와 관료조직, 그리고 그 제도와 정책을 충실히 따르는 시민들은 궁극적인 결과에 기여하는 것으로 볼 수 있다. 따라서 악의 생산에 직접적으로 기여한 관료들이 처벌을 받았다고 해서 다른 사람들의 책임이 면제되거나 관련된 문제들이 종결되는 것이 아니다. 직접적으로 악을 행하지는 않았지만, 간접적으로 그것을 가능하게 했던 관료들과 정치적 통제에 충실하지 못한 의회 및 시민들 역시 책임으로부터 자유로울 수 없다. 이들 역시 어떤 형태로든 책임을 져야 한다(Young, 2013: 186). 특정 개인에게 책임을 지게 하는 것(taking responsibility)만으로는 한계가 있다. 책임은 공유하는 것이어야 한다(sharing responsibility, May, 1992). 이러한 의미에서 관료뿐만 아니라 시민에게는 관료제가 생산하는 악에 적극적으로 대응해야 할 의무가 있다고 하겠다.

둘째, 관료제가 생산하는 악에 대한 민감성이 떨어지는 이유는 일반적으로 관료제에서 이루어지는 조직 활동을 정상적인 것 혹은 당연한 것으로 보는 데서 기인한다. 따라서 관료와 시민은 행위의 일탈뿐만 아니라 정상성 역시 윤리적 판단의 대상으로 삼아야 한다. 일반적으로 법, 제도, 정책, 조직의 규칙 등을 위반했을 때 책임을 묻게 된다. 다시 말해서 책임은 일탈에 대한 설명을 요구하는 것이다. 그러나 문제는 일탈이 없음에도 불구하고 악이 발생할 수 있다는 사실에 있다. 일탈에 초점을 맞추게 되면, 모든 구성원들이 주어진 법, 제도, 정책, 조직의 규칙을 충실하게 준수하고 이행했음에도 불구하고 발생할 수 있는 악에 대해서는 책임을 물을 수 없다. 그렇게 발생한 악은 단지 부수적인 피해 정도로 치부될 수밖에 없다. 이러한 경우 문제는 사람에 있는 것이 아니라 법, 제도, 정책, 조직의 규칙과 같은 행위의 맥락이나 배경에 있는 것으로 볼 수 있다. 행위자들에게 이러한 배경이나 맥락은 당연한 것, 혹은 정상적인 것으로 받아들여지는 것이 일반적이다. 그러나 정상과 비정상의 기준은 지배 담론에 의해 구성되는 것으로서 절대적인 것이 아니라 상대적인 것이다. 따라서 정상적이라고 생각하는 것이 가져올 수 있는 악의 가능성에 대해 경계를 늦춰서는 안 된다. 시민들은 자신들이 당연하다고 생각하는 것에 대한 비판에 귀를 기울일 뿐만 아니라 관료들이 당연하다고 생각하는 것에 대한 윤리적 비판을 지속적으로 제기함으로써 그들을 행정의 윤리적 책임에 보다 민감하게 만들어야 한다(Young, 2013: 188).

셋째, 일반적으로 책임은 사후적 책임에 초점을 맞추고 있지만, 불확실성이 증대하는 상황에서는 예방적 책임 역시 중요하게 인식되어야 한다. 책임은 어떤 약속을 파기한 것에 대해 물을 수 있는 것이지 앞으로 파기할 생각이 있는지 없는지에 대해 묻는 것이 아니다. 이처럼 책임은 일반적으로 회고적인 시간관을 갖는다. 기술적 합리성은 목표 지향적이다. 목표를 향해 가는 과정에서 발생할 수 있는 악의 가능성이나 목표의 실현 자체가 의도하지 않은 악을 가져올 가능성은 항상 존재한다. 법, 제도, 정책, 조직규칙, 기술이 가지고 있는 관성이 언제, 어디서, 어떠한 결과를 가져올지 예측하기 어렵다. 그런 의미에서 우리는 위험사회(Beck, 1992)에 살고 있다고 할 수 있다. 위험사회에 적합한 윤리담론은 사후적인 책임을 묻는 것 뿐만 아니라 사전적인 예방적 책임을 묻는 것까지 확장되어야 한다(Jonas, 1984; 임의영 외, 2007: 141-144). 따라서 환경생태계에 대한 기술적 위험을 예방하기 위한 책임윤리의 원칙으로서 사전예방원칙은 사회일반에도 적용되어야 한다. 사전예방원칙은 "인간 혹은 환경에 심각한 손상의 위협이 있을 때, 비록 결정적인 과학적 증거가 없다 하더라도 이러한 손상을 예방하기 위한 조치를 취해야 한다는 원칙이다(Jesen, 2002; 임의영 외, 2007: 149)." 이를 사회영역 일반으로 확대하면, 행정행위가 가져올 악의 위험에 대해 예방적 조치를 취해야 한다는 것이다.

넷째, 책임을 공유하는 방식은 정치적 참여이다. 정치는 정당과 의회를 중심으로 이루어지는 제도화된 권력투쟁을 의미하기도 하며 공론영역에서 시민들 간에 이루어지는 토론, 설득, 합의의 과정을 의미하기도 한다. 여기에서 말하는 정치는 후자를 말한다. 구조에 의해 생산되는 악은 개개인의 정상적인 활동들에 의해 이루어진 것이다. 구조의 악에 대한 책임을 공유하는 방식은 공론영역에 참여하는 것이다. 공론영역에서의 토론에 기대를 거는 이유는 그것이 개인적 차원이나 집단적 차원에서 이익이나 의견의 다양성이나 관점의 이질성이 노정될 수 있는 계기를 제공하기 때문이다. 이익과 의견은 주로 이익집단, 공익단체, 정당 등에 의해 표출된다. 관점은 구조적으로 상이한 위치에 있는 사람들을 대표하는 의식적인 사회집단(social group)에 의해 표출된다.[4] 이들은 구조적으로 상이한 위치에서 사회화되었기 때문에 상이한 관

---

4) 사회집단은 가부장적인 사회구조에서의 여성, 인종차별적인 사회구조에서의 유색인종, 비장애인 중심적인 사회구조에서의 장애인 등과 같이 사회구조에 의해 사회적 약자나 소수자로 타자화되고 특유의 관점을 공유하는 집단을 말한다.

점을 가질 수밖에 없다. 구조의 정상적인 작동에 의해 형성된 이러한 사회집단은 구조에 의해 형식적으로는 포함되어 있으나 실질적으로는 배제된 사람들을 대표하기 때문에 구조적 악의 본질을 폭로할 수 있는 위치에 있다(Young, 2000: 133-141). 따라서 이익, 의견, 관점의 소통이 이루어질 수 있는 공론영역이 활성화된다면, 개개인의 정상적인 활동을 통해 악이 생산되는 구조의 위험성을 인지할 수 있는 가능성이 커진다. 공론영역에서 위험에 관한 소통을 통해 구조에 의해 생산되는 악을 알리는 경보음이 울리면 관료조직이 긴장하게 될 것이고, 그 구성원들의 악에 대한 감각이 깨어날 수 있을 것이다. 시민의 정치적 행동은 행정의 윤리성 확보에 결정적인 기여를 할 수 있을 것이다. 따라서 행정의 윤리적 책임성을 심화하기 위한 조건은 다음과 같이 압축적으로 표현될 수 있을 것이다. "문제는 정치야, 바보야!"(It's the politics, stupid!)[5]

---

5) 1992년 미국 대통령 선거에서 빌 클린턴 후보가 사용했던 표어 "문제는 경제야, 바보야!(It's the economy, stupid!)"를 패러디한 것이다.

관료제 비판과 탈관료제

CHAPTER 10

관료제 비판

관료제는 사람들이 목표를 달성하는 조직적 방법으로서 매우 유효하다. 사람들은 어떤 의도나 기대를 가지고 관료제를 설계하고 운영하는데, 그 결과가 반드시 의도하거나 기대한 것이라는 보장은 없다. 즉 기대하지 않은 또는 의도하지 않은 결과가 얼마든지 발생할 수 있다는 것이다. 기대하지 않은 결과 또는 의도하지 않은 결과는 머튼이 제시한 개념으로서 의도하지 않았거나 예측하지 못한 목적적 행위의 결과를 말한다. 의도하지 않은 결과가 발생하게 되는 이유는 인과관계에 대한 지식이 전혀 없는 무지, 문제에 대한 불완전한 분석에서 기인하는 오류, 장기적인 이익을 압도하는 단기적인 이익에의 집착, 장기적으로 이루어지는 기본적인 가치들의 변화, 어떤 결과에 대한 공포 때문에 문제가 발생하기도 전에 해결책을 찾도록 자극하는 자기기만적 예언 등에서 찾을 수 있다(Merton, 1996). 그렇다면 어떤 목표를 이루는 데 기술적으로 매우 우월한 관료제에서는 어떠한 의도하지 않은 결과들이 발생할 수 있는지를 살펴보자.

Ⅰ 머튼(R. Merton): 통제와 목표대치[1]

머튼은 역기능적인 조직학습에 관심을 갖는다. 사람들은 조직에 기대하지 않는 결과를 가져온다 할지라도 어떤 상황에서 선택한 행동이 자신에게 유익하면 그 행동을 학습하게 된다. 그리고 유사한 상황에서 그러한 행동을 반복하게 된다. 머튼은 조직 구성원들의 성격 변화는 조직의 구조적 요인들에 의해 야기된다고 주장한다. 여기에서 성격은 어떤 자극과 그에 대한 특정한 반응 간의 상당히 안정적이고 일관된 관계 패턴을 말한다. 그러한 반응패턴으로서 성격은 쉽게 변하지 않는다.

그림 10-1 통제와 목표대치

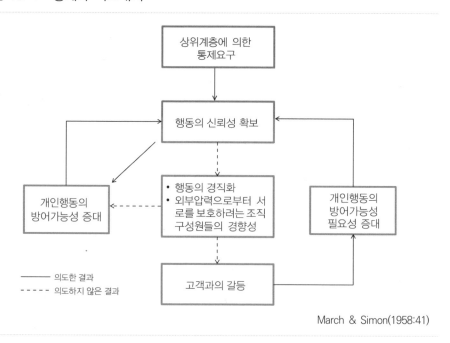

March & Simon(1958:41)

머튼의 주장은 조직 최고위층의 통제에 대한 관심에서 시작된다. 이러한 관심은 조직 내에서 구성원들의 '행동의 신뢰성'을 확보하기 위한 것이다. 요컨대 조직의 최고위층의 입장에서 통제는 행동의 책임성과 예측 가능성을 확보하기 위한 것이다.

---

1) Ⅰ～Ⅲ절은 March & Simon(1958: 36－47)을 참조하여 기술함.

행동의 신뢰성을 확보하기 위해 이용되는 기술은 소위 기계적 인간행동 모델이라는 것이다. 즉 통제는 표준작업절차(SOP)를 구축하여 이러한 절차가 적절히 준수되고 있는가를 감독하는 방식으로 이루어진다. 행동의 신뢰성을 확보하기 위한 통제는 세 가지 중요한 결과를 가져온다.

(i) 사적인 관계의 양이 줄어든다. 관료제는 업무들 또는 역할들 간 관계들의 총화이다. 관료는 고유한 개인으로서가 아니라 특정한 권한과 의무가 부과된 직위의 대표자로서 다른 구성원들에게 반응한다. 경쟁은 매우 제한된 범위 안에서 이루어진다. 평가와 승진은 개인의 업적과 상대적으로 독립적이다. 예컨대 연공서열에 의한 승진이 주가 된다.

(ii) 구성원들에 의한 조직규칙의 내면화가 강화된다. 본래 조직의 목표를 달성하기 위해 만들어진 규칙들이 조직목표와 상관없이 중요한 가치를 갖게 된다. 요컨대 목표대치 현상이 발생하게 된다. 목표대치는 상이한 두 개의 경로로 이루어진다. 하나는 사람들이 규칙에 따라 행동함으로써 바람직한 결과를 얻게 되면, 그러한 행동을 반복하는 과정에서 최종적인 목표보다는 도구적 행동에 관심을 갖게 되는 경우이다. 다른 하나는 규칙을 따르는 행동이 원래는 기대하지 않았던 바람직한 결과를 부가적으로 가져오는 경우이다(예컨대 자기방어에 유익한 결과). 그렇게 되면 도구적 행동은 본래 기대했던 결과를 가져오지 않을 때조차도 긍정적인 가치를 갖게 된다. 두 번째 경우에서 조직 안에서 구성원들이 조직이 요구하는 행동을 하면서 새로운 성격적 특성을 갖게 되는 것을 볼 수 있다.

(iii) 의사결정의 기법으로서 범주화의 이용이 증대된다. 범주화는 가장 기본적인 사고 기제이다. 여기에서 나타나는 특징은 사용되는 범주들을 상대적으로 적게 하여, 사용 가능한 다른 범주들을 탐색하기보다는 공식적으로 적용할 수 있는 범주만을 사용하는 것이다. 의사결정과정에서 범주화 기제의 사용이 증가하면 대안탐색의 양이 감소하게 된다.

사적인 관계의 감소, 규칙의 내면화 강화, 대안탐색의 감소는 조직 구성원들의 행동에 대한 예측 가능성을 높여준다. 이들은 구성원들의 행동의 경직성을 증대시키는 결과를 가져온다. 동시에 사적 관계의 감소는 집단정신의 발전을 촉진한다. 다시 말해서 그것은 조직구성원들이 목표를 공유하는 정도를 강화한다. 목표, 이익, 성향을 공유하고 있다는 인식은 조직구성원들이 외부의 압력으로부터 서로를 방어하려는 경향성을 증대시킨다. 이는 다시 행동의 경직화 경향을 강화한다.

행동의 경직화는 세 가지 중요한 결과를 가져온다. 첫째, 그것은 행동의 신뢰성에 대한 본래의 관심을 상당부분 충족시켜준다. 따라서 그것은 체제의 유지 욕구를 충족시킨다. 게다가 이러한 종류의 욕구들은 내집단의 동일화를 강화함으로써 충족된다. 둘째, 그것은 개인의 행동의 방어가능성을 증대시킨다. 개인적인 특성과는 무관하게 개별 사례에 엄밀하게 적용되는 단순 범주들에 대한 도전은 조직의 최고위층에서만이 가능하다. 셋째, 행동의 경직성은 고객들과의 마찰을 증대시키고, 고객의 만족도를 높이는 데 장애가 된다. 고객과의 마찰이 많아질수록 조직의 하층 구성원들은 권한의 사용을 증대시키게 된다. 하층 구성원들에 대한 고객의 압력은 구성원들이 행동을 방어해야 할 필요성을 느끼게 한다. 고객의 불만 그 자체가 행동의 경직성을 강화하는 결과를 가져온다. 이는 기대하지 않은 방식으로 행동의 신뢰성을 확보하는 결과를 가져온다. 이처럼 이전에 고안된 절차들에 의해서 체계가 유지되면 계속해서 그러한 절차들을 유지해야 한다는 압력이 존재하게 된다. 그렇게 되면 조직이 원래 추구하고자 하는 일반적인 목표, 즉 고객의 만족을 희생하면서 체계를 유지하는 악순환에 빠지게 된다.

Ⅱ 셀즈닉(P. Selznick): 권한 위임과 할거주의

머튼이 통제에 초점을 맞춘 것과는 달리 셀즈닉은 권한의 위임에 초점을 맞춘다. 그러나 머튼과 마찬가지로 셀즈닉은 권한의 위임이 기대하지 않은 결과들을 야기하는 방식을 밝히고자 한다. 셀즈닉은 조직 최고위층의 통제에 대한 관심에서 시작한다. 그러한 관심에 따라 권한의 위임이 제도화된다.

위임은 여러 가지 직접적인 결과들을 가져온다. 위임은 의도된 결과로서 전문화를 위한 교육훈련을 증대시킨다. 관심을 소수의 문제들에 국한시킴으로써 제한된 영역에서의 경험을 증대시키고, 이러한 문제들을 처리하는 구성원의 능력을 향상시키게 된다. 이러한 메커니즘에 따라 위임이 이루어지면 조직목표와 성취 간의 차이를 줄이게 된다. 다른 한편으로 위임은 부문화를 야기하고 조직 하위단위들 간 이익의

그림 10-2   권한위임과 할거주의

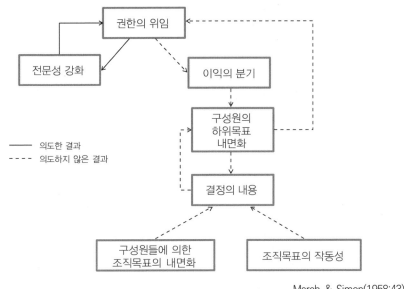

March & Simon(1958:43)

분기를 증대시킨다. 하위단위들의 유지욕구로 인해 구성원들은 전체조직의 프로그램에 기여하기보다는 하위단위의 목표에 헌신하는 경향이 강하다. 많은 개인적인 욕구들은 자기가 속한 하위단위의 지속적인 성공과 확장에 의존한다. 본래 조직목표에 의해 평가된 활동들이 부가적으로 하위단위들의 분기를 야기한다.

　이익의 분기는 위임이 본래 의도했던 전문화를 위한 교육훈련에 의해 촉발된다. 교육훈련은 능력의 향상을 가져오고, 따라서 인사이동의 비용을 증대시킨다. 그리고 이는 다시 하위단위 목표들의 분화를 촉진한다.

　조직 내에서의 분기는 하위단위들 간의 갈등을 증대시킨다. 결과적으로 조직 안에서 이루어지는 결정의 내용은 하위단위들의 전략에 의존하게 된다. 특히 구성원들에 의한 전체 조직목표의 내면화가 거의 존재하지 않는다면 더욱더 그렇게 된다. 결과적으로 전체 조직목표와 성취 간의 차이가 커지게 된다. 그렇게 되면 성취도의 향상을 위해 전문성 강화를 위한 위임이 다시 증대된다.

　조직 내에서 지배력을 확보하려는 하위단위들 간의 투쟁은 결정의 내용에 영향을 미칠 뿐만 아니라 하위단위의 이데올로기를 더욱더 정교하게 하는 결과를 가져온다. 각각의 하위단위는 자신의 요구를 정당화하기 위해 전체 조직의 공식적인 원칙에 자신의 정책을 맞추는 방식으로 성공을 추구한다. 그러한 전술은 하위단위 안에서 구성원들에 의한 하위목표의 내면화를 증대시킨다.

하위목표의 내면화는 일상적인 결정에 의해 다시 강화된다. 일상적인 결정들은 일종의 선례들을 만들어낸다. 결정은 기본적으로 조직에서 작동하는 기준들에 의존하며, 그러한 기준들 가운데 하위단위의 목표들이 매우 중요하다. 선례들은 선례와 관련된 상황에 대한 습관적 반응이 되는 경향이 있으며, 따라서 하위목표의 내면화가 강화된다. 하위목표의 내면화는 부분적으로 조직목표의 작동성에 의존한다. 목표의 작동성은 목표가 얼마나 잘 성취되는지를 관찰하고 테스트할 수 있는 정도를 의미한다. 조직목표의 작동성의 변화는 일상적인 결정의 내용에 영향을 미치며, 따라서 하위목표의 내면화의 정도에도 영향을 미친다.

셀즈닉에 따르면, 조직목표의 달성을 위해 하위단위와 구성원들의 전문성을 향상시키기 위한 위임이 이루어지지만 그것이 오히려 구성원들로 하여금 전체 목표보다는 하위목표에 몰입하게 함으로써 조직목표의 실현에 방해가 되는 결과를 가져올 수도 있다는 것이다. 분명한 것은 위임이 조직목표의 성취에 순기능적으로 그리고 역기능적으로 작용할 수 있다는 것이다. 주목해야 할 점은 조직목표의 성취도의 상승과 하락 모두가 위임의 증대를 가져온다는 것이다.

Ⅲ 굴드너(A. Gouldner): 통제와 규칙의 양산

굴드너는 조직의 구조를 유지하기 위한 관료제의 규칙이 가져오는 결과에 초점을 맞춘다. 그에 따르면, 작업절차를 규제하는 일반적이고 비사인적인(객관적인) 규칙의 사용은 최고위층의 통제에 대한 관심에서 비롯된 것이다.

규칙이 가져오는 결과 가운데 하나는 집단 내에서 권력의 가시성을 감소시킨다는 것이다. 작업집단 내에서 권력격차의 가시성은 평등 규범이 감독의 역할을 정당화하는 정도에 영향을 미친다. 권력관계의 가시성은 작업집단 내의 대인관계의 긴장 수준에 영향을 미친다. 평등주의적 규범이 일반화된 사회에서 권력의 가시성의 감소

그림 10-3 통제와 규칙의 양산

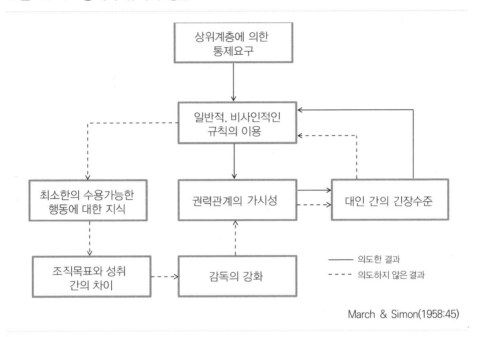

March & Simon(1958:45)

는 감독의 정당성을 증대시키고, 따라서 집단 내의 긴장을 감소시킨다.

굴드너에 따르면, 규칙을 만듦으로써 기대되는 결과들이 발생하게 되면 운영단위로서 작업집단의 생존은 일반적인 규칙들의 생산에 의해서 실질적으로 촉진되고, 결과적으로 그러한 규칙들의 사용이 강화된다.

다른 한편으로 작업 규칙들은 조직구성원들로 하여금 조직의 최고위층의 의도와 다르게 행동하게 하는 계기를 제공한다. 구성원들은 규칙에 의거하여 수용할 수 없는 행동의 경계를 확인함으로써 수용 가능한 최소한의 행동에 대한 지식을 증대시킨다. 허용 가능한 최소한의 수준의 행동은 낮은 수준의 조직목표의 내면화와 결합하여 조직목표와 최소 수준의 행동에 의해 이루어진 성취 사이의 차이를 증대시킨다.

최소수준의 성과는 최고위층에 의해 실패로 인식된다. 규칙들의 내적인 안정화 효과는 전체 조직에서 그것들이 생산하는 불균형에 의해 상쇄된다. 그러한 불균형에 대한 반응으로 작업집단에 대한 감독을 강화하는 조치가 취해진다. 이러한 반응은 기계적 인간 행동 모델에 근거한 것이다. 낮은 성과는 기계의 작동에 대한 좀 더 세밀한 감독과 통제를 필요로 한다. 그러나 감독의 강화는 다시 조직 내의 권력관계의

가시성을 증대시키고, 작업집단의 긴장 수준을 높이며, 따라서 본래 규칙에 의존하고
있던 균형이 깨지게 된다.

굴드너는 규칙, 최소한의 행동, 감독 강화, 조직의 긴장도 상승, 다시 규칙이 만들어지
는 순환과정을 통해서 관료제에서 수많은 규칙들이 양산되는 메커니즘을 보여주고 있다.

 Ⅳ 리처(G. Ritzer): 맥도날드화(McDonaldization)

리처는 ≪사회의 맥도날드화(1993/2019)≫에서 관료제화의 현대적 버전으로서
맥도날드화를 비판적으로 검토한다. 이는 제임스 윌슨(James Q. Wilson, 1989)이 맥도
날드를 통해서 정부 관료제를 비판한 것과는 결을 달리한다.[2] 여기에서는 리처가 설
명하고 있는 맥도날드화의 의미와 특징 그리고 그것이 표방하는 합리화의 비합리성
을 살펴본다.

1. 맥도날드화의 의미

리처에 따르면, 맥도날드화는 맥도날드의 관리방식과 논리가 사회 전반을 지배하
하는 과정을 의미한다. "맥도날드야말로 20세기 미국에서 가장 영향력 있는 발전 중
의 하나이다. 맥도날드의 반향은 미국의 패스트푸드업의 범위를 넘어 널리 확대되고
있다. 그것은 광범위한 분야의 사업, 생활양식, 세계의 주요 부문에 영향을 미쳐왔으
며, 점점 더 빠른 속도로 확대되고 있다. … 맥도날드화란 패스트푸드점의 원리가
미국사회와 그 밖의 세계의 많은 부문들을 지배하게 되는 과정을 의미한다(Ritzer,
2019: 19)."

---

2) 윌슨은 정부조직이 민간 기업조직에 비해 효율성이 현저하게 떨어지는 이유를 맥도날드와 비교하
   여 설명한 바 있다. 첫째, 정부기관에서는 조직의 수익을 조직 구성원들의 사적인 이익을 위해 사
   용하는 것이 법적으로 허용되지 않는다. 맥도날드처럼 구성원들에게 경제적 유인을 사용할 수 없
   다. 둘째, 정부기관에서는 조직 관리자들의 선호에 따라 생산요소들을 할당할 수 없다. 맥도날드처
   럼 사람과 장비를 가장 필요로 하는 곳에 배치할 수 없다. 셋째, 정부기관은 조직 스스로가 선택한
   목표를 위해 봉사해서는 안 된다. 조직의 목표는 외부에서 결정된다(1989: 115).

2. 맥도날드화의 특성

맥도날드화의 특성은 효율성, 계산가능성, 예측가능성, 통제의 증대를 들 수 있다.

첫째, 효율성은 주어진 목적을 실현하기 위해 최적의 수단을 선택하는 것을 의미한다. 실제로 최적의 수단을 찾기는 어렵다. 일반적으로 최적이라는 말은 가능한 한 최선의 수단을 찾고 그것을 이용하려는 시도를 의미한다. 절차의 간소화, 제품의 단순화, 예전에 종업원이 하던 일을 고객에게 시키는 것 등이 효율화를 위한 대표적인 조치들이다.

둘째, 계산가능성은 주관적인 기준보다는 양에 기초해서 결과를 평가하는 것이다. 맥도날드화는 셀 수 있고, 계산되고, 수량화될 수 있는 것을 강조한다. 양이 질을 대신하는 경향이 있다. 양에 대한 강조는 과정과 최종결과 모두에 해당된다. 과정적 측면에서는 속도가 강조되고, 결과의 측면에서는 생산되고 판매되는 제품의 수량에 초점이 맞추어진다.

셋째, 예측가능성은 시간과 공간에 상관없이 모든 것을 동일하게 하기 위한 훈련, 체계화, 관례 같은 것을 강조한다. 예측 가능성은 여러 가지 방법으로 실현되는데, 동일한 시설, 종업원의 언행을 통제하는 각본 이용, 종업원 행동의 관례화 그리고 획일적인 제품의 제공 등이 이에 해당된다.

넷째, 통제의 증대는 통제의 효율성을 향상시키기 위해 보다 예측가능성이 높고 권력의 가시성이 적은 무인기술을 활용하는 경향이 증대됨으로써 이루어진다. 무인기술을 통해 제품과 과정 그리고 구성원과 고객을 통제할 수 있다. 특히 고객은 일단 가게에 발을 들여놓게 되면 설계된 동선에 따라 움직이게 된다.

3. 합리성의 비합리성

맥도날드화는 합리성의 전형으로 이해되고 있으나 그 안에는 비합리성의 그림자가 드리워져있다. 소위 합리성의 비합리성은 맥도날드화의 문제점을 드러낸다. "합리성의 비합리성은 맥도날드화의 부정적인 측면들을 통칭하는 이름표이다. … 또한 비합리성은 합리적 체계들에 대한 환상, 즉 그것들의 마법과 신비가 깨지는 것을 의미한다. 무엇보다도 중요한 점은 합리적 체계들이 그 안에서 일을 하는 사람들이나 서비스를 받는 사람들의 인간성, 즉 인간 이성을 거부하는 비이성적인 체계들이라는 것이다. 다시 말해서 합리적 체계들은 비인간화되고 있다. 유의해야 할 것은 합리성과 이성이 종종 같은 의미로 사용되기는 하지만, 여기에서는 그 용어들이 상반되는 현상을 가리키는 용어로 사용된다. 합리적 체계들은 종종 비이성적이다(2019: 157)."

합리성의 비합리성은 다음과 같은 양상으로 전개된다.

첫째는 비효율성이다. 맥도날드화의 가장 중요한 특징은 효율성이다. 그런데 문제는 누구를 위한 효율성인가 하는 것이다. 효율성에서 얻는 이익의 대부분은 합리화를 추진하는 사람들의 몫이 된다. 맥도날드는 사람들이 일반적으로 느끼는 것보다는 소비자들에게 많은 비용을 전가한다.

둘째는 고객과 종업원의 비인간화이다. 종업원은 설계된 방식으로만 행동하게 되어 있기 때문에 자신의 능력을 충분히 활용하지 못한다. 이것은 종업원이 언제든 대체가능한 소모품에 불과하다는 인식을 심어준다. 고객 역시 설계된 동선에 따라 서비스나 제품을 소비하는 기계로 취급된다.

셋째는 인간관계의 비인간화이다. 종업원에게 계획된 각본에 따라 제한된 방식으로 고객과 상호작용하도록 교육시킴으로써 비개인적이며 익명적인 관계가 강화된다. 따라서 고객들은 종업원을 인간이라기보다는 인간 로봇을 대하고 있다고 느끼게 된다.

넷째는 사회적 다양성의 소멸이다. 동질화 또는 획일화는 예측가능성을 향상시키는 데 있어서는 유익한 시도이지만, 사회가 가지고 있는 다양성을 소멸시키는 결과를 가져온다.

한마디로 맥도날드의 합리성은 인간을 비인간화하는 비이성적인 체계이다.

 험멜(R.P. Hummel): 관료제의 경험

험멜이 관료제의 경험(bureaucratic experience)을 분석하기 위해 분류한 사회적, 문화적, 심리적, 언어적, 정치적 차원을 준거로 하여 관료제의 문제를 살펴보자.

1. 사회적 차원

이상적인 사회적 관계는 자율적인 주체, 입장 바꿔보기를 통한 관점공유, 함께 살고 있는 현실에 대한 공유된 인식, 세계에 대한 소통, 바람직한 세계를 지향하는 공동기획 등을 특질로 한다(Hummel, 1982: 44-45). 관료조직에서의 사회적 관계는 권력의 격차에 기초한 '계층적 관계'이다. 그것은 이상적인 사회적 관계를 다음과 같이 변질시킨다. 관료조직에서 개인과 개인의 관계는 명령하는 자와 복종하는 자의 관계이다. 두 사람의 자율성의 정도에는 격차가 있다. 복종하는 자는 명령하는 자의 관점에 온전하게 집중하지만, 명령하는 자는 상대적으로 복종하는 자의 관점에 집중하지 않는다. 따라서 관점공유가 어렵다. 양자는 조직적으로 제한된 범위에서 각자의 세계에 살고 있기 때문에, 양자는 함께 살고 있는 현실에 대해 공유된 인식을 갖기 어렵다. 소통은 명령의 형태나 보고의 형태를 띠기 때문에 쌍방적이지 않고 일방적이다. 따라서 이상적인 소통의 형태로 보기 어렵다. 바람직한 세계를 지향하는 데 있어서 명령하는 자에게 주도권이 있기 때문에, 상호작용을 통해 공동의 세계를 지향하는 것은 거의 불가능하다(Hummel, 1982: 48). 사회적 차원에서는 계층에 기초한 소외적 인간관계의 고착화가 주요 원리로 작동한다.

2. 문화적 차원

문화는 가치연관적인 현상이다. 문화는 '세계에 대해 의식적으로 입장을 설정하고, 세계에 대해 의미를 부여할 수 있는'(Weber, 2003: 281) 인간의 능력과 의지를 토대로 형성되기 때문이다. 의미 있는 삶이란 개인이 주체적으로 인생의 목적과 원칙을 세우고, 그것에 비추어 삶의 경험을 성찰하는 삶이다. 관료조직에서는 개인의 인생 목표와 원칙이 조직의 목표와 행동지침으로 대체된다. 개인은 주체로서 자신의 인생 목표나 원칙과의 연관성에 대한 실존적 의미를 추구할 수 없으며, 오직 조직의 목표에 대한 행위의 기여도라는 공리적 의미에 따라 평가된다. 이는 개인으로 하여금 실존적으로 의미를 찾기 어렵게 한다. 삶의 의미나 목표를 상실한 사람은 자기 지향적 행동보다는 타인 지향적 행동을 하게 된다. 다시 말해서 사람들은 자신의 생각보다는 다른 사람들의 행동을 준거로 삼게 된다(Hummel, 1982: 89). 이러한 의미에서 보면, 관료제에는 구성원이 삶의 실존적 의미를 추구할 수 있는 문화가 존재하지 않는다고 할 수 있다. 문화적 차원에서는 개성의 상실과 동조화가 주요원리로 작동한다.

3. 심리적 차원

프로이드(S. Freud)에 의하면, 인간의 성격은 도덕원칙을 관장하는 초자아, 현실 원칙을 관장하는 자아, 그리고 쾌락원칙을 관장하는 이드로 구성된다. 초자아가 쾌락 추구적 이드와 현실 타협적 자아를 제어하면서 적절하게 지배적인 역할을 한다면, 건강한 성격이 형성된다. 관료조직 안에서 초자아의 역할은 계층상의 상관에게 위임 된다. 관료의 초자아는 자신의 외부, 계층구조에 위치하게 된다(Hummel, 1982: 106). 자아는 조직에 대한 통합의 요구를 따르게 되면서 현실에 주도적으로 반응하는 주체 로서의 역량을 상실한다. 따라서 관료는 두 개의 성격, 사적 성격과 조직성격을 갖게 된다(Hummel, 1982: 109). 관료가 조직의 요구에 대한 수용도가 높아질수록 사적 성 격을 상실하고 조직성격에서 자신의 정체성을 찾을 가능성이 커진다. 조직성격에서 자신의 정체성을 찾는 관료들은 양심적 판단능력의 상실과 의존성, 자신의 업무와 조직전체의 연관성에 대한 정통한 인식의 부재, 인간적인 실존의 의미를 경험할 수 있는 능력의 상실, 협력과 공존능력이 없는 비사회성, 주어진 틀 안에 갇힌 폐쇄성, 현실감각 없는 규칙 구속성 등의 특성을 갖는다(Hummel, 1982: 122－127). 심리적 차 원에서는 성격의 분열과 조직성격에 기초한 정체성의 형성이 주요 원리로 작동한다.

4. 언어적 차원

일반적으로 소통은 소통참여자들이 화자와 청자의 역할을 서로 교환적으로 수행 하면서 발화의 의미를 확인하고 그에 대해 반응하면서 이루어진다. 따라서 소통에서 는 쌍방향적으로 의미(의도, 목적, 동기 등)가 교환되며, 교환된 의미를 토대로 책임의 식이 활성화된다. 관료조직은 독자적인 언어와 문법을 갖는다. 언어는 의미를 표현하 는 매개가 아니라 기술적으로 혹은 기능적으로 문제와 해결책을 표현하는 매개로 기 능화된다. 언어는 소통의 문법이 아니라 '알림(information)'의 문법에 따라 사용된다. 알림은 언어의 문맥을 통해 의미가 해석되는 것을 허용하지 않는다. 그것은 언어가 기술하고 있는 내용 그 자체를 강조한다. 따라서 알림은 비인격적이고, 소통에서 발생하는 책임의식을 해체한다. 나치가 사용했던 '최종해결책(Final Solution)'은 유대인의 대량학살을 기능화된 언어로 표현한 대표적인 사례로 볼 수 있다. 언어적 차원에서는 언어의 기능화가 주요 원리로 작동한다.

5. 정치적 차원

베버에 의하면, 현대국가에서 실질적으로 지배자의 역할을 하는 것은 관료제라는 것이다(Weber, 1968: 1393). 이는 전문적인 문제해결능력과 정보력을 바탕으로 행정이 정치를 대신하게 된다는 것을 의미한다. 공공의 문제를 해결하기 위한 시민들의 참여와 논쟁을 본질로 하는 정치는 소수 고위관료들에 의한 탈정치적인 의사결정으로 대체된다. 탈정치는 공중의 운명을 결정하면서도 공중을 의사결정과정에서 배제한다(Hummel, 1982: 185). 따라서 탈정치는 공중배제적인 정치의 한 형태라고 할수 있다. 관료조직에 의한 탈정치적 정치가 강화되면 될수록, 사회정치적 영역들이 관료제화되고, 관료권력이 정치권력을 대체하게 된다(Hummel, 1982: 206). 관료제가 정체(政體)가 되면, 정치가 일반적으로 추구하는 '좋은 삶(good life)'을 실현하기가 더욱 어려워진다. 사람들을 단지 해결해야 할 문젯거리나 사례로 보는 관료조직의 구성원들은 인간의 가치를 고려할 수 없기 때문이다. 정치적 차원에서는 탈정치적 정치의 일상화가 주요 원리로 작동한다.

이상에서 살펴본 바와 같이, 사회적 차원에서 계층에 기초한 소외적 인간관계의 고착화, 문화적 차원에서 개성의 상실과 동조화 경향의 강화, 심리적 차원에서 성격의 분열과 조직성격에 기초한 정체성의 형성, 언어적 차원에서 언어의 기능화, 정치적 차원에서 공중 배제적인 탈정치적 정치의 일상화 등은 관료들을 무사유의 늪에 빠지게 하는 메커니즘이라고 할 수 있다. 베버가 말한 것처럼, 관료제의 메커니즘을 통해서 관료들은 '분노도 편견도 없이(sine ira et studio)'[3] 일하는 데 익숙해지고, 궁극적으로는 '영혼 없는 전문가, 가슴 없는 쾌락주의자(Weber, 1988: 136)'로 진화한다.

---

3) 베버는 이 원리를 두 가지 의미로 사용한다. 하나는 합리적 계산에 방해가 되지 않도록 비합리적, 감정적 요소들이 배제된 상태를 의미하며, 다른 하나는 명령에 대한 무조건적 복종을 의미한다(1968: 975; 2007: 63).

CHAPTER 11

탈관료제화

I. 상황의 변화: 포드주의에서 포스트-포드주의로의 전환

민간부문과 공공부문을 가릴 것 없이 관료제의 한계에 대한 문제의식은 꾸준하게 제기되었다. 물론 관료제적인 방식이 효율성과 생산성을 보장하던 시기도 있었다. 그러나 상황이 변화하면서 관료제가 오히려 효율성과 생산성을 떨어뜨리고 고객이나 시민의 욕구도 적절하게 충족시키지 못한다는 인식이 일반화되었다. 그렇다면 관료제에 대한 관점이 이렇게 현저하게 변하게 된 이유는 무엇인가? 관료제의 재설계 내지는 재구조화가 가장 활발하게 논의된 시기는 1970년대이다. 이 시기에 전례가 없는 방식으로 세계경제위기가 발생하였다. 따라서 산업계에서는 기존의 생산방식에 대한 비판을 통해 새로운 방법을 모색하는 시도들이 이루어졌다. 관료제는 가장 중요한 비판의 대상으로 부각되었다.

1. 전환의 배경

1970년대는 포드주의(Fordism) 패러다임이 포스트-포드주의(post-Fordism) 패러다임으로 전환하는 시기이다. 이러한 패러다임의 전환이 일어나게 된 계기는 무엇인가? 이에 대한 설명이 다양하게 이루어지고는 있으나, 여기에서는 대표적으로 조절론적 관점, 신슘페터주의적 관점, 유연전문화의 관점을 살펴본다.[1)]

1) 조절론적 관점(regulation perspective)

조절이론은 불안정성, 위기, 변동이 일어날 수밖에 없는 내적인 경향성과 상대적으로 장기적인 경제적 안정을 유지하는 데 기여하는 제도, 규칙, 규범을 중심으로 안정화하는 능력을 동시에 가진 자본주의의 역설을 설명할 수 있는 이론적 틀을 제시하고자 하였다. 이러한 노력은 1970년대 이후 전후 세계경제를 이끌어왔던 제도들의 일반화된 위기를 상징하는 세계경제의 침체에 의해 지지를 받았다.

조절론자들의 이론적 기획은 물러가고 있는 경제체제를 지지하고 있던 구조, 원리, 기제들을 확인하고, 내적인 모순을 설명하며 미래의 성장 가능성에 대해 성찰하는 것이다. 조절론자들이 중요하게 생각하는 것은 어떤 단계의 체제를 자연법칙에 의해 사전에 결정된 결과가 아니라 편향적이고 임시적이며 불안정한 사회적 실천들의 결과로 보아야 한다는 것이다.

조절론자들은 각 단계의 특성을 설명하기 위한 두 가지 주요 개념을 제시한다.

첫째, 축적체제(regime of accumulation)는 어느 정도 일관된 자본축적의 과정을 장려하는 전체 경제 수준에서의 규칙들의 집합을 의미한다. 그것은 생산과 노동의 조직, 경제 부문들 간 교환관계와 교환방식들, 산업적 상업적 관리의 일반 규칙들, 임금, 이윤, 세금 간의 분배원칙들, 시장에서 소비의 규범과 수요의 패턴들 그리고 그 밖의 거시 경제적 측면들과 관련된 규범들을 포괄한다.

둘째, 조절양식(mode of regulation)은 자본주의적 재생산을 보장하는 제도들 및 문화적 습관과 규범들 전체를 의미한다. 이것은 주요 사회적 관계들을 집대성한 공식적 또는 비공식적인 규칙들로 구성된다. 그것은 법, 국가의 정책, 정치적 실천, 산업관련 규범들, 통치철학, 협상과 타협의 규칙, 소비문화와 사회적 기대 등 광범위한 영역에 적용되면서 특정한 축적체제를 제어하고 재생산하는 제도와 규약들을 말한다.

포드주의는 1920년대와 30년대에 미국의 자동차 공장에서 헨리 포드(Henry Ford)가 적용한 선구적인 대량생산 방식과 관리규칙을 반영한 용어이다. 한마디로 포드주

---

1) Amin(2000)과 Jessop(1992)를 참조하여 기술함.

의 단계는 경제에 대한 독과점적 조절을 통해 집약적인 축적을 이룬 시기라고 할 수 있다. 포드주의적인 집약적 축적의 원동력은 대량생산, 생산성을 높이기 위한 노동 강도의 강화, 세밀한 노동 분업과 기계화 그리고 이러한 체제를 유지하기 위한 다양한 형태의 독과점적인 규제에서 찾을 수 있다.

조절론자들은 1970년대 중반 이후 세계경제위기를 포드주의의 위기로 해석하였다.

첫째, 포드주의의 기술적, 사회적 한계 때문에 생산성이 하락하게 되었다. 즉 포드주의적 노동 조직화에 대한 노동자들의 저항과 점점 더 길어지고 더욱 엄격해지는 생산라인들의 균형을 유지하는 데 있어서의 어려움 등이 생산성 하락의 원인이 되었다.

둘째, 경제의 점진적인 세계화를 가져온 대량생산의 확장은 국가적 차원에서의 경제 관리를 더욱 어렵게 하였다.

셋째, 포드주의는 사회적 지출 비용을 더욱더 증대시켰다. 인플레이션 압력과 분배의 갈등을 야기하는 영역에서는 대량생산 방식의 적용이 불가능하기 때문에 공적 소비를 위한 비용이 상대적으로 증가하였다.

넷째, 소비패턴이 점차적으로 다양한 욕구를 반영하는 방향으로 변화하였다. 새로운 수요는 표준화 및 규모의 경제와는 맞지 않으며, 대량생산 방식으로 쉽게 충족될 수 없다.

조절론적 관점에 따르면, 1970년대에 포드주의의 축적체제와 조절양식은 자본축적을 보장하지 못하는 상황에 처하게 되었다. 그로 인해 포스트-포드주의로의 전환이 이루어지게 되었다.

2) 신슘페터주의적 관점(neo-Schumpeterian perspective)

신슘페터주의자들은 조절론자들과 기본적으로 같은 논리를 따르고 있으나, 한 가지 중요한 차이는 테크놀로지(기술)에 초점을 맞추고 있다는 것이다. 신슘페터주의자들은 경제가 50년을 주기로 성장과 쇠퇴의 물결이 출렁인다는 콘드라티예프 (Kondratiev)의 이론과 미래의 성장은 새로운 기술 패러다임을 만들어내는 혁신적 기업가의 선구적 역할에 달려있다고 주장하는 슘페터(Schumpeter)의 주장에 의존한다. 하나의 물결에서 다른 물결로의 성공적인 이행은 혁신 기술이 전 경제부문에 확산되어 산업생산력이 비약적으로 성장하는 경우에 가능하다. 그리고 그것은 기술의 확산을 촉진하는 사회제도적 규범과 규제들이 동반될 때 가능하다. 신슘페터주의자들이 생각하는 혁신은 단지 새로운 기술을 생산과정에 적용하는 것만이 아니라 그와 관련된 새로운 노동조직과 관리, 새로운 성장 부문, 운송 및 통신 기술, 경제지리 등 전반의 변화를 의미한다.

신슘페터주의자들에 의하면, 포드주의는 네 번째 콘드라티예프의 물결로서 전기-기계 기술, 대량생산, 에너지원으로서 석유에 의존한다. 그들은 조절론자들과 마찬가지로 표준화, 대량화, 규모의 경제, 독과점적 경쟁, 저가 상품의 대량소비 등을 포드주의의 가장 중요한 특징으로 보았다.

신슘페터주의자들에 의하면, 포드주의의 위기는 낮은 기술이 임금, 가격, 거대기업의 비효율을 증가시켜 생산성을 제한하기 때문에 발생한 것이다. 더불어서 그 위기는 새로운 성장의 동력이 될 기술-경제적 패러다임과 포드주의의 사회제도적 프레임 간의 불일치와도 관련이 있는 것이다.

3) 유연전문화 관점(flexible specialization perspective)

대량생산과 유연전문화는 대별되는 산업생산 방식이다. 대량생산은 표준화된 상품을 생산하기 위해 생산에 특화된 기계와 비숙련 노동자를 이용한다. 유연전문화는 다양하게 주문된 상품을 생산하는 숙련 노동자에 의존한다. 두 개의 생산 패러다임 가운데 어느 하나가 선택되는 조건은 무엇인가? 그것은 논리적 필연성이 아니라 역사적 상황과 정치적 선택의 문제이다. 다시 말해서 기업 및 노조에서부터 중앙정부나 지방정부에 이르기까지 주요 행위주체들의 선택에 의존한다는 것이다.

1920, 30년대에는 유럽의 다양한 지역에서 대량생산 기술이 등장함으로써 장인생산 방식을 압도하게 되었다. 그 이후 대량생산 방식이 선진 국가들과 주도적 산업 분야에 적용되었으며, 수요를 유지하고 안정화하기 위해 설계된 케인즈주의적 정책을 도입함으로써 하나의 표준으로 자리를 잡게 되었다.

1970년대 세계경제의 스테그플레이션은 대량생산 방식보다는 유연생산 방식을 선택하게 하는 계기가 되었다. 무엇보다도 시장의 변동이 있었다. 경기불황으로 수요가 위축되었고, 소비자들의 소비 패턴이 다양화되었다. 더불어 고도로 유연한 제조기술과 작업방식이 발전하였다.

2. 포드주의와 포스트-포드주의 비교

1) 경제와 생산과정

첫째, 생산과 관련하여, 포드주의는 규모의 경제, 소품종 대량생산, 상품의 규격화와 표준화, 비숙련 노동을 특징으로 한다. 특히 소품종 대량생산체제는 포드주의의 핵심이라고 하겠다. 반면 포스트-포드주의는 범위의 경제, 다품종 소량생산, 상품의 탈규격화와 비표준화, 숙련 노동을 특징으로 한다. 특히 다품종 소량생산체제는 포스트-포드주의의 핵심이라고 하겠다.

둘째, 소비와 관련하여, 포드주의는 대량소비와 다양하지 않은 소비자 수요를 특징으로 한다. 반면 포스트-포드주의는 다양한 수요와 소비 스타일의 개별화를 특징으로 한다.

셋째, 조직형태와 관련하여, 포드주의는 기계적 관료제, 엄격한 계층성, 경직된 분업 등을 특징으로 한다. 반면 포스트-포드주의는 유기적인 탈관료제적 조직, 계층적 관계의 완화, 유연한 분업구조 등을 특징으로 한다.

넷째, 관리방식과 관련하여, 포드주의는 집권적인 관리방식을 주로 하며, 포스트-포드주의는 분권적 관리방식을 주로 한다.

2) 국정 운영

첫째, 거버넌스와 관련하여, 포드주의는 집권적이며 하향식의 정부 관료제를 특징으로 한다. 반면 포스트-포드주의는 분권적이며 상향식의 정부 관료제를 특징으로 한다. 특히 포스트-포드주의의 정부 관료제는 신공공관리론을 토대로 하는 탈관료제적 성격을 갖는다.

둘째, 복지와 관련하여, 포드주의는 국가에 의하여 보장되는 사회 안전체제를 전제로 하는 복지국가모델을 특징으로 한다. 포스트-포드주의는 사회 안전체제의 민영화를 특징으로 한다.

셋째, 경제정책과 관련하여, 포드주의는 케인즈주의, 국가 개입주의, 시장규제 등을 특징으로 한다. 이러한 경제정책은 기본적으로 크고 강한 정부를 지향한다. 반면 포스트-포드주의는 신자유주의, 탈규제, 자유시장 보호를 특징으로 한다. 이러한 경제정책은 기본적으로 작지만 강한 정부를 지향한다. 작지만 강한 정부는 직접적으로 하는 일이나 규제를 최소화하고 시장 질서를 확장하고 보호하는 데 적극적으로 개입하는 정부를 말한다.

넷째, 민관관계와 관련하여, 포드주의는 공공부문에 의한 민간부문의 규제와 통제를 강조한다. 반면 포스트-포드주의는 민영화, 민간위탁, 민관의 파트너십, 협력적 관계를 강조한다. 사실상 민간영역의 확대를 지향한다.

지금까지의 논의를 정리하면, [표 11-1]과 같다.

표 11-1 포드주의와 포스트-포드주의 비교

비교기준		포드주의	포스트-포드주의
경제와 생산과정	생산	규모의 경제 소품종 대량생산 규격화 표준화 비숙련 노동	범위의 경제 다품종 소량생산 탈규격화 비표준화 숙련 노동
	소비	대량소비 사회 덜 분화된 수요	수요의 분화 소비 스타일의 개별화
	조직형태	기계적 수직적 조직: 높은 계층 관료제적(경직성, 획일성) 고도의 분업화	유기적 수평적 조직: 낮은 계층 유연적(유연성, 다양성) 직무 경계의 소멸
	관리방식	집권적	분권적
국정 운영	거버넌스	집권 하향식 정부 관료제	분권 상향식 신공공관리
	복지국가	복지국가: 국가에 의해 보장된 사회 안전체제	포스트-복지국가: 사회적 안전체제의 민영화
	경제정책	케인즈주의 국가 개입주의 시장규제	신자유주의 탈규제 자유 시장 보호
	민관관계	공공부문에 의한 민간부문의 규제와 통제	민관 파트너십, 공공부문의 협력적 행위

Ⅱ 조직의 재설계: 화이트(O. White, Jr.)의 변증법적 조직

조직의 재설계를 통해서 관료제의 경직성을 극복하려는 시도들이 매우 많이 이루어졌다. 베니스(W. Bennis)의 적응적·유기적 구조, 커크허트(L. Kirkhart)의 연합적 이념형, 화이트의 변증법적 조직, 세이어(F.C. Thayer)의 탈계층적 조직, 린덴(R.M. Linden)의 이음매 없는 조직, 네트워크 조직 등이 그 대표적인 예들이다. 이러한 시도들의 공통적인 특성은 계층과 분업의 경직성을 유연화하는 것이다. 여기에서는 화이트의 변증법적 조직을 다룬다.

1. 테크놀로지 사회의 위기

화이트의 위기론은 테크놀로지의 발달로 미국사회가 후기산업사회로 발전하는 과도기를 전제로 한다. "후기산업사회로의 과도기에서 우리가 직면하고 있는 위기를 최우선적으로 고려하는 것이 적절하다(White, 1971: 152)."는 것이다.

그렇다면 화이트가 진단하고 있는 미국사회의 위기는 무엇인가? 위기는 테크놀로지 발전 그 자체에 의해서 촉발된다. 테크놀로지가 발전함에 따라 미국 사회에서는 그에 반하는 소위 인간적 공동체에 대한 요구가 더불어 증대하게 되었다는 것이다. 따라서 화이트가 주목하는 위기는 기본적으로 테크놀로지 사회의 요구조건과 인간적 공동체에 대한 점증하는 요구 간의 불균형에서 야기된 것이다.

이러한 위기와 행정은 어떠한 관련이 있는가? 화이트에 의하면, 행정은 테크놀로지 사회의 요청과 공동체 사회에 대한 요청 간의 균형을 회복하기보다는 오히려 테크놀로지의 입장에서 불균형과 긴장을 심화시키고 있다는 것이다. 따라서 화이트는 행정을 위기의 중심점에 놓고 있다. "행정은 (위기)문제와 가장 밀접한 연관을 갖는다. 왜냐하면 행정제도를 통해서만이 인간 공동체에 대한 테크놀로지 사회의 요청들이 표현되기 때문이다. 따라서 여기에서 갈등은 시작되고 갈등이 가장 강하게 느껴진다(White, 1971: 152)."

2. 테크놀로지 사회의 창출과 행정의 역할

화이트는 테크놀로지 사회의 요청과 공동체에 대한 요청 간의 갈등을 해소하기 위한 행정의 역할을 설명하기에 앞서, 행정이론이 테크놀로지 사회를 창출하는 데 기여한 바를 분석한다. 그러한 분석을 위해 그는 갈등은 왜 존재하는가? 그 갈등은 왜 그렇게 첨예한가? 갈등이 사회와 정치과정에 미치는 영향은 무엇인가? 등의 문제를 검토한다.

1) 갈등의 존재 이유

화이트에 의하면(1971: 153), 갈등이 존재하는 이유는 "사회적 실재가 창조되고 재창조될 수 있다."는 데 있다. 테크놀로지의 발달은 전례 없는 풍요를 가져왔다. 풍요로움을 특징으로 하는 사회적 실재가 테크놀로지에 의해 재창조되었다. 따라서 과거의 전통적 이론들이 고수하고 있던 전제들이 수정되어야 함은 당연한 일이다. 궁핍의 시대를 이해하고자 했던 전통적 이론의 전제인 경쟁과 적대감은 비현실적인 것이다. 또한 이러한 전제들은 인간 공동체에 대한 요청과 대립되는 것이기도 하다. 오늘의 인간은 공동체를 건설하는 데 필요조건인 풍요로운 사회를 건설하였다. 그러나 그러한 풍요로움은 인간사회의 비인간화를 가져옴으로써 테크놀로지의 비인간적인 측면을 드러내는 역설적인 결과를 보이고 있다. 풍요로움이 사회의 소수집단에 집중됨으로써 사회적인 균열을 더욱 악화시키고 있다는 것이다.

경쟁이나 국가 간의 극단적인 위협 등과 같은 파괴적이고 불필요한 정념들이 계속 유지되고 있는 이유는 무엇인가? 그 이유는 전통적인 이론들과 신비한 힘을 발휘하고 있는 전통적인 상징체계가 현실의 변화에도 불구하고 여전히 작동하고 있기 때문이다(White, 1971: 154). 현실은 변했으나, 패러다임의 전환이 이루어지지 않고 있는 것이다. 이로 인해서 테크놀로지의 요청과 공동체에 대한 요청이 서로 갈등하는 것으로 인식되는 것이다.

2) 갈등이 첨예하게 보이는 이유

비테크놀로지 사회와는 달리 테크놀로지 사회에서는 사람들의 사회적 관계가 철저하게 분리된다. 이에 따라 사회의 기본적인 성격을 특징짓는 구성원들의 자아감이나 자기평가의 기준이 현저하게 변하게 된다. 테크놀로지 사회에서 사람들은 세계를 두 개의 영역, 즉 '나의 세계'와 '타자의 세계'로 인식한다. 사람들은 두 세계 사이에 명백한 '경계'를 설정하고, 자신의 발전과 계발을 단순히 개인적인 성숙으로 이해한다. 그리고 타인과의 경쟁에서의 승리를 통해서 자기의 능력을 평가하게 된다. 즉 타인에 대한 상대적인 기술적 능력의 우수성이 평가의 핵심이 된다. 따라서 사람들의 자기 평가는 자기중심적인 자존심 혹은 유능한 기술적 능력과 관련된다.

이에 반해 비테크놀로지 사회에서의 사회생활은 상대적으로 적게 분화된다. 사람들 간의 경계는 별로 없다. 따라서 사람들의 자기평가는 자기중심적이기보다는 다른 사람들과의 관계를 중심으로 이루어진다. 다시 말해서 자기중심적 자존심이나 개인적 성숙보다는 관계 중심적인 자긍심이나 사회적 관계능력의 성숙성 등이 자기평가의 주요 기준이 된다. 그리고 고립된 개인이 아니라 사회적 존재로서 자아감이 형성된다.

테크놀로지는 사회생활에 경계, 즉 벽을 침으로써 자아감과 자기평가에 영향을 미친다. 따라서 테크놀로지의 요청과 공동체에 대한 요청이 서로 첨예하게 대립하는 것으로 보인다는 것이다.

3) 갈등의 사회적·정치적 영향

이러한 갈등의 사회적, 정치적 영향으로서 단적으로 드러나는 현상은 '통치의 패러다임이 정치에서 행정으로 변화'하는 것이다. 따라서 행정이론이나 행정은 '상대적으로 개방적인 것에서 폐쇄적인 것으로, 정책분석의 모델로서 변증법적 과학에서 일차원적인 과학주의 혹은 테크놀로지(White, 1971: 159)'로 초점을 이동시키게 된다. 이러한 분위기는 이기심과 테크놀로지에 기초하고 있는 문화를 형성하고, 자긍심에 기초한 공동체 지향적인 관계들을 점진적으로 파괴한다.

3. 위기의 극복방안

화이트는 이상에서 제기한 문제에 대처하기 위하여 공공조직을 재구성하는 데 초점을 맞춘다. 왜냐하면 조직이 갈등의 중심에 자리하고 있기 때문이다. 따라서 화이트는 조직의 구성 원리를 변화시켜야 할 필요성을 강조한다. "모든 종류의 재조직화 노력은 경계들을 제거하거나 그들을 좀 더 유연한 것으로 만들고, 과거의 지나치게 엄격한 경계들이 가져오는 효과들을 제거하는 방향으로 이루어져야 한다(White, 1971: 162)." 그가 제시하는 조직 원리는 조직과 환경의 다양한 집단들과의 관계, 그리고 조직 내의 다양한 집단들 간의 관계에 초점을 맞추고 있다. 즉 대외적으로는 고객과의 관계를, 그리고 대내적으로는 구성원들 간의 관계를 사회적 혹은 공동체에 대한 요청에 부응할 수 있도록 조정하자는 것이다. 그리고 이러한 조건을 충족시켜 줄 수 있는 조직의 형태로서, 다시 말해서 관료제에 대한 대안으로서 '매개적 조직구조와 전략'을 제시한다. 화이트는 이러한 매개적 조직의 원리를 <변증법적 조직: 관료제에 대한 대안(1969)>에서 명확히 밝히고 있다. 화이트가 염두에 두고 있는 변증법적 조직은 사회봉사조직을 모델로 하고 있다. 그는 대고객관계, 행정구조, 조직 이데올로기, 조직의 정신적 분위기 등 네 개의 차원에서 변증법적 조직의 원리를 다음과 같이 정리하고 있다.

1) 대고객관계

조직이 고객에게 취해야 할 자세는 사회봉사조직이 고객을 대하는 방식과 유사하다(White, 1969: 36).

첫째, 고객을 부하 직원처럼 생각하기보다는 동료처럼 생각한다.

둘째, 고객을 문젯거리가 아니라 전인격으로서 대우한다.

셋째, 문제를 해결하는 데 있어서 고객이 처한 상황에 적응하도록 유도하기보다는 먼저 문제를 야기한 객관적 상황을 처리하는 데 관심을 둔다.

넷째, 객관적이고 도구적인 차원에서 고객을 대하기보다는 약간의 공정성이 침해되더라도 인간적인 문제해결을 모색한다.

다섯째, 효율성의 논리에 따라 고객의 요구를 해결하기보다는 계속적으로 도움을 주고자 하는 의도를 가져야 한다.

2) 행정구조

화이트가 제시하는 조직의 행정구조는 계층제 및 분업을 핵심으로 하는 관료제와 대비된다(White, 1969: 38-39).

첫째, 비관료제 조직은 비계층성을 골자로 한다.

둘째, 그런 상황에서 역할들은 기능적으로 분화되고 권위를 평등하게 부여받는다. 따라서 권위관계는 수직적인 것이 아니라 수평적인 것이다.

셋째, 역할은 명확히 규정되는 것이 아니라 기능적 필요에 따라 유동적으로 규정된다.

넷째, 의사결정은 상위층에서 이루어지는 것이 아니라 수평적으로 분화된 권력의 균형에 바탕을 두고 이루어진다.

다섯째, 조직 활동의 동질성보다는 이질성을 장려한다.

마지막으로 비관료제 조직에는 지배층이라는 개념이 없기 때문에 조직구성원의 명령에 대한 순응이라는 개념이 존재할 수 없다.

3) 조직 이데올로기

화이트는 그리스 신화의 아폴로와 디오니소스를 비유하여 조직의 이데올로기를 대비한다. 전통적인 관료제는 아폴론적인 이데올로기를 특징으로 하는데, 그것은 목표의 성취를 포기하더라도 조직자체의 생존을 제일 우선으로 강조하는 것이다. 그에 반해서 비관료제적 조직은 디오니소스적 이데올로기를 특징으로 하는데, 그것은 목표의 성취를 그 무엇보다 우선으로 강조하는 것이다(White, 1969: 40).

4) 조직의 정신성

화이트는 전통적 관료조직을 지배하고 있는 정신성을 '일차적 정신성'으로, 비관료제 조직의 정신성을 '이차적 정신성'으로 규정한다. 일차적 정신성이 지배하는 조직에서는 구성원들이 경쟁의 승리를 통해 자기실현을 추구한다. 이러한 의미에서 조직은 적대적 협동을 특징으로 한다. 그에 반해 이차적 정신성은 타인과의 진정한 협동을 통해 자아실현을 추구한다. 따라서 조직은 책임과 동의에 바탕을 둔 진정한 협동성을 특징으로 한다(White, 1968: 41).

4. 평가

화이트가 제기하고 있는 위기론은 1960년대의 기술문명에 대한 비판적 관념의 행정학적 성찰이라는 점에서 그 중요성을 찾을 수 있다. 그의 위기론은 필연적으로 발전하는 테크놀로지와 그 속에서 파괴되어가는 인간적 연대를 구출하려는 요구를 행정조직의 입장에서 해결하고자 한 것이다. 그러나 그의 논의가 갖는 가장 큰 한계는 규모의 거대함을 유지할 수밖에 없는 행정조직을 변증법적 조직 원리에 따라 구성한다는 것이 현실적으로 거의 불가능하다는 점에 있다. 따라서 화이트의 논의는 전통적 관료조직이 갖는 약점을 극복하는 방향성을 제시하는 제안이라는 한정된 의미만을 가질 수밖에 없다.

Ⅲ 정치경제학적 시도: 오스트롬(V. Ostrom)의 민주행정 패러다임

정치경제학 혹은 공공선택이론의 입장에서 행정현상을 분석하고 있는 오스트롬은 ≪미국행정의 지적 위기(1974)≫에서 미국행정의 위기론을 제시하고 있다. 그가 생각하는 행정은 공공재와 공공 서비스를 생산하고 분배하는 조직적 활동이다. 이러한 관점에서 그는 행정의 위기를 논의한다.

1. 패러다임의 위기

오스트롬은 행정학의 위기를 패러다임의 위기, 혹은 지적 위기로 규정한다. 행정학 분야를 풍미했던 위기감은 전통적인 행정학에 내재하고 있는 '패러다임의 불충분성' 때문이라는 것이다. 그에 의하면, 윌슨, 베버, 굴릭과 어윅(Gulick & Urwick) 그리고 사이먼 등으로 대표되는 전통적 행정학은 소위 관료행정 패러다임을 형성하고 있다고 지적하고, 관료행정 패러다임의 특성을 다음과 같이 정리한다(Ostrom, 1974: 28–29).

1. 모든 통치체제에는 항상 하나의 권력중추가 존재한다. 그리고 사회에 대한 통치는 바로 그 유일한 권력중추에 의해 이루어진다.
2. 권력이 분화되면 될수록 더욱더 무책임해지고 역으로 권력이 한곳에 집중되면 될수록 책임성은 증대된다.
3. 헌법은 권력중추의 구성을 정의하고 결정하며, 법률의 제정 및 행정통제와 관련된 정치구조를 규정한다. 모든 민주적 통치체제에서는 국민의 대표들을 절대적인 주권자의 지위로 끌어올린다.
4. 정치영역에서 행정의 과제가 결정되지만, 행정은 정치영역 밖에 존재한다.
5. 행정 기능의 측면에서 모든 근대 정부들은 구조적으로 매우 유사하다.
6. 전문적으로 훈련된 공무원의 완벽한 계층적 서열화는 좋은 행정에 필수적인 구조적 조건이다.
7. 완벽한 계층조직은 금전이나 노력면에서 최소한의 비용을 사용함으로써 능률성을 극대화한다.
8. 위에서 정의한 것처럼 좋은 행정의 완벽성은 인류문명의 근대성과 인류복지의 증진을 위한 필수조건이다.

관료행정 패러다임은 하나의 권력중추, 정치와 행정의 철저한 분리, 그리고 행정조직의 계층구조의 완비를 중심적인 내용으로 하고 있다. 이러한 윌슨주의적 관료행정 패러다임은 행정이 정치적인 영향에 의해 심하게 흔들리는 문제를 처방하기 위한 일종의 개혁안이었다. 전통적 행정학자들은 이러한 행정관을 정당화하는 데 많은 노력을 기울였다.

2. 관료행정 패러다임의 불충분성

행정학의 연구 경향이나 실제 행정현상에서 발견되는 관료행정 패러다임의 불충분성이란 무엇인가? 오스트롬은 현실적인 차원에서 왜 관료행정이 불충분한가를 설명하기 위해 워터게이트 사건을 예시하고 있다. ≪미국행정의 지적 위기≫의 후기, '워터게이트와 1970년대의 헌정위기'에 의하면, "현재의 헌정위기는 대통령의 권한을 강화하고 연방정부에 대한 모든 통제를 대통령부에 집중시키려는 장기간에 걸친 노력의 결과로 볼 수 있다(1974: 136)."는 것이다. 그리고 워터게이트 사건은 관료의 부패와 조작정치의 예를 극명하게 보여주는 사례로 지적되고 있다. 따라서 오스트롬은 1970년대의 워터게이트 사건과 헌정제도의 위기를 정치체제의 전반적 위기를 가져온 비극적 경험으로 규정하고, 행정권을 강화하는 과정에서 미국 건국의 정치이론이 무시되고 있음을 지적하고 있다. 현실적으로 '완벽하게 통합된 관료제의 일반관리자로서 기능하는 전능한 대통령(1974: 146)'에 초점을 맞추고 있는 관료행정 패러다임은 행정학의 패러다임으로서 현실적인 문제들을 해결하는 데 적실성을 갖기 어렵다는 것이다.

공공재와 공공 서비스를 관리하는 데 있어서 관료행정 패러다임이 가지고 있는 문제는 무엇인가? 오스트롬에 의하면, 문제해결기구로서의 관료제는 공공재와 공공 서비스를 관리하는 데 있어서 오히려 부정적인 결과를 가져올 가능성이 높다는 것이다. 즉 (ⅰ) 다양한 수요에 대하여 관료제의 반응이 무차별적이고, (ⅱ) 수혜자로 상정된 사람들에게 점점 높은 사회적 손실을 입히며, (ⅲ) 수요와 공급을 일치시키지 못하고, (ⅳ) 어느 한 사용이 다른 사용들을 손상시키지 못하도록 조치를 취하지 못하기 때문에 공공재가 침식되게 하고, (ⅴ) 공공시책들이 공적 목표에서 근본적으로 벗어날 정도로 오류가 발생하여 통제 불가능한 것이 될 가능성이 높고, (ⅵ) 결국 처방이 문제를 완화시키기보다는 악화시키는 상황에 이르게 한다는 것이다 (Ostrom, 1974: 64).

관료행정 패러다임은 행정권의 강화를 자극하고 있으며, 따라서 그로 인해 부정부패를 조장할 가능성이 있다. 그리고 하나의 중추권력을 정점으로 하는 경직된 관료제는 경제적 효용의 극대화 전략을 추구하는 고객인 시민들의 욕구에 적합한 공공재 및 공공 서비스를 제공하고 관리하는 데 매우 비능률적이다. 바로 이러한 의미에서 관료행정 패러다임은 불충분하다는 것이다. 따라서 오스트롬은 관료행정 패러다임의 대안이 될 만한 민주행정체제를 구성하기 위한 이론적 기초를 제공하고자 한다.

3. 대안으로서 민주행정 패러다임

오스트롬은 관료행정 패러다임에 대한 대안으로서 민주행정 패러다임을 제시한다. 민주행정 패러다임은 행정학자들의 관심을 받지 못했던 해밀턴(A. Hamilton)과 매디슨(J. Madison)의 민주행정이론과 토크빌의 미국 민주주의에 관한 분석에서 기원을 찾는다. 오스트롬은 소위 '선택되지 않은 대안'으로서 이들의 지적 노력을 다음과 같이 정리하고 있다(Ostrom, 1974: 111−112).

1. 정부의 공권력을 행사하는 공무원들도 다른 사람들과 마찬가지로 부패할 가능성이 있다.
2. 권한이 분산되지 않고 다양한 권한들이 서로를 제약하고 통제하도록 조직되지 못한다면, 정치적 권한은 자신의 이익을 위해 그리고 타인에게 해악을 끼치기 위해 그러한 권력을 획득할 기회를 노리고 있는 사람들에게 빼앗기고 말 것이다.
3. 헌법은 공동체제의 구성원들에게 의사결정권을 배분한다. 그리고 민주헌법은 국민의 권리행사와 여러 상이한 기관의 권리행사에 권한을 부여한다. 그리하여 각 기관의 의사결정권은 타기관의 권한에 의해서 제한을 받게 된다. 민주사회에서의 조직배열을 확립하고 변경하는 것은 헌법적 의사결정의 문제로 여겨진다.
4. 다양한 의사결정자들이 공공재와 공공서비스의 공급을 결정하며 각 공공사업의 정치적 실현가능성은 모든 기본적 결정에 있어서 우호적인 결정과정에 달려있다. 행정은 정치영역 안에 있다.
5. 여러 상이한 공공재와 공공 서비스를 제공하기 위해 다양한 조직배열들이 이용될 수 있다. 그러한 조직들은 제한된 계층제에서의 명령권뿐만 아니라 상호이익, 건전한 경쟁, 법적인 판단 등을 위한 계약과 거래를 포함하는 다양한 다조직배열을 통해 조정될 수 있다.
6. 단일권력중추에 귀속하는 전문화된 공무원을 계층구조 내에서 완벽하게 서열화하는 것은 여러 가지 상이한 공공재와 공공 서비스에 대한 시민들의 다양한 선호에 대응하고 다양한 환경조건에 대처해야 하는 대규모행정체제의 능력을 감소시킬 것이다.
7. 단일권력중추에 귀속하는 완벽한 계층조직은 시간, 노력, 자원 등에 드는 비용

을 가장 적게 소비하는 것으로 측정되는 효율성을 극대화하지는 못할 것이다.
8. 급변하는 환경 속에서 인류의 복지를 증진시킬 수 있는 안정된 정치질서를 유지하기 위해서는 어떠한 하나의 관할권 내에서 복수의 거부권을 갖는 다양한 결정중추들 사이에 권한을 분산하는 것과 아울러 다양한 규모의 관할권 중첩이 이루어질 필요가 있다.

민주행정 패러다임의 기본적인 논리는 시민의 선택권을 확장시키는 것, 의사결정방식에서 분권을 강화시키는 것, 행정조직의 체계에 있어 다조직배열과 관할권의 중첩성을 확보하는 것 등으로 요약될 수 있다. 이러한 민주행정 패러다임은 중첩된 관할권과 권한의 분산을 기본적인 특징으로 하는 미국의 연방정부원리와 정합성을 갖는 것으로 볼 수 있다.

4. 평가

그렇다면 민주행정 패러다임은 어떠한 문제점을 가지고 있는가? 오스트롬이 의존하고 있는 이론적 도구인 공공선택이론과 관련하여 그 문제점을 찾을 수 있다.

첫째, 오스트롬은 공공선택이론에 입각하여 공공재와 공공 서비스를 행정의 연구영역으로 설정하였다. 물론 연구영역 자체가 매우 구체적이기는 하지만, 행정학의 연구영역을 매우 제한하고 있다는 문제가 있다.

둘째, 공공선택이론이 가정하고 있는 인간관에서 그 문제점을 찾을 수 있다. 이 이론에 따르면, 인간은 이기적이며, 합리적이다. 그리고 의사결정과정에 영향을 미치는 선호를 가지고 있으며, 일련의 대안들을 서열화할 수 있다는 것이다. 인간은 이를 통해서 효용극대화 전략을 구사한다는 것이다. 그리고 이를 제약하는 조건으로 법과 질서, 그리고 불확실성을 제시한다. 다시 말해서 상황에 맞게 나름대로 효용을 극대화하기 위해 최선을 다하는 존재로서 인간을 이해하고 있다(Ostrom, 1974: 50~52). 그러나 이러한 전제는 1960년대의 시대적 상황이 요청하고 있는 규범적 논의의 가능성을 기존의 행정이론들과 마찬가지로 원천봉쇄하고 있는 것이다. 즉 효용의 극대화보다는 가치의 극대화를 모색하는 시대정신을 수용하는 데 한계가 있는 것으로 이해될 수 있다.

Ⅳ 시장주의적 시도: 오스본과 개블러(Osborne & Gaebler)의 신공공관리

신공공관리론은 전통적인 관료제의 비효율성(정부실패)을 비판하면서 시장주의를 토대로 하여 관료제의 개혁을 제안한다. 시장주의는 경제적인 가치(재화와 서비스)뿐만 아니라 사회적 가치의 생산과 분배에 있어서 시장과 시장의 핵심적인 행위자인 기업이 가장 효율적인 기제라는 신념을 말한다. 시장주의는 '경제주의'와 '관리주의'로 구성된다. 행정학에서는 시장주의에 기초한 신공공관리론(혹은 정부재창조론)이 전개된다(Hood, 1991: 5).

1. 시장주의

1) 경제주의

경제주의는 세 가지 방식으로 이해될 수 있다(Ashley, 1983).

첫째는 변수경제주의로서, 경제적 요인들과 정치적 요인들의 관계를 독립변수와 종속변수의 관계로 보는 경향을 말한다. 일반적으로는 경제결정론이 이에 해당된다.

둘째는 논리적 경제주의로서, 정치의 논리를 경제의 논리로 환원하여 해석하는 경향을 말한다. 공공선택이론, 대리인이론, 거래비용이론 등을 이용하여 정치, 행정현상을 연구하는 신정치경제학(혹은 신제도주의경제학)이 이에 해당된다.

셋째는 역사적 경제주의로서, 국가가 경제의 논리를 최우선으로 삼으며, 이론화과정에서는 이러한 경제 중심적 관점을 개념적으로 재현함으로써, 국가적 실천과 이론적 실천이 서로를 강화하는 경향을 말한다. 국가가 신자유주의적 경제논리를 최우선으로 삼고, 이론의 영역에서는 이를 정당화하는 경향성에서 이러한 예를 볼 수 있다.

2) 관리주의

이데올로기로서 관리주의는 다음과 같은 특성을 갖는다(Terry, 1998: 196). 관리주의는 사회적 진보를 경제적인 의미의 생산성 증가와 동일시한다. 그리고 생산성의 증가는 테크놀로지에 의해 이루어지는 것으로 본다. 여기에서 테크놀로지는 물리적인 테크놀로지와 사회적인 테크놀로지(정보관리, 조직관리)를 모두 포함한다. 이러한 테크놀로지의 적용은 생산성의 이념에 따라 훈련된 노동력을 통해서만이 이루어질 수 있다. 관리는 조직의 독립적인 고유기능이다. 특히 생산성의 향상을 위해 기획하고 집행하며 측정하는 데 핵심적인 역할을 한다. 따라서 기업의 성공은 관리자들의 질과 전문성에 의존한다. 이러한 중요한 역할을 수행하기 위해 관리자는 합당한 권한을 부여받아야 한다.

2. 신공공관리론의 등장과 기본 원리

1) 등장배경

1929년의 경제대공황이 발발하기 이전까지는 자유주의적 시장경제론이 우세했으나, 그 이후에는 시장실패에 대한 대안으로 케인즈주의에 입각하여 국가(정부)의 개입이 강화되었다. 그러나 1970년대에 세계경제가 위기에 빠지면서 정부에 대한 신뢰가 떨어지게 되었다. 정부는 재정적자와 부패로 위기를 돌파할 수 있는 능력을 발휘할 수 없었다. 이처럼 정부실패가 현실화된 것으로 보이자, 다시 시장에 관심을 갖게 된다. 그 관심은 과거의 시장주의로의 단순 회귀가 아니라 질적으로 전혀 다른 방향으로 전개된다. 다시 말해서 과거의 시장주의가 고전적 자유주의전통에 기초하여 '작고 약한 정부'를 강조했다면, 새로운 시장주의는 시장의 효율화를 위해 적극적으로 개입하는 '작지만 강한 정부'를 지향한다. 이를 정당화하는 이데올로기를 신자유주의라고 부른다. 이를 배경으로 등장한 정부 관료제의 개혁 논리가 신공공관리론이다. 신공공관리론은 이데올로기적으로는 신자유주의를 기반으로 하는 역사적 경제주의, 이론적으로는 공공선택론, 대리인이론, 거래비용이론 등에 의존해서 정치, 행정현상을 설명하려는 논리적 경제주의, 그리고 실천적으로는 기업에서 고도로 발전된 관리기법을 모방하여 정부의 행정체제를 관리체제로 대체하는 관리주의 등이 결합하여 구성된 것이라고 하겠다. "신공공관리론의 아이디어는 경제적 합리주의의 언어로 표현되었고, 고위 공직에 있는 새로운 경제관료 세대에 의해 증진되었다(Hood, 1995: 94)."

신공공관리론은 기본적으로 정부의 거대화와 대의민주주의가 가져온 시민의 정치적 소외를 고객에게 서비스를 잘하는 기업처럼 운영되는 정부에 의해 극복하려는 노력으로 볼 수 있다. 따라서 그것은 행정을 정치와 분리함으로써 비용-편익분석의 원리에 따라 이루어지는 관리체제로 대체하고, 일상적인 정치적 감시로부터 자유롭게 하고자 한다. 신공공관리론에 의해 공공부문과 민간부문의 차이는 본질적으로 사라지고, 관리가 두 부문을 가로지르게 된다(Box, 1999: 21).

2) 기본원리

신공공관리론의 기본원리는 오스본과 개블러의 ≪정부 재창조: 기업가적 정신이 공공부문을 어떻게 변화시키고 있는가?(1992)≫를 중심으로 살펴본다. 오스본과 개블러는 공공부문이 민간부문에 비해 효율성이 현저하게 떨어지고 있으며, 이를 극복하는 유일한 길은 시장의 논리를 공공부문에 접합하는 것이라고 본다. 이들은 효율적인 정부체제의 재창조를 통해서만이 사회의 효율화를 이루어낼 수 있다는 강한 신념을 가지고 있다(1992: xviii-xix). 이들은 자신들의 입장이 새로운 패러다임의 문을 여는 것이라고 주장한다(1992: 321-325). 오스본과 개블러는 정부개혁을 위한 원리로서 십계명을 제시하였다.

첫째, 그 동안 정부가 너무 많은 일을 직접하였다는 것이다. 그러다 보니 정부는 전체적인 차원에서 중요한 의사결정에 필요한 시간과 노력을 집중하는 데 실패하였다는 것이다. 따라서 이들은 정부가 직접 배를 젓는 것(rowing)을 지양하고, 배를 조종하는(steering) '촉매자'로서의 역할에만 주력할 것을 제안한다. 그리고 좀 더 많은 사회적 조직과 경제적 조직들이 작동하게 만드는 것이 사회전체의 효율성을 높이는 데 유익하다는 것이다.

둘째, 첫째와 같은 맥락에서 정부는 서비스를 직접 제공하는 데 관심을 두기보다는 서비스의 유형에 따라 전문성과 열의를 가지고 있는 결사체들에 위임하는 것이 바람직하다고 충고한다.

셋째, 서비스의 공급방식을 기존의 공급자 독점방식에서 경쟁체제로 변경시켜야 한다는 것이다. 경쟁은 경직된 관료제의 문제를 해결하는 열쇠로 개인 간의 경쟁이 아닌 조직 간 혹은 기관 간의 경쟁을 의미한다. 경쟁은 서비스의 질과 능률, 그리고 고객의 요구에 대한 응답성, 환경변화에 대한 신축성과 혁신성을 제고하는 데 결정적인 역할을 한다는 것이다.

넷째, 규칙 지향적인 관료조직의 경직성을 극복하기 위해 임무 지향적인 태도를 강조함으로써 조직의 효율성을 극대화하도록 해야 한다는 것이다.

다섯째, 정부활동은 결과보다는 투입측면을 강조한다. 그러다 보니 작업수행이나 결과에 대해서는 적은 관심만을 기울인다. 조직의 효과성을 높이기 위해서는 결과지향적인 태도를 강조할 필요가 있다는 것이다.

여섯째, 정부가 서비스의 공급을 일방적으로 제공하고 시민이 그것을 단지 소비하는 방식보다는 고객으로서 서비스를 선택하게 함으로써 순수하게 수요와 공급의 법칙이 공공부문 안에서 작동하도록 해야 한다는 것이다.

일곱째, 전통적으로 정부는 주어진 예산을 어떻게 써야 할 것인가 하는 제한된 문제에 관심을 두었으나, 이제 정부 관료는 기업가 정신으로 무장하여 어떻게 벌어서 쓸 것인가를 고민해야 한다는 것이다.

여덟째, 기존의 정부는 사후적으로 사회문제를 해결하는 소극적 태도를 취함으로써 문제의 발생률을 줄이는 데 어려움을 겪고 있는데, 이를 극복하기 위해서는 정부의 예측능력을 강화함으로써 치료보다는 예방에 관심을 기울여야 한다는 것이다.

아홉째, 전통적인 정부조직의 계층성이 갖는 경직성과 비능률성을 극복하기 위해서는 분권화된 형태의 조직을 설계할 필요가 있다는 것이다.

열째, 시장의 원리에 따라 정부를 재창조해야 한다. 정책프로그램과 시장의 원리는 다음과 같은 차이를 보인다(1992: 285-290). (ⅰ) 정책프로그램들은 소비자가 아닌 유권자를 지향한다는 것이다. 그러다 보니 제공하는 서비스가 실제 소비자에게 적절하지 않은 경우가 많이 발생하게 된다는 것이다. (ⅱ) 정책프로그램이 수행되는 과정에서 관련된 고객, 일자리, 기금 등이 형성되는데, 프로그램이 종결된 뒤-시장의 원리에 따르면 바로 해체되어야 하지만-에도 그것을 지속시키기 위한 노력이 이루어진다는 것이다. (ⅲ) 정책프로그램들은 파편화된 서비스 공급체제를 창출하는 경향이 있다. 프로그램별로 서비스를 제공하기 때문에 과거의 다른 프로그램들과 중복적으로 서비스를 제공하는 일이 발생한다. (ⅳ) 정책프로그램은 자기교정 능력이 미약하다. 즉 정책실패에 대한 평가와 대응이 적시성을 갖지 못하는 경우가 많다. (ⅴ) 정책프로그램들은 거의 죽지 않는다. 프로그램을 통해서 혜택을 보는 집단들의 압력이나 저항이 거세기 때문에 효용성이 떨어진 정책이라 할지라도 지속되는 경향이 강하다. (ⅵ) 정책프로그램들은 그 자체가 새로운 수요를 창출하게 된다. 즉 프로그램이 없을 때는 기대하지 않았던 사람들이 그 서비스를 사용하고자 하는 경우가 많다. 그러나 전통적인 정책프로그램은 이러한 수요변화에 대응할 수 있는 능력이 매우 약하다. (ⅶ) 정책프로그램들은 유인이 아니라 명령을 사용한다. 능력 있고 지식이 있는 사람들에게는 명령보다는 유인이 훨씬 효과적이다.

전체적으로 볼 때, 기존의 정부의 논리는 효율성의 측면에서 우월한 시장의 논리로 대체되어야 한다는 것이다. 이러한 의미에서 정부재창조는 시장모델을 행정에 이식시키고, 서비스의 대상을 주권자가 아닌 소비자의 개념으로 규정하며, 행정가를 기업가로 변신시키는 것으로 요약될 수 있다(deLeon & Denhardt, 2000).

3. 평가

인간적 관점에서 신공공관리론에 내재된 시장주의가 갖는 의미를 살펴보자. 고전적 자유주의의 시장담론에서는 교환이 핵심원리로 인식되었으나, 신자유주의 담론에서는 경쟁이 핵심원리로 인식된다. 시장은 교환이 이루어지는 곳이 아니라 경쟁이 이루어지는 곳이다. 고전적 자유주의에서 교환은 인간의 타고난 본성으로 이해되고 있다. 따라서 경제인은 교환하는 인간을 의미한다. 신자유주의에서 경쟁은 독점과 국가의 간섭으로부터 보호되어야 할 인공적인 관계로 이해된다. 따라서 경쟁은 국가의 간섭을 필요로 하는데, 그것은 시장 질서를 수호하는 데 국한된다. 신자유주의는 인간의 주체성을 생산하는 데 어떠한 방식으로 영향을 미치는가?

첫째, 신자유주의는 경제학적 사고를 사회의 모든 영역으로 확산시킨다. 그러다 보면, 경제적 합리성이 모든 행동의 지배원리로 작동하게 된다. 경제적 합리성은 비용 대비 효과를 극대화하는 선택행위를 의미한다. 그러다 보니 사람들은 인생의 목적을 달성하기 위한 모든 노력들을 비용과 편익의 계산에 따라 평가하고 판단하게 된다.

둘째, 신자유주의는 노동자의 의미를 재규정한다. 노동자는 '인적 자본'으로 규정된다. 따라서 노동의 대가로서 임금은 개인의 기술이나 능력 계발에 대한 초기투자를 바탕으로 얻은 수익으로 재규정된다. 신자유주의의 맥락에서 교환하는 인간으로서의 경제인은 '기업가 혹은 자신을 운영하는 기업가'를 의미하는 것으로 변질된다

(Read, 2009). 이러한 인식을 기반으로 하고 있는 신공공관리론은 인간을 경쟁의 원리가 지배하는 시장에서 이익에 의해 동기화된 합리적 선택을 하는 존재로 본다. 그리고 정부를 재화의 공급자로, 공공관리자를 이윤을 추구하는 기업가로, 국민을 욕망을 추구하는 소비자 혹은 고객으로 인식할 것을 주문한다(Mitchell, 1968; Diver, 1982; Caroll, 1995; Box, 1999; deLeon & Denhardt, 2000).

신자유주의의 맥락에서 사람들이 통치되거나 스스로를 통치하는 양식으로서 '통치성'은 어떠한 특성을 갖는가? 통치성을 작동하게 하는 원리는 권리나 법이 아니라 이익, 투자, 경쟁이다. 예컨대 국가는 강제력을 동원하기보다는 사람들이 자신의 손익을 계산한다는 단순한 사실에 기초해서 바람직한 행동에 대해서는 비용을 들이지 않게 하고, 바람직하지 않은 행동에 대해서는 많은 비용이 들도록 이익과 욕망의 흐름을 설계하기만 하면 된다. 그렇게 되면 사람들은 자발적으로 특정한 행동을 하게 된다. 이러한 의미에서 신자유주의의 맥락에서 통치성은 통치행위가 없이 이루어지는 통치라고 할 수 있다. 이러한 통치성의 양식에서는 사람들이 적절하게 기능하도록 하기 위해 사람들에게 많은 자유로운 선택권을 부여한다. 푸코에 의하면 신자유주의적 통치술에서의 자유는 절대적 가치가 아니라 통치의 자원에 불과하다.

새로운 통치이성에는 자유가 필요하고 새로운 통치술은 자유를 소비합니다. 자유를 소비한다는 것은 요컨대 자유를 생산한다는 것이기도 합니다. 자유를 생산하고 조직화해야 한다는 것입니다. 따라서 새로운 통치술은 자유의 관리자로서 모습을 드러냅니다. … 제가 생각하고 있는 의미에서의 … 자유주의는 그 핵심에 자유의 생산과 파괴의 관계를 함의하고 있다는 것입니다. 한편으로는 자유를 생산해야 합니다. 그러나 다른 한편으로는 자유를 생산한다고 하는 그 행동 자체가 제한, 관리, 강제, 협박에 기초한 의무 등의 확립을 함의하고 있는 것입니다 (Foucault, 2012: 101-102).

인간적 관점에서 보면, 신자유주의적 자유는 진정한 의미의 자율성을 의미하는 것이 아니라 환상에 불과하다. 신자유주의적인 통치술은 역설적으로 개인을 자유의 철창에 가두는 것이다. 따라서 인간의 존엄성은 자유의 환상에 갇히게 된다.

규범적 시도: 덴하트(R.B. Denhardt)의 신공공서비스론

덴하트는 공공행정의 규범적 성격을 강조한다. 그는 1980년대를 전후로 지배적인 행정모델이라고 할 수 있는 관료제와 신공공관리의 한계를 비판하고, 신공공서비스 모델을 제시한다(Denhardt, Robert B., 2000; Denhardt, Janet V. and Denhardt, R. B., 2007).

1. 신공공서비스론의 규범적 방향성

첫째, 조종하기보다는 봉사하라는 것이다. 점차적으로 강조되는 공무원의 중요한 역할은 사회를 통제하거나 조종해서 새로운 방향으로 이끌어나가는 것이 아니라 시민들이 그들의 공유된 이해를 분명히 하고 대응할 수 있도록 돕는 것이다.

둘째, 공익은 목적이지 부산물이 아니라는 것이다. 공무원들은 집합적이고 공유된 공익의 개념을 세우는 데 기여해야 한다. 목표는 개별적인 선택들을 통해 빠른 해결책들을 찾는 것이 아니라 공유된 이해와 공유된 책임을 창출하는 것이다.

셋째, 전략적으로 사고하고, 민주적으로 행동하라는 것이다. 공공의 요구에 대응하는 정책들과 프로그램들은 집단적인 노력과 협력적인 과정을 통해서 가장 효과적으로 그리고 책임 있게 완수될 수 있다.

넷째, 고객이 아니라 시민들에게 봉사하라는 것이다. 공익은 사익들의 합이 아니라 공유된 가치에 대한 대화의 결과이다. 따라서 공무원들은 고객들의 요구에 반응해야 할 뿐만 아니라 시민들 사이에 신뢰와 협력의 관계를 세우는 데 초점을 맞추어야 한다.

다섯째, 책임은 단순하지 않다는 것이다. 공무원들은 시장 그 이상에 대해 주의를 기울여야 한다. 그들은 헌법과 법률, 공동체의 가치, 정치적 규범, 직업적인 표준, 그리고 시민들의 이익에 관심을 기울여야 한다.

여섯째, 생산성보다는 사람을 중시하라는 것이다. 공공조직들과 그것들이 참여하는 네트워크들은 협력의 과정과 모든 국민들에 대한 존중에 기초한 공유된 리더십을 통해 작동될 때, 장기적으로 성공할 가능성이 더 크다.

일곱째, 기업가적 정신보다는 시민권과 공공서비스를 중시하라는 것이다. 공익은 공적 자금이 마치 자신의 것인 양 행동하는 기업가적 관리자보다는 사회에 의미 있는 기여를 하고자 하는 공무원과 시민들에 의해서 더욱 향상될 수 있다.

2. 평가

신공공서비스론은 기본적으로 행정의 본래적 기능인 봉사를 전면에 부각시킨다. 관리적 측면에서 공익과 봉사를 중심으로 하는 사고와 기술을 발전시키는 데 초점을 맞춘다. 조직문화의 변화와 관료의 교육에 이러한 규범이 반영되어야 할 것이다. 그러나 규범만으로는 실질적인 변화를 이루어내는 데 한계를 가질 수밖에 없다.

Ⅵ 공공가치론적 시도: 무어(M. Moore)의 공공가치 창출론[2]

무어는 하버드대학교의 케네디스쿨(Kennedy School of Government)에서 공공관리자 과정을 운영하면서 경험한 것을 바탕으로 ≪공공가치창출: 정부에서의 전략적 관리(1995)≫를 출판한다. 이 책은 기본적으로 공공관리자들을 위한 지침서라 할 수 있다. 이 책의 목적은 "공공사업의 관리자들을 안내하는 실천적 사고의 틀의 윤곽을 그리는 것이다. 그것은 공공관리자들이 공공가치를 창출하는 과정에서 자신들이 처해있는 특수한 상황에 대해 어떻게 생각하고 그 상황을 어떻게 활용해야 하는지에 대한 일반적인 대답을 제시하는 것이다(Moore, 1995: 1)." 이러한 대답을 제시하기 위해 무어가 이정표로 삼은 것은 기업의 관리이다. "민간부문에서 관리활동의 목표가 사적 가치를 창출하는 것과 마찬가지로, 공공부문에서 관리활동의 목표는 공공가치를 창출하는 것이다(Moore, 1995: 28)."

1. 공공관리자의 역할

무어의 의도는 공공관리자들이 사적 가치를 창출하는 기업의 관리자들처럼 공공

---

2) 임의영(2019: 305-311)을 참조하여 기술함.

가치를 창출하는 방법을 제시하는 것이다. 무어는 공공부문의 관리자는 '탐험가', '혁신가', '전략가'가 되어야 한다고 말한다. 미답의 땅을 탐험하는 사람처럼 공공관리자는 상상력을 발휘하여 새로운 가치를 부가적으로 창출하고, 환경의 변화에 맞추어 새로운 변화를 선도하는 사람이 되어야 한다는 것이다. "공공부문의 관리자의 역할에 대해 생각할 수 있는 색다르고 좀 더 유용한 방법이 있다. 그것은 반드시 똑같은 것은 아니지만, 사회에서 민간부문의 관리자들에 대해 갖는 이미지에 가깝다. 이러한 관점에서 보면, 공공관리자들은 다른 사람들과 함께 공공가치를 발견하고 정의하며 생산하는 탐험가들이다. 그들은 단순히 주어진 목표를 달성하기 위한 수단을 고안하는 대신, 실행할만한 가치가 있는 것을 발견하고 정의하는 데 도움을 주는 중요한 행위자들이다. 그들은 오직 지속성을 지키는 데 책임을 지는 대신, 공공조직들이 수행하는 것과 그것을 수행하는 방법을 변화시키는 중요한 혁신가들이다. 한마디로, 이러한 관점에서 보면, 공공관리자들은 기술자들이라기보다는 오히려 전략가들이 된다(Moore, 1995: 20)." 무어의 공공가치론은 공공가치의 창출을 위한 전략적 관리에 초점을 맞춘다.

2. 공공가치에 관한 관리적 관점

공공가치에 대한 관리적 관점은 다음과 같은 특성을 가지고 있다(Moore, 1995: 52-56).

첫째, 가치는 개인들의 욕구와 인식에 근거한다. 가치가 반드시 사물의 물리적 변형이나 사회라는 추상적인 존재에 근거할 필요는 없다. 공공부문의 관리자들은 그러한 욕구들을 충족시켜야 하고, 그러한 인식에 따라 행동해야 한다. 관리적 관점은 개인의 욕구와 인식을 출발점으로 삼고 있다는 점에서 개인주의적 전통을 배경으로 하고 있다고 하겠다.

둘째, 욕구의 유형들은 상이하게 존재한다. 어떤 욕구들은 시장을 통해서 생산되고 분배될 수 있는 재화와 서비스를 통해 충족된다. 이러한 욕구는 사적 관리의 대상이다. 또 어떤 욕구들은 공공조직에 의해 생산되는 것들을 통해서 충족된다. 공공조직의 생산물은 시민들이 대의제를 통해 표현하는 욕구를 반영한 것이다. 대의제를 통해 표현된 시민들의 욕구는 공공관리자들의 주요 관심사이다. 관리적 관점은 공적으로 충족시켜야 할 욕구와 그렇지 않은 욕구의 구별을 전제로 한다. 그것을 구분하는 것이 관리적 관점의 중요한 문제이다.

셋째, 공공관리자는 두 가지 상이한 활동을 통해서 공공가치를 창출한다. 기업의 관리자들은 두 개의 상이한 집단의 요구를 충족시켜야 한다. 그들은 소비자들이 구입할 용의가 있는 재화와 서비스를 제공해야 한다. 또한 그들은 주주들과 채권자들에게 가치 있는 생산물을 지속적으로 생산할 수 있는 능력이 있음을 보여주어야 한다. 공공관리자들 역시 비슷한 상황에 처해있다. 그들은 고객이나 수혜자들에게 양질의 재화와 서비스를 제공해야 한다. 또한 그들은 시민들과 대표들에게 가치 있는 것을 생산하고 있다는 것을 확신시켜주어야 한다. 공공정책의 수혜자는 제한적일 수밖에 없기 때문에, 그 정책으로부터 수혜를 받지 않는 시민들의 동의가 필수적이다. 한마디로, 기업의 관리자건 공공관리자건 고객과 소유자들 모두에게 만족을 주는 관리자가 되어야 한다.

넷째, 정부의 활동은 항상 정치권력과 맞물려있기 때문에, 관리의 상이한 두 측면의 상대적 중요성이 변한다. 정부활동의 권위는 대표들과 시민들의 지지를 통해 확보된다. 따라서 소유자들에게 그들의 자원이 잘 이용되고 있다는 것을 확신시켜주는 것이 프로그램의 고객이나 수혜자들을 만족시키는 것보다 상대적으로 중요하다. 더욱이 사업의 생산적인 측면에 프로그램 수혜자들의 최대만족과는 다른 특성들을 부여하는 것이 중요하다. 조직 생산물의 생산과 분배가 효율적일 뿐만 아니라 공정해야 한다는 것이다. 이러한 활동들은 돈의 사용뿐만 아니라 권위의 사용에서도 경제적이어야 한다.

다섯째, 공공관리자들은 시민과 대표들의 지지를 얻기 위해 공공사업에 대한 설명 — 정책에 내포된 이야기 — 을 제공한다. 이러한 측면에서 정책과 공공부문 관리자의 관계는 사업설명서와 민간 기업가의 관계와 같다고 하겠다. 이러한 거래에서 관리자는 공공의 목적을 성취하는 데 필요한 자원을 사용할 수 있는 권한을 부여받는다. 그리고 시민은 가치의 창출을 약속하는 사업을 구매한다. 이는 정치적 동의를 의미한다. 정치는 공적 자원을 이용하여 집단적 목적을 위해 무엇을 생산해야 하는가라는 물음에 자유민주주의 사회가 제시하는 응답이다.

여섯째, 공공관리자가 활동하는 세계는 변화한다. 시민들의 욕구도 변화한다. 오래된 과업을 성취하기 위한 방법들도 변화한다. 조직의 과업환경도 마찬가지이다. 조직이 유용한 해결책을 내놓아야 할 새로운 문제들이 갑자기 발생한다. 관리자들이 단지 조직을 유지하거나 조직이 주어진 과업을 효율적으로 수행하는 것만으로는 충분하지 않다. 더불어 중요한 것은 사업이 새로운 목적에 맞게 조정되어야 하며, 혁신적이고 실험적이어야 한다는 것이다. 이것이 공공부문의 관리활동의 목적이다. 민간부문의 관리자들처럼, 공공부문의 관리자들은 가치를 생산하는 일뿐만이 아니라 공적으로 가치 있는 사업을 정의하는 일에도 관심을 기울여야 한다. 더욱이 그들은 단지 조직의 지속성을 확보하는 것에 더해서 정치적 환경과 과업환경 속에서 조직을 조정하고 재정비할 준비가 되어있어야 한다.

3. 전략적 삼각형

무어는 이러한 공공가치에 대한 관리적 관점을 토대로 하여, [그림 11-1]과 같은 '전략적 삼각형(strategic triangle)' 모형을 제시한다(1995: 70-72, 2000: 197-198).

그림 11-1 전략적 삼각형

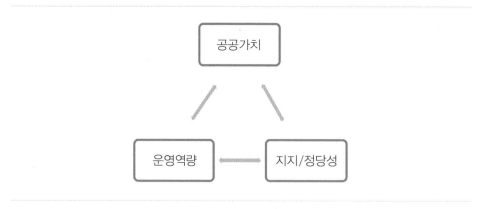

첫 번째 요소는 가치이다. 공공관리자는 조직을 인도하는 가치에 관심을 가져야 한다. 사업의 관리자들은 가치 생산에 성공하기 위해 조직이 추구하는 가치나 목적이 무엇인지를 설명해야 한다. 그들은 조직의 존재이유, 즉 사업을 통해 세상이 더 나아질 것이라는 비전을 보여줄 수 있어야 한다.

두 번째 요소는 정당성과 지지이다. 공공관리자는 가치 추구에 대한 지지가 어디에서 오는 것인가에 대해 관심을 가져야 한다. 기업가적 관리자가 어떤 목적들이 가치가 있다고 판단하는 것만으로는 충분하지 않다. 재정적 자원과 권한을 부여하는 다른 사람들이 그러한 판단에 동의해야 한다. 다른 사람들은 시민, 선출된 대표들, 이익집단들, 그리고 미디어를 아우르는데, 그들은 조직에 정당성을 부여하는 환경이다. 이 모형의 주요한 특징은 관리자들이 목적을 성취하는 데 필요한 정치적 지지와 정당성을 확보하기 위한 정치적 관리를 강조한다는 데 있다.

세 번째 요소는 운영역량이다. 공공관리자는 바라는 결과를 이루어내기에 충분한 노하우와 능력이 있는지 그렇지 않은지에 대해 관심을 가져야 한다. 이러한 능력은 관리자가 이끄는 조직 안에 완전하게 구비되기도 한다. 그러나 때로는 그러한 능력이 조직의 밖에 존재한다. 따라서 공공관리자는 바라는 결과를 획득하기 위해 다양한 유형의 파트너십을 창출하여 조직의 능력을 넘어서는 능력들을 끌어들일 방법을 찾아야 한다.

공공관리자는 조직이 창출하고자 하는 가치를 선언하고, 그 가치의 중요성과 그것을 실현할 수 있는 능력을 보임으로써 정치적 지지와 정당성을 확보해야 한다. 공공관리자가 목적을 선언하고 그것을 실현할 역량을 보여줄 수 있다 하더라도 지지와 정당성을 얻지 못하면 성공할 수 없다. 공공관리자가 추구하는 가치에 대한 정치적 지지와 정당성을 확보한다 하더라도 그것을 실현할 역량이 없다면 성공할 수 없다. 공공관리자가 정치적 지지와 정당성을 확보하고 탁월한 조직역량을 갖추고 있더라도, 실현해야 할 가치에 대한 비전이 없다면 성공할 수 없다. 따라서 세 가지 조건이 동시에 충족되어야 공공관리자는 전략적으로 성공할 가능성이 있다.

4. 공공가치회계

무어(2014)는 공공가치관리의 추상성을 넘어 보다 구체적인 적용방법을 개발하는 과정에서 공공가치회계 개념을 제시한다. 마치 기업에서 의사결정에 유용한 정보를 도출하기 위해 회계를 이용하는 것처럼, 공공부문의 조직도 회계를 이용할 필요가 있다는 것이다. 물론 공공무문의 회계에서는 민간부문의 경우와는 다른 요소들이 비용과 편익의 계정으로 도입되어야 한다. 이를 정당화하기 위해 무어는 공공가치론의 세 가지 철학적 전제를 제시한다(Moore, 2014: 466). 첫째, 공공가치는 단순히 개인적 선호의 총합이 아니라 불완전하지만 민주적 거버넌스 과정을 통해서 형성되어 요구를 표명하는 공중에 의해 결정된다. 둘째, 공공가치를 창출하기 위해 정부가 사용하는 자산에는 공적 자금뿐만 아니라 국가의 권위도 포함된다. 셋째, 정부가 생산하는 것의 가치를 평가하기 위한 규범적 틀은 내용적 측면에서는 목적론적(공리주의적) 가치와 의무론적 가치를 모두 포함하며, 절차적 측면에서는 민주적 가치를 포함한다.

공공가치회계에서 투입 항목은 공적 자금과 공적 권위이다. 그 평가의 내용을 보면, 목적론적 측면에서 공적 자금과 공적 권위는 능률적이고 효과적으로 이용되어야 한다. 그리고 의무론적 측면에서 공적 자금과 공적 권위는 공정하고 정의롭게 이용되어야 한다(Moore, 2014: 473).

공공가치회계에서 산출은 내용적 측면에서 목적론적 항목, 의무론적 항목, 그리고 과정적 측면에서는 민주적 항목으로 구성된다.

첫째, 목적론적 항목의 평가는 정부의 활동이 개인 및 사회의 복지에 가져온 물질적 결과에 주목한다. 개인적 차원에서는 만족도와 정부활동에 비용을 지불하려는 의사의 정도를, 집단적 차원에서는 정부활동의 사회적 결과에 대해 공중이 부여하는 가치를 포함한다.

둘째, 의무론적 항목의 평가는 정부활동의 공정성, 정부 활동의 목표로서 정의의 추구와 관련된 것으로서 개인과 집단이 사회 안에서 당연히 누려야 할 것들에 대해 주목한다. 개인적 차원에서는 정부가 개인에게 제공하는 권리, 편익, 특혜의 공정성 여부를, 집단적 차원에서는 정의로울 뿐만 아니라 좋은 사회의 공유된 비전을 발전시키는 데 도움이 되는 정도를 포함한다.

셋째, 민주적 항목의 평가는 정부활동이 개인의 경험이나 사회적 조건에 미치는 영향보다는 공중이 형성되고 정부활동의 목표와 수단에 대해 의사를 표명하는 과정에 주목한다. 이 항목은 정책에 대한 숙의 과정이 얼마나 포용적이고 창의적인지 그리고 공공가치가 숙의과정을 어느 정도 반영한 것인지에 대한 평가를 포함한다(Moore, 2014: 474-475).

5. 평가

첫째, 무어는 공공가치 개념을 명확히 제시하지 않고 있다. 그에 따르면, 공공가치는 공공관리자의 운영역량과 창의성 그리고 공중의 숙의과정이 적절히 작용하여 조화로운 선택이 이루어질 때 구성되는 것이다. 다시 말해서 주어지는 것이 아니라 구성되는 것이다. 따라서 공공가치의 내용을 사전적으로 규정하는 것은 가능하지 않다.

둘째, 무어는 정치적 관리와 정치적 통제의 관계를 명확하게 논의하지 않는다. 공공관리자가 취해야 할 관리방식에 대한 규범적 요청이 성공적인 결과를 가져온다는 보장은 없다. 따라서 그는 교육과 평가에 주목한다. 일반적으로는 공공관리자의 긍정적 행동을 강화하는 방법으로 정치적 통제를 고려한다. 그러나 그의 논의에서 시민, 의회, 미디어 등이 정치적 관리의 대상으로 치부되어 공공관리자에 대한 정치적 통제가 상대적으로 의미 있게 다루어지지 않고 있다. 정치적 관리와 정치적 통제의 관계가 보다 명확히 논의될 필요가 있다.

셋째, 무어는 공중을 공공가치의 결정자로 규정한다. 공중은 매우 유동적인 존재이다. 사회적 의제의 성격에 따라 관련된 사람들을 중심으로 공중이 형성되기 때문이다. 그러한 의미에서 공중은 동질적인 사람들의 집합이 아닐 가능성이 높다. 오히려 동질적인 경우는 극히 예외적인 경우라고 할 수 있다. 따라서 공중을 이질적인 사람들의 집합체로 보는 것이 논의를 일반화하는 데 유익할 것이다. 예컨대 가치관, 이해관계, 관점이 다를 수 있으며, 토론능력 또는 토론자원의 불평등이 존재할 수 있다. 이러한 맥락에서 보면, 정책결정과정에서 매우 중요한 의미를 갖는 숙의과정 혹은 토론과정을 통해서 기대하는 안정된 합의가 도출될 수 있는가 하는 문제가 제기될 수 있다.

넷째, 무어는 공공가치들의 관계에 대해서는 주목하지 않는다. 정부가 추구하는 가치들은 하나가 아니라 다양하다. 게다가 가치들을 비교하고 평가할 수 있는 공통분모가 존재하지도 않는다. 따라서 문제는 가치들 간의 우열이나 순서를 어떻게 결정할 것인가 하는 문제가 제기될 수 있다. 예컨대 경제적 가치와 사회적 가치는 그 내용이 서로 상이하다. 어떤 가치가 중요한지를 누가 어떻게 결정할 수 있는가에 대한 논의를 발전시킬 필요가 있다.

다섯째, 무어의 공공가치론은 신공공관리론과 그 영감의 기원을 공유하고 있으나 강조점이 다르다. 두 접근은 공히 기업 관리를 모델로 하고 있다. 그러나 신공공관리론이 경쟁과 성과라는 기업 관리의 기본원리를 그대로 차용하고 있는 데 반해서, 공공가치관리론은 정부의 특성을 고려하여 규범적, 정치적 측면을 강조한다. 따라서 정부활동의 평가지표에서 정치와 규범의 관리능력을 매우 중요한 항목으로 다룬다. 그러나 그러한 활동을 평가하기 위한 지표를 구성하는 데는 한계가 있다.

Ⅶ 네트워크적 시도: 샐러먼(L.M. Salamon)의 뉴거버넌스

1. 뉴거버넌스 개념

거버넌스는 완벽한 계층에 의한 조정(관료제)에서부터 완벽한 자유거래에 의한 조정(시장)에 이르기까지 모든 형태의 조정양식을 의미한다. 포스트-포드주의 단계에서 나타나는 일반적인 현상 가운데 하나는 시장의 기업권력과 시민사회의 시민단체 세력이 강화된 것과는 반대로 국가의 권력이 상대적으로 약화되었다는 것이다. 이것이 의미하는 바는 국가가 전체 사회를 운영하는 유일한 주체로 행위하는 것이 현실적으로 불가능하게 되었다는 것이다. 따라서 정부 관료제가 계층적 명령을 통해 정부조직 및 사회에 대한 통제력을 발휘하려는 것은 시대착오적인 것일 수 있다. 국가 혹은 정부 역시 전략적 행위자로서 사태의 변화에 맞는 통치전략을 선택하지 않을 수 없다. 신공공관리와 같은 개혁의 논리가 나오기도 하지만, 관리주의적 관점에서 사회세력들 간의 관계를 조정하는 것은 적절한 방법이 아니다. 따라서 전통적인 관료제는 물론이고 그 대안으로 제시된 신공공관리론을 비판하면서 뉴거버넌스 담론이 등장하게 된다.

뉴거버넌스는 정부 관료제의 계층적 조절양식이나 시장의 무정부적 조절양식에 대한 대안적인 조절양식으로 정의할 수 있다. 그것의 내용적 특성은 시민을 정부가 제공하는 서비스의 단순한 소비자가 아니라 통치구조의 적극적인 참여자로 본다는 것이다. 따라서 뉴거버넌스를 정부, 시장, 시민사회가 파트너십을 형성하여 함께 국정을 운영하는 체제로 정의할 수도 있다. 그러한 의미에서 뉴거버넌스는 각각의 행위주체가 갖는 고유한 장점들을 연계시킴으로써 국정운영의 효율화를 추구하는 것이라고 할 수 있다.

2. 뉴거버넌스의 특성

뉴거버넌스의 특성은 샐러먼(2011)의 논의를 중심으로 살펴본다. 그는 [표 11-2]와 같이 고전적인 행정과 뉴거버넌스의 특성을 비교하고 있다.

표 11-2 고전적 행정이론과 뉴거버넌스 이론의 비교

비교기준	고전적 행정이론	뉴거번너스 이론
초점	행위자/프로그램	정책도구
조직	계층	네트워크
공사 관계	분리/경쟁	연계/협동
조절기제	명령과 통제	협상과 설득
기술	관리기술	장려기술

Salamon(2011:1624)

1) 초점: 행위자/프로그램에서 정책수단으로

전통적인 행정이론은 관료조직의 합리적 조직화와 관리에, 즉 과도한 행정의 재량권, 정치적 영향, 비효율성을 극복하는 데 초점을 맞춘다. 이를 위한 처방으로 집행부에 의한 행정의 통제, 실적주의에 의한 인사관리, 과학적 관리 원리의 적용 등이 대표적으로 고려된다. 전통적인 행정이론은 공공기관을 분석의 단위로 삼고 있으며, 공공부문과 민간부문의 분리, 정치와 행정의 분리, 명령계통의 명확화, 통제기술을 강조한다. 이처럼 전통적 행정이론은 정부가 취할 수 있는 공적 행위를 오직 한 가지 형태, 직접적인 통치에 국한한다.

1970년대에 등장한 정책집행연구는 공적 행위주체가 아니라 개별적인 공공프로그램에 초점을 맞춘다. 정책집행연구는 관료들이 프로그램의 목표를 명확히 알고 있고, 프로그램을 수행하는 권한을 충분히 가지고 있으며, 프로그램과 관련된 과업에 대해 적절한 관심을 가지고 있다고 가정하지 않는다. 오히려 관료들은 프로그램의 목표에 대해 모호하거나 충돌하는 관념을 가지고 있고, 프로그램을 수행하는 권한을 충분하게 가지고 있지도 않으며, 프로그램과 관련된 행정적 과업에 별로 관심이 없

을 수도 있다고 가정한다. 따라서 정책집행이론은 이러한 문제를 극복하기 위해 정책의 분석단위를 공공행위주체가 아니라 개별적인 공공프로그램으로 전환하고, 관료로 하여금 프로그램의 목표를 좀 더 명확히 인식하게 하고 프로그램의 관리에 더 많은 관심을 갖게 하는 방법을 찾고자 한다. 정책집행연구는 수많은 개별적인 사례연구들을 통해서 개선된 관리방식들을 제안하고는 있으나, 일반화된 이론체계를 구성하는 데는 한계를 보이고 있다.

뉴거버넌스 이론은 정책들 그 자체의 고유한 성질보다는 공적 행위에 수반되는 공통적인 정책수단들에 초점을 맞춘다.[3] 즉 뉴거버넌스 이론은 개별 프로그램이 아니라 프로그램에 포함된 특징적인 정책수단들에 초점을 맞춘다. 이 이론은 다양한 정부의 프로그램들은 적용되는 분야와 상관없이 공통적인 특성을 갖는 한정된 수의 기본적인 정책수단들을 이용한다고 가정한다. 정책수단들은 프로그램을 수행하는 과정에서 어떤 행위자들이 참여해야 하는지 그리고 그들이 어떤 역할을 해야 하는지를 규정한다. 다양한 행위자들은 나름대로의 관점, 윤리, 표준작업절차, 기술, 동기를 가지고 있기 때문에, 어떤 행위자를 선택하느냐에 따라 프로그램의 결과가 달라진다.

주목해야 할 점은 정책수단의 선택이 단지 기술적인 결정이 아니라 근본적으로 정치적인 결정이라는 것이다. 정책수단의 선택은 다양한 행위자들 가운데 어떤 행위자에게 이점을 제공하는 것이다. 정책수단의 선택은 재량권이 사용되는 방법과 결과적으로 어떤 사람의 이해관계에 도움이 되는가를 결정한다. 이러한 의미에서 공공프로그램을 결정하는 데 있어서 정책수단의 선택은 정치적 논쟁의 중요한 이슈들 가운데 하나라고 하겠다. 이 논쟁에서는 특정한 공공의 문제를 해결하는 데 가장 효율적인 방법뿐만 아니라 다양한 이해관계자들이 프로그램 형성과정에 미치는 상대적 영향력도 중요하다.

또 하나 주목해야 할 점은 정책수단의 선택이 본질적으로 정치적 결정의 문제이지만, 또한 운영방법의 선택과도 관련이 있다는 것이다. 상이한 정책수단은 상이한 관리방식, 관리지식과 기술을 요구한다. 보조금 프로그램의 운영방식은 규제 프로그

---

3) 샐러먼은 뉴거버넌스에서 정부의 개입방식을 설명하기 위해 간접적 정책수단 또는 정책도구에 주목한다. 정책수단은 의도적으로 고안된 기법이나 기술로서 정부 또는 유사한 공적 행위자에 의해 활용되고 정책목표의 달성이라는 목적 지향적 성격을 갖는다. 직접적인 정책수단으로는 전통적인 정부통치, 경제적 규제, 대출, 정보제공, 공기업 등이 있다. 간접적 정책수단으로는 사회적 규제, 계약, 대출보증, 보조금, 조세지출, 사용료, 보험, 바우처 등이 있다.

램의 경우와 다르며, 또한 바우처의 경우와도 다르다. 일반적인 관리기술이 존재하기는 하지만, 다양한 정책수단에 특화된 기술들에 의해 보완될 필요가 있다.

2) 조직: 계층에서 네트워크로

공공문제 해결의 초점이 행위자와 프로그램에서 포괄적인 정책수단으로 이동하면, 뉴거버넌스의 관심 역시 계층적 기관에서 조직적 네트워크로 이동한다. 가장 폭넓게 사용되는 정책수단은 공공기관들과 다른 부문의 행위자들 간에 상호의존관계를 세우는 '간접적인' 정책수단이다. 결과적으로 정부는 중요한 동맹들을 얻게 되지만, 정부의 프로그램을 완벽하게 통제할 수 있는 능력을 상실하게 된다. 프로그램과 관련된 정부기관들, 공공기관들, 민간기관들 사이에 복잡한 변화가 일어나게 된다. 따라서 프로그램의 성공을 위해 전통적인 계층제적 접근방식에 대한 관심은 줄어들고, 정부기관과 함께 프로그램을 수행하는 다른 행위주체들의 내적인 특성과 외적인 관계방식에 대한 관심이 부각된다.

네트워크 이론은 다양한 행위주체들이 프로그램을 공동으로 수행하는 상황을 이해하는 데 도움이 된다. 이 이론은 권력이 다양한 집단들에게 분산되어 있는 민주주의 체제에서 이루어지는 정책결정과정을 설명하기 위해 개발되었다. 그러나 그 이론은 정책집행, 특히 간접적인 정책수단들이 사용되는 정책집행을 설명하는 데에도 도움이 된다. 네트워크 이론은 행위자들이 기본적으로 상호의존적인 관계에 있다고 본다. 그러한 상황에서는 어느 행위자도 자신의 의지를 일방적으로 밀어붙일 수 없다. 네트워크의 구체적인 특성을 살펴보자.

(i) 형태의 다양성(pluriformity): 네트워크의 행위자들은 하는 일도 다양하고 일하는 방식도 다양한 조직들이다. 그리고 대부분이 공동으로 일을 한 경험이 별로 없고, 서로가 일하는 방식에 대한 지식도 제한적이다.

(ii) 자기 준거성(self-referentiality): 네트워크의 행위자들은 각자의 이해관계와 준거틀을 가지고 있다. 따라서 그들은 상이한 관점과 동기를 가지고 관계에 참여한다.

(iii) 비대칭적 상호의존성(asymmetric interdependencies): 국가를 포함하여 네

트워크의 모든 행위자들은 서로 의존적이다. 그러나 그것이 완전히 대칭적인 경우는 거의 없다. 따라서 모든 행위자들이 동일한 것을 원할 때조차도, 완벽하게 협력할 수 없다. 왜냐하면 그들 모두가 똑같이 급박하게, 똑같은 순서로, 똑같은 시간에 그것을 원하는 것은 아닐 수 있기 때문이다.

(ⅳ) 역동성(dynamism): 이러한 모든 특성들은 시간이 지남에 따라 변화한다. 심지어 네트워크가 임무를 수행할 때조차도 변화한다.

간접적 정책수단을 통해 프로그램을 수행하는 행위자들은 아무리 숭고한 의도를 가지고 있다고 하더라도 서로 다른 목표, 작업 스타일, 기술, 세계관, 동기, 작업의 우선순위 등을 가지고 있다. 따라서 조화로운 협동을 가능하게 하는 것이 행정의 가장 주요한 임무이다.

정책수단은 네트워크를 구조화하는 데 유의미하게 영향을 미친다. 정책수단은 프로그램에 핵심적으로 참여하는 행위자들과 그들이 해야 할 공식적인 역할을 규정한다. 예를 들어, 정책결정자가 대출보증이라는 정책수단을 선택하면, 공공기관과 상업은행들 사이에 네트워크가 형성된다. 반면 보조금이라는 정책수단을 선택하면 전혀 다른 네트워크가 형성된다.

3) 공사 관계: 분리/경쟁에서 연계/협동으로

전통적인 행정, 즉 관료제적 행정은 공공부문과 다른 부문들 간의 긴장관계를 전제로 한다. 공공부문은 정당한 폭력의 독점을 특징으로 하며, 그것은 국민의 민주적 의지에 부응하여 사용되어야 한다. 공공기관은 주권의 위임을 받아서 국민을 위해 권력을 행사한다. 고전적 행정이론은 이러한 전제 위에 세워진 것이다. 관료들은 편파적이고 사적인 집단들의 의지가 아니라 공적인 의지에 따라 행동해야 한다는 것이다. 공과 사가 명확하게 분리되지 않으면, 공적 기금의 지출과 공적 권위의 행사과정이 사익에 의해 오염될 수 있다. 따라서 사익과 민간조직들과 거리를 두는 것이 조직설계의 주요 관심사이다.

민영화를 주장하는 신공공관리론 역시 공공부문과 다른 부문들 간의 긴장을 전제로 한다. 여기에서의 관심사는 국가의 개입으로부터 민간부문을 보호하는 것이다.

국가의 팽창은 필연적으로 민간부문(영리, 비영리를 불문하고)의 희생을 대가로 한다는 것이다. 따라서 건전한 시장체제와 제3부문을 보호하는 가장 좋은 방법은 국가를 최소화하고, 민간부문에게 주도적인 역할을 부여하는 것이다.

뉴거버넌스 이론은 공과 사의 분리보다는 적절한 연계방식에 초점을 맞춘다. 그것은 부문들 간의 경계를 흐리게 하는 것이 아니다. 네트워크 이론이 전제하고 있는 것처럼 참여자들은 고유한 개성을 그대로 유지한다. 부문들 간의 관계방식이 경쟁에서 협동으로 대치된다. 뉴거버넌스 이론은 협동적 관계를 부문들 간의 상보성에서 기인하는 것이며, 그러한 상보성이 공공 프로그램의 성공에 기여할 수 있다고 본다. 예들 들어, 정부가 다른 부문들의 행위주체들이 필요로 하는 자원을 가지고 있고, 새로이 진입하려는 분야에서 이미 활동하고 있는 비영리집단이 있다면, 두 행위주체를 연계시킴으로써 공공 프로그램을 성공적으로 수행할 수 있을 것이다. 소위 공사의 연계를 통해 시너지 효과를 얻을 수 있다는 것이다. 부문들 간의 상호작용은 각 부문의 순수성을 해치는 것이 아니라 서로에게 새로운 기회가 될 수 있다는 점에 주목할 필요가 있다.

4) 조절기제: 명령/통제에서 협상/설득으로

공공기관의 작동에 초점을 맞춘 전통적인 공공관리방식은 공공프로그램의 작동방식으로서 명령과 통제를 강조한다. 이것이 전제하는 것은 계층적으로 조직된 기관들에 의해 공적 행위가 수행된다는 것이다. 그렇게 집중화된 통제가 민주적 책임성을 유지하는 데 가장 중요한 방법이라는 것이다. 따라서 통제 계통의 명확화 및 권한의 집중과 관련된 문제가 전통적인 행정이론의 주요 관심사이다.

반면 신공공관리론자들은 정부의 공적 관리 행위를 축소하는 데 초점을 맞춘다. 그들은 조정을 용이하게 하고 공적 목표를 이루는 데 시장만큼 우월한 기제는 없다고 본다. 시장의 경쟁이 공적인 의사결정을 대체하고 행정적 통제의 필요성을 최소화할 수 있다는 것이다.

뉴거버넌스는 전통적인 접근방법과 신공공관리적 접근방법을 거부한다. 신공공관리론과 달리 뉴거버넌스 이론은 간접적인 정책수단이 사용될 때조차도 공공관리가 필요하다고 본다. 왜냐하면 시장은 적극적인 공적 개입 없이 사익보다는 공익에 적절한 비중을 부여할 수 없기 때문이다. 정부와 민간부문의 관계는 자기관리보다는 강력하고 유능한 정부의 적극적인 관리에 의한 것이다. 그런 의미에서 민영화 과정 자체도 강력한 정치적 간섭과 효과적인 공적 관리의 대상이 되어야 한다.

뉴거버넌스 이론은 정부의 강력한 역할을 강조하면서도 네트워크의 관계 안에서 명령과 통제가 적절한 관리방식이 아니라고 본다. 네트워크는 상호의존성을 특징으로 하기 때문에 그 어떤 행위자도 일방적으로 자신의 의지를 밀어붙일 수 없다. 그러한 상황에서 협상과 설득은 정책을 결정할 때나 정책을 집행할 때도 유효한 공적 관리방식이다. 공공관리자들은 자신들이 완벽하게 통제할 수 없는 행위자들로부터 원하는 결과를 얻어내는 데 필요한 방법을 창의적으로 찾아내야 한다. 협상은 공적 행위를 통해 이루고자 하는 목표를 공유하는 데 특히 필요하다. 계약 시점에서 목표에 대한 명료한 인식이 없다면, 다른 부문의 행위자들이 공공프로그램의 참여를 중단할 수 있기 때문이다. 이처럼 협상과 설득은 뉴거버넌스의 공공관리에서 핵심적인 기제이다.

5) 기술: 관리기술에서 장려기술로

조절기제가 명령과 통제에서 협상과 설득으로 바뀌게 되면 공공관리자들에게 필요한 기술도 바뀌어야 한다. 전통적인 행정이론과 신공공관리론은 특히 관리기술에 초점을 맞춘다. 그것은 관료조직 안에서 계층적으로 배치된 많은 사람들을 조작하는 데 필요한 기술이다. 전통적인 행정이론은 POSDCORB에서 볼 수 있는 것처럼 통제기술로서의 관리기술에 초점을 맞춘다. 신공공관리론은 민간부문에서 지배적인 성과관리기술을 공공부문에 이식할 것을 제안한다.

뉴거버넌스 이론은 거대 관료조직의 관리기술과 통제방식 대신에 장려기술(enablement skills)에 초점을 맞춘다. 그것은 수평적으로 배치된 행위자들을 네트워크에 참여하게 하는 것, 즉 상호의존적인 상황에서 다양한 이해관계자들이 공동의 목표를 함께 추구하게 하는 기술이다. 장려기술의 특징은 다음과 같다.

(ⅰ) 활성화 기술(activation skills): 이것은 공공문제에 대처하는 데 필요한 행위자들의 네트워크를 활성화(생성)하는 기술이다. 뉴거버넌스의 정책수단들은

다른 부문들의 행위자들이 공공문제해결에 참여할 수 있는 기회를 창출하지만 그 기회를 강제적으로 잡게 할 수는 없다. 그러므로 공공관리자는 새로운 기회를 적극적으로 알려서 잠재적인 참여자들이 관심을 가지고 직접 참여할 수 있도록 장려하는 소위 동원과 활성화의 역할을 수행해야 한다. 주목해야 할 점은 공공문제해결을 위한 네트워크를 활성화하는 것이 정부만의 기능은 아니라는 것이다. 다른 행위자들도 그것을 주도할 수 있다. 예들 들어, 비영리조직들이 다양한 이해관계자들을 협상테이블로 불러들이는 경우가 종종 있다. 정부가 행동하기를 기다리기보다는 민간부문의 행위주체들이 주도적으로 행동할 수 있다는 것이다. 이처럼 공공문제해결을 위한 네트워크를 활성화하는 행위자들의 확산은 뉴거버넌스가 기대하는 것이기도 하다.

(ii) 지휘 기술(orchestration skills): 이것은 활성화된 네트워크를 유지하는 기술로서 오케스트라 지휘자의 기술에 비유할 수 있다. 지휘자의 역할은 전문적인 연주자들로 하여금 사인에 따라 동시에 연주를 하게 함으로써 전체적인 조화를 이루어내는 것이다. 물론 지휘자가 직접 모든 악기를 연주하면서 그렇게 할 수는 없다. 지휘자의 역할은 악기들의 물리적인 한계 안에서 악보에 따라 박자와 멜로디를 이용해서 해석을 전달하기 위해 연주자들로부터 음악을 끌어내는 것이다. 그러한 의미에서 지휘자는 행위자가 아니라 장려자이다. 그러나 지휘자의 해석과 기술의 성공여부는 오케스트라의 연주가 어떠했는지에 따라 결정된다. 지휘기술은 명령이나 통제와는 성격이 전혀 다르다.

(iii) 조절 기술(modulation skills): 이것은 네트워크 안에서 상호의존적인 행위자들의 협동적인 행위를 끌어내기 위해 상과 벌을 적절하게 조절하는 기술이다. 공공문제를 해결하기 위해 생성된 네트워크에서는 다른 부문의 행위자들에게 상당한 재량권이 부여되어 있으며, 그들의 공공지출에 대한 통제가 완벽하게 이루어질 수 없다. 따라서 공공관리자들의 과제는 원하는 결과를 성취하기 위해 상과 벌을 이용하는 방법을 찾는 것이다. 지나친 통제는 역효과를 가져올 수 있다. 예들 들어, 행위자들이 참여를 중단하거나 주인-대리인 이론에서 말하는 것처럼 기만적으로 행동할 수도 있다. 그렇다고 통제의 책임을 방기하는 것은 공공목표의 달성을 어렵게 할 수 있다. 따라서 통제의 적정한 수준을 찾는 것이 중요한 문제이다. 다시 말해서 관건은 네트워크의

참여자들에게 가능하면 충분한 재량권을 부여하고, 관료들은 행위자들이 프
로그램의 목표를 이루는 데 도움이 되는 방식으로 그러한 재량권을 행사하게
하는 데 필요한 지식과 기술로 무장하는 것이다.

3. 평가

사실상 뉴거버넌스는 전통적인 관료제이론과 관료제의 개혁논리로 제시된 신공
공관리론에 대한 비판적 인식에서 비롯된 것이다. 계층제적 관료제는 정보격차, 유인
체계의 한계, 정치적 간섭 등으로 실패할 가능성이 있다. 시장은 독점, 공공재, 외부
효과, 정보의 비대칭성 등으로 실패할 가능성이 있다. 그렇다면 뉴거버넌스는 실패할
가능성이 있는가? 뉴거버넌스 역시 네트워크를 생성하는 데 있어서의 어려움, 네트워
크를 관리하는 데 있어서의 어려움, 그리고 네트워크 자체가 가지고 있는 느슨한 연
계의 한계 등으로 실패할 가능성이 있다.

참고문헌

김항규. 2003. 행정의 합법성 이념과 기타 행정이념과의 관계. **정부학연구**, 9(2): 153-182.

박천오. 2011. 공무원의 정치적 중립: 의미와 인식. **행정논총**, 49(4): 25-50.

이동수. 2001. 하버마스에 있어서 두 권력. **정치사상연구**, 5: 153-178.

이문수. 2015. 행정권력의 신학적 계보학: 푸코의 사목권력에 대한 비판적 검토. **정부학연구**, 21(3): 163-195.

이창길. 2020. 한국 관료제의 위기: 정치화의 역설. **정부학연구**, 26(1); 103-130.

임의영. 2007. 바이오테크시대의 윤리원칙과 정책적 함의. **정부학연구**, 13(2): 133-162.

임의영. 2014. H.A. Simon의 제한된 합리성과 행정학. **행정논총**, 52(2): 1-35.

임의영. 2016. 관료제의 합리화 역설: M. Weber의 고전적 논의와 U. Beck의 위험사회론을 중심으로. **행정논총**, 54(2): 149-180.

임의영. 2019. **공공성의 이론적 기초**. 서울: 박영사.

전성우. 2013. **막스 베버의 사회학**. 파주: 나남.

Adams, G.B. & Balfour, D.L. 2009. *Unmasking Administrative Evil*. 3rd. Armonk, New York/ London, England: M.E. Sharpe.

Adler, P.S. and Borys, B. 1996. Two Types of Bureaucracy: Enabling and Coercive. *Administrative Science Quarterly*, 41(1): 61-89.

Adorno, T. W. et al. 1950. *The Authoritarian Personality*. New York: Harper & Brothers.

Adorno, T. 1973. *Dialectics of Negative*. Translated by E.B. Ashton. London/New York: Routledge & Kegan Paul Ltd.

Albrow, M. 1970. *Bureaucracy*. London: The Macmillan Press Ltd.

Allison, Graham, and Morton Halperin. 1972. Bureaucratic Politics: A Paradigm and Some Policy Implications. *World Politics*, 24(Supplement: Theory and Policy in International Relations): 40−79.

Allison, Graham. 1971. *Essence of Decision*. Boston: Little, Brown.

Almendares, Nicholas. 2011. Politicization of Bureaucracy. *SAGE International Encyclopedia of Political Science* (Bertrand Badie, et al. eds.), 2011. Available at SSRN: https://ssrn.com/abstract=2641351

Amin, Ash. 2000. Post−Fordism: Model, Fantasies and Phantoms of Transition. in Amin, Ash (ed.). *Post−Fordism: A Reader*. Oxford: Blackwell Publishers.

Appleby, P.H. 1947. Toward Better Public Administration. *Public Administration Review*, 7(2): 93−99.

Arendt, H. 1958. *The Human Condition*. Chicago & London: The University of Chicago Press.

Arendt, H. 1970. *On Violence*. New York: Harcourt, Brace & World, Inc.

Arendt, H. 2006. 예루살렘의 아이히만: 악의 평범성에 대한 보고서. 김선욱 역. 파주: 한길사.

Aristoteles. 2009. 정치학. 천병희 역. 파주: 숲.

Aristoteles. 2018. 니코마코스 윤리학. 천병희 역. 파주: 숲.

Ashley, R. K. 1983. Three Models of Economism. *International Studies Quarterly* 27(4): 463−496.

Bachrach, P. & Baratz, M. 1962. Two Faces of Power. *American Political Science Review* 56: 947−952.

Bachrach, P. & Baratz, M. 1963. Decisions and Indecisions: An Analytical Framework. *American Political Science Review* 57: 632−642.

Baehr, P. 2001. The "Iron Cage" and the "Shell as Hard as Steel": Parsons, Weber, and the Stahlhartes Gehäuse Metaphor in the Protestant Ethic and the Spirit of Capitalism. *History and Theory*, 40(2): 153−169.

Beck, U. 1992. *Risk Society: Towards a New Modernity*. translated by Mark Ritter. London·Newbury Park·New Delhi: SAGE Publications. [**위험사회: 새로운근대(성)을 향하여.** 홍성태 역. 서울: 새물결. 1997.]

Boulding, Kenneth E. 1956. General Systems Theory: The Skeleton of Science, *Management Science*, 2: 197-208.

Box, R. C. 1999. Running Government Like a Business: Implications for Public Administration Theory and Practice. *The American Review of Public Administration*, 29(1): 19 − 43.

Bunyan, J. 1999. *Pilgrim's Progress*. New York: Reformation Press.

Carroll, J. D. 1996. Reinventing Public Administration. *Public Administration Review*, 56(3): 245 − 246.

Cicero. 1999. *On the Commonwealth and On the Laws*. edited by J.E.G. Zetzel. New York: Cambridge University Press.

Cox, A., P. Furlong, E. Page. 1985. *Power in Capitalist Societies: Theory, Explanations and Cases*. New York: St. Martin's Press.

Dahl, R. 1982. *Dilemmas of Pluralist Democracy*. New Haven: Yale University Press.

deLeon, L. & Denhardt, R.P. 2000. The Political Theory of Reinvention. *Public Administration Review*, 60(2): 89 − 97.

Denhardt, R.B, & V. Denhardt. 2000. The New Public Service: Serving Rather than Steering. *Public Administration Review*, 60(6): 549 − 559.

Denhardt, V. & R.B. Denhardt. 2007. *The New Public Service: Serving not Steering*. Armonk, New York: M.E.Sharpe.

Dicey, Albert V. 1985. The Rule of Law: Its Nature and General Applications. in Dicey, *Introduction to the Study of the Law of the Constitution*, 107 − 122. Indianapolis: Liberty Fund, Inc.

Diesing, P. 1962. *Reason in Society: Five Types of Decisions and Their Social Conditions*. Urbana: University of Illinois Press.

Diver, C.S. 1982. Engineer and Entrepreneurs: The Dilemma of Public Management. *Journal of Policy Analysis and Management*, 1(3): 402 − 406.

Durkheim, E. 2012. **사회분업론.** 문민홍 역. 서울: 아카넷.

Eisenhardt, K.M. 1989. Agency Theory: An Assessment and Review. *The Academy of Management Review*, 14(1): 57−74.

Emerson. R. M. 1962. Power−Dependence Relations. *American Sociological Review*, 27(1): 31−41.

Engels, F. 1990. The Origin of the Family, Private Property and the State. In the Light of the Researches by Lewis H. Morgan. *Karl Marx Frederick Engels Collected Works Vol. 26.* London: Lawrence and Wishart.

Etzioni−Halevy, Eva. 1983. *Bureacracy and Democracy: a Political Dilemma.* London/Boston: Routledge & Kegan Paul.[관료제와 민주주의. 윤재풍 역. 서울: 대영문화사. 1990.]

Finer, H. 1941. Administrative Responsibility in Democratic Government. *Public Administration Review.* 1: 335−350.

Foucault, M. 1972. *The Archaeology of Knowledge.* translated by S. Smith. London: Tavistock.

Foucault, M. 1977. *Discipline and Punish: The Birth of the Prison.* translated by A. Sheridan. New York: Vintage Books.

Foucault, M. 1978. *The History of Sexuality* I. New York: Pantheon Books.

Foucault, M. 1980. *Power/Knowledge: Selected Interviews & Other Writings 1972−1977.* ed. by C. Gordon & trans. by C. Gordon, L. Marshall, J. Mepham, K. Soper. New York: Pantheon Books.

Foucault, M. 2011. 안전, 영토, 인구: 콜레주드프랑스 강의 1977~78년. 심세광·전혜리·조성은 역. 서울: 난장.

Foucault, M. 2012. 생명관리정치의 탄생: 콜레주드프랑스 강의 1978~79년, 심세광·전혜리·조성은 역. 서울: 난장.

Foucault, M. 2015. 사회를 보호해야 한다: 콜레주드프랑스 강의 1975~76년. 김상운 역. 서울: 난장.

French, J.R.P., & Raven, B. 1959. The bases of social power. in D. Cartwright (ed.) *Studies in Social Power.* 259−269. Ann Arbor, MI: University of Michigan Press.

Friedrich, C.J. 1935. Responsible Government Service under the American Constitution. in Friedrich and Others, *Problems of the American Public Service.* New York/London: McGraw−Hill.

Fuller, L. 1964. *The Morality of Law*. New Heaven: Yale University Press.

Garston, N. ed. 1993. *Bureaucracy: Three Paradigms*. New York: Springer Science+Business Media.

Golder, B. 2007. Foucault and the Genealogy of Pastoral Power. *Radical Philosophy Review*, 10(2): 157-176.

Gramsci, Antonio. 1988. *An Antonio Gramsci Reader: Selected Writings, 1916-1935*. ed. by D. Forgacs. New York: Schocken Books.

Gruber, Judith E. 1987. *Controlling Bureaucracies: Dilemmas in Democratic Governance*. Berkeley: University of California Press.

Grupi, L. 1986. **그람쉬의 헤게모니론**. 최광열 역. 서울: 전예원.

Habermas, J. 1964. The Public Sphere: An Encyclopedia Article. *New German Critique*, 3: 49-55.

Habermas, J. 1977. Hannah Arendt's Communications Concept of Power. *Social Research*, 44(1): 3-24.

Habermas, J. 1979. *Communication and the Evolution of Society*. translated by T. McCarthy. Boston: Beacon Press.

Habermas, J. 1981/1984. *The Theory of Communicative Action* I: Reason and the Rationalization of Society. translated by T. McCarthy. Boston: Beacon Press.

Habermas, J. 1985/1990. *The Philosophical Discourse of Modernity*. translated by F. Lawrence. Cambridge: Polity Press.

Habermas, J. 2000. **사실성과 타당성: 담론적 법이론과 민주주의적 법치국가 이론**. 한상진·박영도 역. 서울: 나남.

Harmon, M. 1995. *Responsibility as Paradox: A Critique of Rational Discourse on Government*. Thousand/London/New Delhi: SAGE Publications.

Hay, C. 2002. *Political Analysis*. Basingstoke: Palgrave.

Hayek, F. 2007. *The Road to Serfdom: Text and Documents*. Chicago: The University of Chicago Press.

Hegel, G. W. F. 1953. *Hegel's Philosophy of Right*. trans. by Knox. Oxford: The Clarendon Press.

Hegel, G.W.F. 1983. **철학강요**. 서동익 역. 서울: 을유문화사.

Hirschman, A.O. 2005. 떠날 것인가 남을 것인가. 강명구 역. 서울: 나남.

Hood, C. 1991. A Public Management for All Seasons? *Public Administration*, 69(1): 3—19.

Hood, C. 1995. The 'New Public Management' in the Eighties: Variation on a Theme. *Accounting, Organization and Society*, 20(2/3): 93—109.

Horkheimer, M. & Adorno, T. 1947/2002. *Dialectic of Enlightenment: Philosophical Fragments*. Edited by G.S. Noerr and Translated by E. Jephcott. Stanford, California: Stanford University Press.

Horkheomer, M. 1947/2004. *Eclipse of Reason*. New York/London: Continuum.

Hume, D. 1888/1960. *A Treatise of Human Nature*. Edited, with an Analytic Index, by A.A. Selby & M.A. Bigge. Oxford: The Clarendon Press.

Hume, D. 2007. *An Enquiry Concerning Human Understanding*. Edited with an Introduction and Notes by P. Millican. New York: Oxford University Press.

Hummel, R.P. 1982. *The Bureaucratic Experience*. 2nd. New York: St. Martin's Press.

Hustedt, Thurid, & Heidi Houlberg Salomonsen. 2014. Ensuring Political Responsiveness: Politicization Mechanisms in Ministerial Bureaucracies. *International Review of Administrative Sciences*, 80(4): 746—765.

Jensen, K.K. 2002. The Moral Foundation of the Precautionary Principle. *Journal of Agricultural and Environmental Ethics*, 15(1): 39—55.

Jessop, Bob. 1992. Fordism and post—Fordism: A Critical Reformulation. in M. Storper & A. Scott (eds.). *Pathways to Industrialization and Regional Development*, 42—62. London: Rutledge.

Jonas, H. 1984. *The Imperative of Responsibility: In search of an Ethics for the Technological Age*. translated by Hans Jonas with the collaboration of David Herr. Chicago/London: The University of Chicago Press.

Jones, R.A. 1986. *Emile Durkheim: An Introduction to Four Major Works*, 24—59. Beverly Hills, CA: Sage Publications, Inc.

Kant, I. 1991. *Metaphysics of Morals*. Introduction, translation, and notes by Mary Gregor. Cambridge: Cambridge University Press.

Kant, I. 2002. *Groundwork for the Metaphysics of Morals.* edited and translated by A.W. Wood with essays by J.B. Schneewind, M. Baron, S. Kagan and A.W. Wood. New Haven/London: Yale University Press.

Kant, I. 2013. Answer the question: What is Enlightenment? translated by D.F. Ferrer. https://archive.org/details/AnswerTheQuestionWhatIsEnlightenment.

Kingsley, J.D. 1944. *Representative Bureaucracy: An Interpretation of The British Civil Service.* Ohio: Antioch Press.

Leach, D. K. 2005. The Iron Law of What Again? Conceptualizing Oligarchy across Organizational Forms. *Sociological Theory*, 23(3): 312−337.

Lipsky, Michael. 1969. Toward a Theory of Street−Level Bureaucracy(IRP Discussion Papers No. 48−69). Madison, WI: Institute for Research on Poverty(IRP), University of Wisconsin.

Lipsky, Michael. 1980. *Street−Level Bureaucracy: Dilemmas of the Individual in Public Services.* New York: Russell Sage Foundation.

Locke, John. 1996. **통치론**. 강정인·문지영 역, 서울: 까치글방.

Löwith, K. 1993. *Max Weber and Karl Marx.* with a new preface by B.S. Turner, edited and with an Introduction by T. Bottomore and W. Outhwaite. London/New York: Routledge.

Lukes, S. 2005. *Power: A Radical View.* 2nd. New York: Palgrave Macmillan.

Madison, J. 1788. No.47. The Particular Structure of the New Government and the Distribution of Power Among Its Different Parts. in J. Madison, A. Hamilton and J. Jay. **페더럴리스트**. 박찬표 역. 서울: 후마니타스. 2019.

Madison, J. 1788. No.51. The Structure of the Government Must Furnish the Proper Checks and Balances Between the Different Departments. in J. Madison, A. Hamilton and J. Jay. **페더럴리스트**. 박찬표 역. 서울: 후마니타스. 2019.

Mannheim, Karl. 1940. *Man and Society In an Age of Reconstruction: Studies in Modern Social Structure.* London: Routledge & Kegan Paul Ltd.

March, J.G. & H.A. Simon. 1958. *Organizations.* New York: John Wiley.

Markoff, John. 1975. Governmental Bureaucratization: General Processes and an Anomalous Case, *Comparative Studies in Society and History*, 17(4): 479−503.

Marx, F.M. 1961. *The Administrative State: An Introduction to Bureaucracy.* Chicago, Illinois: The University of Chicago Press.

Marx, K. 1975a. Contribution to the Critique of Hegel's Philosophy of Law. *Karl Marx Frederick Engels Collected Works Vol. 3.* London: Lawrence and Wishart.

Marx, K. 1975b. Economic and Philosophic Manuscripts of 1844. *Karl Marx Frederick Engels Collected Works Vol. 3.* London: Lawrence and Wishart.

Marx, K. 1976a. German Ideology. *Karl Marx Frederick Engels Collected Works Vol.5.* London: Lawrence and Wishart.

Marx, K. 1976b. The Poverty of Philosophy. *Karl Marx Frederick Engels Collected Works Vol.6.* London: Lawrence and Wishart.

Marx, K. 1979. The Eighteenth Brumaire of Louis Bonaparte. *Karl Marx Frederick Engels Collected Works Vol.11.* London: Lawrence and Wishart.

Marx, K. 1985. Marx to Ludwig Kugelmann in Hanover, 28 December 1862. *Karl Marx Frederick Engels Collected Works Vol.41.* London: Lawrence and Wishart.

Marx, K. 1989. Critique of the Gotha Programme. *Karl Marx Frederick Engels Collected Works Vol.24.* London: Lawrence and Wishart.

Marx, K. 1996. Capital I. *Karl Marx Frederick Engels Collected Works Vol.35.* London: Lawrence and Wishart.

Marx, K. 1997. Capital Ⅱ. *Karl Marx Frederick Engels Collected Works Vol.36.* London: Lawrence and Wishart.

Marx, K. and Engels, F. 1976. Manifesto of the Communist Party. *Karl Marx Frederick Engels Collected Works Vol.6.* London: Lawrence and Wishart.

McLemore, M. 1991. Rationality and Freedom: Weber and Beyond. in P. Hamilton(ed.), *Weber: Critical Assessments*(Vol.4), 221－246. London/New York: Routledge.

Medeiros, J.A. & D.E. Schmitt. 1986. **관료제: 가치와 전망**. 백완기·전영평 역. 서울: 박영사.

Merton, Robert K. 1996. *On Social Structure and Science.* Chicago: The University of Chicago Press.

Michels, R. 1915. *Political Parties: A Sociological Study of the Oligarchical Tendencies of Modern Democracy.* translated by Eden and Cedar Paul. Glencoe, Illinois: The Free Press.

Milgram, S. 1974. *Obedience to Authority: an Experimental View.* New York: Harper & Row.[**권위에 대한 복종**. 정태연 역. 서울: 에코리브르, 2009.]

Mill, J.S. 1859. On Liberty. *Collected Works of John Stuart Mill Vol. XVIII.* ed. by J.M. Ronson and introduction by A. Brady. 213 – 310. London: Routledge & Kagan Paul.

Mill, J.S. 1861. Considerations on Representative Government. *Collected Works of John Stuart Mill Vol. XIX.* ed. by J.M. Ronson and introduction by A. Brady. 213 – 310. London: Routledge & Kagan Paul.

Mintzberg, H. 1979. *The Structure of Organization,* Englewood Cliffs, NJ: Prentice – Hall.

Mises, L. 2012. **관료제**. 황수연 역. 서울: 커뮤니케이션북스.

Mitchell, W. C. 1968. The New Political Economy. *Social Research,* 35(1): 76 – 110.

Mommsen, W. 1989. Max Weber on Bureaucracy and Bureaucratization: Threat to Liberty and Instrument of Creative Action. in W. Mommsen. *The Political and Social Theory of Max Weber: Collected Essays.* 109 – 120. Cambridge: Polity Press.

Montesquieu. 1989. *The Spirit of Law.* translated and edited by A.M. Cohler, B.C. Miller and H.S. Stone. Cambridge: Cambridge University Press.

Moore, M. 1995. *Creating Public Value: Strategic Management in Government.* Cambridge/London: Harvard University Press.

Moore, M. 2000. Managing for Value: Organizational Strategy in For – Profit, Nonprofit, and Governmental Organizations. *Nonprofit and Voluntary Sector Quarterly,* 29(1): 183 – 204.

Moore, M. 2014. Public Value Accounting: Establishing the Philosophical Basis. *Public Administration Review,* 74(4): 465 – 477.

Nozick, R. 1993. *The Nature of Rationality.* Princeton, NJ: Princeton University Press.

Osborne, D. & T. Gaebler. 1992. *Reinventing Government: How the Entrepreneurial Spirit is Transforming the Public Sector.* Reading, MA: Addison－Wesley.

Ostrom, V. 1974. *The Intellectual Crisis in American Public Administration.* rd. ed. Alabama: The University of Alabama Press.

Palonen, K. 1999. Max Weber's Reconceptualization of Freedom. *Political Theory,* 27(4): 523－544.

Peters, B. Guy, & Jon Pierre(eds.). 2004. *The Politicization of the Civil Service in Comparative Perspective. A Quest for Control.* London/New York: Routledge.

Pfeffer, Jeffrey, and Gerald R. Salancik 1978. *The External Control of Organizations: A Resource Dependence Perspective.* New York: Harper & Row.

Platon. 1997. 국가정체. 박종현 역. 서울: 서광사.

Raz, J. 1977. "The Rule of Law and Its Virtue", in his book, *The Authority of Law,* 210－228. Oxford: Oxford University Press, 1979.

Read, J. 2009. A Genealogy of Homo－Economicus: Neoliberalism and the Production of Subjectivity. *Foucault Studies,* 6: 25－36.

Riccucci, N.M. & Ryzin, G.G. 2016. Representative Bureaucracy: A Lever to Enhance Social Equity, Coproduction, and Democracy. *Public Administration Review,* 77(1): 21－30.

Ritzer, G. 2013. The Weberian Theory of Rationalization and the McDonaldization of Contemporary Society. in Peter Kivisto (ed.) *Illuminating Social Life: Classical and Contemporary Theory Revisited.* 29－49. Los Angeles/ London/ New Delhi/ Singapore/ Washington DC: Sage.

Ritzer, G. 2019. *The McDonaldization of Society: Into the Digital Age.* 9th ed. Los Angeles/ London/ New Delhi/ Singapore/ Washington DC/ Melbourne: SAGE.

Romzeck, B.S. & M.J. Dubnick. 1987. Accountability in the Public Sector: Lessons from the Challenger Tragedy. *Public Administration Review,* 47(3): 227－238.

Rosenberg, N. 1965. Adam Smith on the Division of Labour: Two Views or One? *Economica,* 32(126): 127－139.

Salamon, L.M. 2011. The New Governance and the Tools of Public Action: An Introduction. *Fordham Urban Law Journal*, 28(5): 1611－1674.

Schott, Richard L. 2000. The Origins of Bureaucracy: An Anthropological Perspective. *International Journal of Public Administration*, 23(1): 53－78.

Schumpeter, Joseph A. 2003. *Capitalism, Socialism, and Democracy*. London/New York: Routledge.

Scott, W. Richard and Gerald F. Davis. 2007. *Organizations and Organizing: Rational, Natural and Open System Perspectives*. London/New York: Routledge.

Shaw, C.K.Y. 1992. Hegel's Theory of Modern Bureaucracy. *The American Political Science Review*, 86(2): 381－389.

Simon Herbert A. 1946/1976. *Administrative Behavior: A Study of Decision－Making Processes in Administrative Organization*. New York: The Free Press/ London: Collier Macmillan Publishers.

Simon Herbert A. 1957. Rationality and Administrative Decision Making. in H. Simon, *Models of Man: Social and Rational; Mathematical Essays on Rational Human Behavior in Society Setting*, 196－206. New York: John Wiley & Sons, Inc.

Simon Herbert A. 1978. Rationality as Process and as Product of Thought. *American Economic Review*, 68(2): 1－16.

Simon, Herbert A. & March, J.G. 1958. *Organizations*. New York/ London: John Wiley & Sons, Inc. 137－138.

Smith, A. 1977. *An Inquiry Into the Nature and Causes of the Wealth of Nations*. Edited and with an Introduction, Notes, Marginal Summary, and Index by E. Cannan with a new Preface by G. J. Stigler. Chicago: University of Chicago Press.

Stewart, D.W. 1992. Professionalism vs. Democracy: Friedrich vs. Finer Revisited, in R.B. Denhart & B.R. Hammond(ed.), *Public Administration in Action: Readings, Profiles, and Cases*, 156－162. Pacific Grove, California: Brooks/Cole Publishing Company.

Tamanaha, Brian Z. 2004. *On the Rule of Law: History, Politics, Theory*. Cambridge/New York: Cambridge University Press.

Terry, L.D. 1998. Administrative Leadership, Neo—Managerialism, and the Public Management Movement. *Public Administration Review*, 58(3): 194—200.

Thompson, D.F. 1985. The Possibility of Administrative Ethics. *Public Administration Review*, 45(5): 555—561.

Vincent-Lancrin, Stéphan. 2003. Adam Smith and the division of labour: is there a difference between organization and market? *Cambridge Journal of Economics*, 27(2): 209—224.

Waldo, D. 1955. *The Study of Public Administration*. New York: Random House.

Wallimann, I. 1981. *Estrangement: Marx's Conception of Human Nature and the Division of Labor*. Foreword by Gunter W. Remmling. Westport, Connecticut / London, England: Greenwood Press.

Weber, M. 1944. Max Weber on Bureaucratization in 1909. in J. P. Mayer. *Max Weber and German Politics*, 125—131. London: Faber & Faber Ltd.

Weber, M. 1949. *The Methodology of the Social Science*. translated and edited by E. A. Shus and H. A. Finch, With a Foreword by E. A. Shils. Glencoe, Illinois: The Free Press.

Weber, M. 2001. *The Protestant Ethic and the Spirit of Capitalism*. translated by Talcott Parsons with an Introduction by Anthony Giddens. London/New York: Routledge.[프로테스탄티즘의 윤리와 자본주의 정신. 박성수 역. 서울: 문예출판사. 1988.]

Weber, M. 1968. *Economy and Society* I, II, III. ed. by G. Roth and C. Wittich. trans by E. Fischoff etc. New York: Bedminster Press.

Weber, M. 1975. *Roscher and Knies: The Logical Problems of Historical Economics*. translated with an introduction by Guy Oakes. New York: Free Press.

Weber, M. 1994. *Weber: Political Writings*. ed. and trans. P. Lassman and R. Speirs. Cambridge: Cambridge University Press.

Weber, M. 2003. 문화과학과 사회과학의 방법론(I). 염동훈 역. 서울: 일신사.

Weber, M. 2004. *The Vocation Lectures: Science as a Vocation, Politics as a Vocation*. Edited and with an Introduction by D. Owen and T. B. Strong,

Translation by R. Livingstone. Indiana Polis/Cambridge: Hackett Publishing Company.

Weber, M. 2007. **직업으로서의 정치**. 전성우 역. 파주: 나남.

West, E. G. 1964. Adam Smith's Two Views on the Division of Labour. *Economica*, 31(121): 23−32.

White, O.F., Jr. 1969. The Dialectical Organization: An Alternative to Bureaucracy. *Public Administration Review*, 29(1): 32−42.

Wilson, James Q. 1989. *Bureaucracy: What Government Agencies do and Why they do it*. New York: Basic Books.

Wolin, Sheldon. 1960. *Politics and Vision*. Boston: Little, Brown.

Young, I.M. 2000. *Inclusion and Democracy*. New York: Oxford University Press.

Young, I.M. 2013. **정치적 책임에 관하여**. 허라금·김양희·천수정 역. 서울: 이후.

Zimbardo, Philip G. 2007. *Lucifer Effect: Understanding How Good People Turn Evil*. New York: Random House.[**루시퍼 이펙트: 무엇이 선량한 사람을 악하게 만드는가**. 이충호·임지원 역. 서울: 웅진지식하우스, 2007.]

인명색인

주제색인

저자약력

임의영

임의영은 고려대학교에서 행정학 박사학위(1992)를 취득하고,
현재는 강원대학교 행정학과 교수로 재직하고 있다.
주요 관심 분야는 행정철학과 행정윤리 그리고 관료제이다.
최근에는 공공성 연구에 집중하고 있으며,
행정학의 학문적 영역을 넓히는 데 관심을 가지고 있다.
대표적인 저서로는 <민주주의와 행정윤리(2002)>, <행정철학(2006/2016)>,
<형평과 정의(2011)>, <생각을 여는 행정학(2015)>,
<공공성의 이론적 기초(2019)> 등이 있다.

관료제의 이론적 기초

초판발행	2020년 8월 31일
중판발행	2021년 10월 15일
지은이	임의영
펴낸이	안종만·안상준
편 집	김명희
기획/마케팅	손준호
표지디자인	조아라
제 작	고철민·조영환
펴낸곳	(주) 박영사
	서울특별시 금천구 가산디지털2로 53, 210호(가산동, 한라시그마밸리)
	등록 1959. 3. 11. 제300-1959-1호(倫)
전 화	02)733-6771
f a x	02)736-4818
e-mail	pys@pybook.co.kr
homepage	www.pybook.co.kr
ISBN	979-11-303-1075-6 93350

정 가   20,000원